Hablando seriamente
Textos y pretextos
para conversar y discutir

Second Edition

Rubén Benítez • Paul C. Smith
University of California, Los Angeles

PRENTICE HALL, Englewood Cliffs, New Jersey 07632

Editor-in-Chief: Steve Debow
Director of Development: Marian Wassner
Assistant Editor: María F. García
Editorial Assistant: Brian Wheel

Managing Editor: Deborah Brennan
Manufacturing Buyer: Tricia Kenny
Cover Design: Amy Rosen, K&M Design
Cover and Interior Photos: Andrew Brooks
Interior Design: Amy Rosen, K&M Design

Printed in the United States of America

10 9 8 7 6

ISBN 0-13-148172-X

Prentice Hall International (UK) Limited, *London*
Prentice Hall of Australia Pty. Limited, *Sydney*
Prentice Hall Canada, Inc., *Toronto*
Prentice Hall Hispanoamericana, S.A., *México*
Prentice Hall of India Private Limited, *New Delhi*
Prentice Hall of Japan, Inc., *Tokyo*
Simon & Schuster Asia Pte. Ltd., *Singapore*
Editora Prentice Hall do Brasil, Ltda., *Rio de Janeiro*

Contenido

Preface

Hablando seriamente: Textos y pretextos para conversar y discutir is intended for use in third- or fourth-year Spanish conversation courses at the college level. With imaginative guidance from the instructor, classes based on this material involve students in a structured, creative effort that leads to a higher level of conversation proficiency.

To speak fluently about a subject, we need to know something about it. Therefore, each chapter of *Hablando seriamente* begins with an "ensayo," containing considerable factual information about topics of interest to most students. Following the "ensayo" is an "Expansión de vocabulario" section which provides essential vocabulary for comprehending and discussing the "ensayo," and for working with the "Ejercicios" which follow. These exercises—some tightly controlled and focused, and others open-ended—improve reading comprehension, lexical expansion, vocabulary use, and ability to express and defend one's ideas and feelings about the issues discussed in each chapter.

The chapters in *Hablando seriamente* are arranged in groups which cover four very broad themes in modern society. The "ensayos" within each group complement each other, yet are sufficiently independent to be studied as individual units. In this second edition, three new chapters focusing on economics, on sports, and on the problems associated with drugs and alcohol, replace chapters in the first edition which are of less interest today then when the book was first published. Since today's college students study Spanish for many different reasons and purposes, the topics in this text cover a broad range of social, political, environmental, health, entertainment, and philosophical issues of considerable importance in our lives.

This text presents more material than an instructor may wish to include in the class syllabus, or that time may allow to cover in a one-quarter or one-semester class. We have found that students appreciate the opportunity to collaborate with the instructor in the selection of chapters to be studied and thus provide input for the organization of the class. For example, Chapter 3, "Dinero, inflación y desempleo", could help economics or management majors to improve their lexical proficiency in these areas of special interest. Similarly, sociology majors might be interested in "La desigualdad social entre los sexos", "La riqueza étnica de los Estados Unidos", or "El alcohol y las drogas"; whereas science majors might have a preference for "La extinción de las especies animales", or "La destrucción del medio ambiente". Indeed, students with different interests and backgrounds will help to enrich class discussion.

The notes in the "Expansión de vocabulario" illustrate important lexical distinctions that are often not clear in dictionaries. Words are treated in semantic categories, or families, and are studied in terms of being synonyms, antonyms, cognates, or false cognates of English. Approximately three-fourths of the lexical items in each chapter should be learned as active vocabulary for use in class conversation. The remaining may be considered as passive or recognition vocabulary needed to comprehend the "ensayo" and to answer some of the lexical exercises. The line between active and passive vocabulary is a flexible one and should be drawn by the instructor in accordance with the specific goals of each class. Vocabulary expansion, greater aptness, precision in the use of the Spanish lexicon, and avoidance of excessive interference from English, are major objectives of this section. An "Índice de palabras comentadas" at the back of the book lists the words and expressions discussed throughout the "Expansión de vocabulario" sections. Nevertheless, most students will benefit from using a Spanish-English dictionary. More advanced students in the class can use a Spanish dictionary recommended by the instructor.

"La sección de Ejercicios," in each chapter, introduces a series of activities containing different levels of difficulty. It should be noted that in this second edition of *Hablando seriamente*, following suggestions from users of the first edition, some exercises have been shortened and directions for answering several types of exercises have been changed to improve their usefulness and lessen ambiguity. Multiple-choice questions are presented first and test the student's comprehension of the "ensayo". Students will find that they need to pay close attention to the wording of these questions in order to answer them correctly. Secondly, three sets of multiple-choice and fill-in questions, all under the rubric "La palabra adecuada", focus attention on lexical expansion and word usage. These sets are followed by two sets of oral questions. The first oral set stresses the meaning of the "ensayo" and can be answered by studying it and the "Expansión de vocabulario". On the other hand, the questions in the second set require a statement of personal opinion, or interpretation about an issue raised or related to the "ensayo". These questions constitute the conversational core of the textbook, and experience shows that this is the part of the class that students enjoy most. As human beings, we all love to express our own personal opinions about things that interest us. Spontaneous discussions that often develop from these questions constitute the creative interchange that is the essence of conversation. Moreover, at this stage in each chapter, students should be able to use the vocabulary and ideas previously studied to express themselves with more confidence and fluency.

The success of a conversation class depends on how well discussions in the class relate to the lives and interests of the students. Rarely a week passes without the news media informing us of an important happening or sensational event that relates to one or more of the "ensayo" topics. Therefore, classes can actualize and often personalize the topic under examination by relating it to the events and issues of the day. Certain students, for instance, can be asked to prepare one or more questions of opinion, or interpretation about a given, related news event. Likewise, the instructor may wish to start a class with a brief comment about a recent news event related to a topic the students are studying.

The conversation questions in this book can be modified or replaced with others that address related issues. For example, an examination of discrimination based on sex can be extended to the problem of discrimination based on religion, ethnicity, or social class. Almost all of us live under the threat of some natural disaster; few weeks pass without news of a flood, earthquake, tornado, hurricane, wildfire, or drought that devastates some part of our world, country, or state. Our personal experience or knowledge of a similar disaster can generate questions and commentary leading to lively discussion. This is the main objective of *Hablando seriamente*.

Acknowledgments

To the names of those we thanked for the assistance in preparing the first edition of this book (Professors Carlos Solé, University of Texas, Austin; Aurora Egido, University of Zaragoza; Matilde Castells, California State University; Adriana Bergero and Guillermo Hernández, UCLA), we must add the names of Dr. Antonio Morillo and our late colleague Richard M. Reeve. Both of these friends made many helpful suggestions which were taken into account in the revision of *Hablando seriamente.*

RB
PCS

I El mundo actual

La desigualdad social entre los sexos

Costumbres alimenticias del hombre contemporáneo

El dinero, la inflación y el desempleo

I La desigualdad social entre los sexos

En las sociedades humanas primitivas° se reproducía inconscientemente la organización social de algunos grupos animales. El **macho**[1], que era por lo general más fuerte físicamente, se arrogaba° tareas que le conferían una situación de superioridad. Era el macho el que cazaba para alimentar a su familia y el que la defendía° contra enemigos y animales **salvajes**[2]. Las **hembras**[1], así protegidas, criaban a los hijos, cuidaban de ellos y se conformaban con tareas de índole° más doméstica. Aunque en algunos grupos humanos la organización ha sido a veces de carácter matriarcal, la estructura básica de la familia ha sido patriarcal, y casi todo el **poder**[3] y muchas de sus ventajas recaían en el hombre. Con el tiempo, este sistema de poderes y de responsabilidades, desiguales y divididos según el sexo, debió extenderse más allá de la familia hasta abarcar° la organización de la sociedad en general.

very early

claimed unduly

protected, defended
kind, nature

Desde tan remotos comienzos, la humanidad ha cambiado mucho. Pero la estructura patriarcal de la familia y gran parte de los privilegios sociales y económicos que derivaban del poder que ésta concedía°, continúan, hasta cierto punto, vivos aún hoy. Por eso la vida de la mujer es en general menos libre que la del hombre.

including, embracing

conferred

A pesar de los importantes derechos obtenidos por las mujeres en el siglo XX, no han desaparecido del todo muchos prejuicios y actitudes antiguas respecto a los papeles sociales que éstas deben desempeñar°. No obstante los avances logrados en los países donde las mujeres están más emancipadas, es decir, menos restringidas por las costumbres, leyes y trabas° sociales, todavía falta mucho para que **gocen de**[4] todos los privilegios del hombre.

carry out, fulfill

obstacles

No es nuestro propósito referirnos a la situación actual de la mujer en el mundo entero. Eso nos llevaría a tratar temas como el abuso sexual, el aborto, la poligamia y la casi esclavitud de la mujer en ciertos países. Nos limitaremos a hablar aquí de algunas causas que impiden que la mujer **se desarrolle**[5] con la misma libertad que el hombre en los Estados Unidos, país que nos es más conocido.

Muchas de las actitudes femeninas que consideramos perfectamente naturales son quizá consecuencia de prejuicios y del acondicionamiento social. Si empezamos a un nivel elemental, veremos que la sociedad suele hacer una evaluación física más severa de la mujer

que del hombre. En general, el hombre puede descuidar° más su **apa-** *neglect*
riencia[6], ya que su éxito no depende tanto de su **aspecto**[6]. No suele
ocurrir así con la mujer. Si trabaja fuera de casa, tiene que disponer
de° más tiempo para su arreglo personal. Necesita más tiempo para *have at her*
prepararse por la mañana, para lavarse y secarse el **cabello**[7], para *disposal*
aplicarse el maquillaje°, y para escoger la ropa que va a llevar. *makeup*
Durante el día tiene que asegurarse varias veces de que su apariencia
es correcta.

La propaganda° comercial ha contribuido a convencernos de que *advertising*
no seremos atractivos si tenemos arrugas° y que debemos usar cre- *wrinkles*
mas y lociones para **evitarlas**[8]. Pero esta publicidad comercial está
dirigida muchísimo más a las mujeres que a los hombres. Algo parecido pasa con el problema de la obesidad. La propaganda y los
modistos y modistas° presentan como ideal a la mujer alta, y a veces *male and female*
excesivamente **delgada**[9]. Por consiguiente, muchas mujeres que de *dressmakers,*
verdad no son nada gordas, se someten a dietas rigurosas y malgas- *designers*
tan tiempo y dinero en seguir sistemas especiales para ajustar su
silueta a la falsa imagen impuesta por la publicidad.

Los hombres, por el contrario, suelen preocuparse bastante menos
por guardar la línea°, en gran parte porque la sociedad es menos exi- *watching their*
gente con ellos. En ciertos casos parece importar poco que un hom- *figures*
bre sea gordo. Pero a veces ese mismo hombre no perdona fácilmente
que su mujer sea algo gruesa o que descuide su aspecto personal. En
fin, la sociedad parece seguir criterios diferentes para evaluar el
aspecto físico del hombre y el de la mujer.

Pero pasemos a algo más grave que todavía impide a ciertas mujeres llevar a cabo la clase de vida que quieren. Nos referimos a la falta
de libertad total para elegir oficios y profesiones bien pagados e inte-
resantes. Es cierto que cada año ingresan más mujeres en las
Facultades[10] de Medicina, Odontología°, Comercio y Derecho, con el *Dentistry*
fin de obtener títulos que las habiliten° para **ejercer**[11] estas profesio- *equip, entitle*
nes. Antes, las mujeres no se animaban a seguir estas carreras, que
eran consideradas casi exclusivamente masculinas. Pero algo semejante pasa hoy en las universidades donde no se estimula debidamen-
te a las mujeres a estudiar ciencias físicas, matemáticas, ingeniería, u
otras carreras. Aún hoy, cuando las mujeres constituyen más de la
mitad de la población del país, ingresan en estas facultades en número muy inferior al de los hombres.

En las últimas décadas, después de los avances conseguidos en
gran parte por los esfuerzos del feminismo, las actitudes con respecto
a la mujer han cambiado y también las ideas de muchas mujeres
sobre ellas mismas. Antes, la sociedad tendía a creer que el papel
apropiado de la mujer era siempre el de casarse, **dar a luz**[12], criar° *to rear, raise*
hijos y cuidar de la casa y del marido. Por eso presionaba a la mujer
en este sentido. Si una mujer **aspiraba a**[13] afirmar su personalidad a

través de una carrera o de una profesión, su único camino era permanecer soltera y entonces se la miraba como a persona rara. Algo parecido ocurría con la mujer casada que no quería tener hijos; la sociedad la consideraba como a un ser extraño. Es decir, la mujer no era ni siquiera libre para elegir su estado civil, su profesión o para decidir si tendría hijos o no. Muchas jóvenes infelices se casaron así sin amor, simplemente por la presión que la sociedad y la familia ejercían sobre ellas. Y hasta años recientes, mujeres que hubieran preferido ciertas carreras, no podían seguirlas porque la sociedad les bloqueaba el camino, al considerar estas carreras aptas sólo para hombres.

Para mostrar cuánto han cambiado las ideas de las mujeres sobre ellas mismas, echemos una ojeada a la encuesta° efectuada en noviembre de 1983 por el diario *The New York Times*. Muestra que las norteamericanas encuestadas prefieren el trabajo fuera de casa al trabajo en el **hogar**[14]. Es decir, quieren ganar un salario o sueldo, como lo hace la mayoría de los hombres. La encuesta revela dos datos° sorprendentes: el 58% de las mujeres interrogadas afirman que seguirían trabajando aunque tuviesen recursos económicos como para no tener que hacerlo; únicamente el 26% considera que la maternidad es uno de los objetivos máximos en la vida de una mujer. Sin duda, hace veinte o treinta años, esta misma encuesta habría dado resultados muy distintos, porque en aquel entonces la mujer tenía muchas menos opciones o alternativas en la vida.

Ahora que la mujer ha empezado a participar más plenamente en muchas áreas antes abiertas sólo al hombre, puede elegir, si así lo prefiere, entre casarse, conseguir un trabajo, o prepararse para una profesión o carrera. Hay, desde luego, mujeres que no eligen entre estas alternativas, sino que las combinan. Algunas, por ejemplo, unen el matrimonio con un empleo fuera de casa. Otras combinan las tres: matrimonio, carrera e hijos. Sin embargo, para que pueda cumplir° con éxito las responsabilidades de la familia y de la carrera, la mujer debe ser una persona de muchísima vitalidad° y tener un marido responsable que comparta las obligaciones del hogar y el cuidado de los hijos. Si el marido no colabora con estas tareas y deja que la mujer cargue con° todas esas responsabilidades, el matrimonio puede **fracasar**[15].

Si lo pensáramos bien, todos estaríamos de acuerdo en que una sociedad verdaderamente justa no puede permitir privilegios de sexo. La libertad social, económica y política no debe estar acondicionada por el sexo, es decir, debe ser absolutamente igual para todos. Lo que es factible° para el hombre debe serlo también para la mujer y a la inversa. Desde luego, hay limitaciones biológicas: sólo la mujer puede concebir hijos y dar a luz. Pero esta limitación se origina en la naturaleza y no puede cambiarse, a diferencia de las muchas restricciones impuestas por la sociedad.

poll, survey

facts

fulfill

energy

shoulder, carry

feasible, possible

En fin, tanto los hombres como las mujeres que **apoyan**[16] la total libertad de la mujer quieren acabar con la desigualdad social entre los sexos, desigualdad que no se eliminó en los Estados Unidos, como se esperaba, con la obtención del voto femenino en 1920, ni con otros triunfos más recientes. Defienden, por ejemplo, el derecho de la mujer a recibir la misma **paga**[17] que el hombre si trabaja en la misma tarea. Quieren que las mujeres sean ascendidas° con la misma facilidad que hombres de igual talento que trabajan en puestos idénticos. Si las mujeres jóvenes quieren seguir oficios o carreras acordes con° su talento, no deben reducirse a aquellas actividades inferiores a su capacidad consideradas tradicionalmente femeninas y por tanto mal remuneradas°. El hacer esto último implica seguir aceptando una injusticia y causar al país una importante pérdida de talento humano.

La defensa de los derechos femeninos abarca esferas de acción muy variadas. Los partidos políticos deben animar° a las mujeres a presentar su candidatura para funciones verdaderamente importantes dentro del partido y en el gobierno del país. A pesar del «Equal Credit Act» de 1970, todavía algunos bancos y cajas de ahorro° ponen obstáculos a las mujeres que quieren conseguir un préstamo por sí mismas, o establecer un crédito a nombre propio. Las reformas sociales propuestas por los grupos feministas tienen también una dimensión legal, en cuanto proponen una enmienda° a la Constitución estableciendo que «la igualdad de derechos ante la ley no será negada ni disminuida por el gobierno de los Estados Unidos ni por cualquier gobierno estatal a causa del sexo». Esta enmienda, conocida por las **siglas**[18] ERA (Equal Rights Amendment o Enmienda sobre Derechos Igualitarios) no ha sido ratificada todavía aunque las encuestas demuestran un gran apoyo por parte de la población norteamericana en general.

La verdadera igualdad de los sexos requeriría, desde luego, mucho más que una enmienda constitucional. Para que se elimine totalmente la desigualdad sexual que forma parte de nuestra cultura, y de la cual a veces ni somos conscientes, tiene que ocurrir primero algo más esencial. Hay que cambiar la actitud mental de las personas con respecto a las funciones sociales del hombre y de la mujer. Muchos hombres, y también muchas mujeres, todavía mantienen un criterio muy rígido sobre lo que deben ser y deben hacer los individuos de cada sexo. Como en el pasado la cultura negaba a la mujer la oportunidad de desarrollarse intelectualmente, muchas personas creen, erróneamente, que las facultades intelectuales de la mujer son inferiores a las del hombre. De ese error se desprende° cierta condescendencia paternalista que se disfraza° a veces de actitud romántica en el tratamiento amoroso entre los sexos pero que encubre en verdad una actitud masculina de superioridad y hasta de desprecio hacia la mujer.

be promoted

in accord with

paid, remunerated

to encourage

savings banks

amendment

is derived
is disguised

Por otra parte, muchos hombres ven la «liberación de la mujer» como una amenaza al dominio masculino en las profesiones, los negocios y hasta en la política. Por desgracia, algunas mujeres, todavía poco educadas y mal informadas, coinciden con este punto de vista masculino y mantienen, intencionadamente o sin intención, los rasgos de dulce y romántica «feminidad» que ciertos hombres les exigen. En fin, para llegar a una absoluta igualdad de oportunidades entre los sexos, es necesario que todos, hombres y mujeres, estén convencidos de que cuanto más° libertad tenga la mujer, más° libre será también el hombre.

the more..., the more...

Expansión de vocabulario

I

el macho	male
la hembra	female
el varón	male, man

Macho and **hembra** are the standard words for *male* and *female* when referring to animals. In Spanish America, they are rarely used for people since they have pejorative connotations emphasizing a person's sexuality. In Spain, however, **hembra** is sometimes used in popular speech (instead of **niña, hija,** etc.) to indicate the gender of a child. **Macho**, however, is not so used, being replaced in Spain and Spanish America by **varón**, a word which also means an adult man who commands respect because of his character, talents, or social position. Finally, when the word for a particular animal is already marked for gender by its **-o** or **-a** ending (**león, leona; oso, osa**), **macho** and **hembra** are normally not added.

Ese animal no es **macho,** es **hembra.**	*That animal isn't (a) male, it's (a) female.*
En el laboratorio se mantienen separados los ratones **machos** y **hembras.**	*In the laboratory the male and female mice are kept separate.*
En mi familia siempre ha habido más **varones** que **hembras.**	*In my family there have always been more males than females.*
El zoológico ha comprado un rinoceronte **hembra.**	*The zoo has bought a female rhinoceros.*
La perra ha parido dos **perritas.**	*The dog has given birth to two female puppies.*

2

salvaje	wild, savage
silvestre	wild
la fiera	wild animal
feroz	ferocious

Salvaje is *wild* in the sense of *nondomesticated* when referring to animals. It also means *wild* in the sense of *savage or uncivilized.* Although **silvestre** is the standard word for *wild* in the sense of plants growing in a natural, uncultivated state, **salvaje** is sometimes also used in this context. However, when the English *wild* is used to describe an animal as being ferocious, carnivorous, and dangerous to people, the noun **la fiera** (from the adjective **fiero,** *ferocious*) may replace the expression **el animal salvaje.**

Fuimos al circo para ver al hombre **salvaje** de Borneo.	*We went to the circus to see the wild man of Borneo.*
Ibsen escribió *El pato salvaje.*	*Ibsen wrote* The Wild Duck.
En las dunas viven manadas de caballos **salvajes.**	*Herds of wild horses live in the dunes.*
Comimos fresas **silvestres** en casa de Pepita.	*We ate wild strawberries at Pepita's house.*
El niño se perdió en la selva y fue devorado por las **fieras.**	*The child got (became) lost in the jungle and was devoured (eaten) by the wild animals (beasts).*

3

el poder	power
la potencia	power
la fuerza	force, power, strength

El poder, the basic term for *power,* the physical, moral, or intellectual force that enables us to do something, comes from the verb **poder** in Spanish. But the noun **potencia** is used for *power* when it refers to strength in the sense of a political or military organization. Either **potencia** or **fuerza** can usually replace **poder** to indicate *power* in the sense of energy produced by some kind of machine, generator, or motor force.

¿Cuándo va a terminar este abuso del **poder?**	*When is this abuse of power going to end?*
Los socialistas están ahora en el **poder.**	*The socialists are now in power.*
El **poder** adquisitivo de los maestros ha bajado.	*The purchasing power of teachers has gone down.*
Las **superpotencias** reanudaron sus negociaciones en Ginebra.	*The superpowers resumed their negotiations in Geneva.*
El motor de mi coche tiene mucha **fuerza (potencia).**	*My car's engine has a lot of power.*

4

gozar de	to enjoy
disfrutar de	to enjoy, to have the use of
el goce	enjoyment
el disfrute	enjoyment, use

Although careful usage in Spanish prefers **gozar de** for *to enjoy* in the sense of *to relish* or *to experience pleasure in something,* and **disfrutar de** for *to enjoy* in the sense of *to have the use or benefit of something,* in most other cases the two verbs are used interchangeably with no appreciable difference in meaning. **Gozar,** however, cannot be replaced by **disfrutar** when referring to a truly intense sensual or aesthetic pleasure.

Paco **goza de** una gran popularidad.	*Paco enjoys great popularity.*
Gozar del buen arte es experiencia poco común.	*To enjoy good art is an uncommon experience.*
Carlos **goza (disfruta)** de perfecta salud.	*Carlos enjoys perfect health.*
El **goce** sexual no es la única expresión del amor.	*Sexual enjoyment (pleasure) is not the only expression of love.*
Ella **disfruta de** todos los beneficios de una sociedad moderna.	*She enjoys all the benefits of a modern society.*
María no podrá **disfrutar del** dinero que heredó.	*María will not be able to enjoy the money she inherited.*

5

desarrollar	to develop
revelar	to develop; to reveal
fomentar	to promote, to develop
el desarrollo	development
el fomento	development

Desarrollar means to *make something grow* in almost any context or *to treat a subject or topic amply.* Used reflexively, as in the text illustration, it means *to develop* in the sense of becoming larger, more perfect, or more mature. **Revelar,** *to reveal,* also translates *to develop* in the sense of developing, or revealing, an image on film. **Fomentar** (literally *to promote)* is sometimes used as a synonym of **desarrollar** in the context of developing or promoting economic growth.

Las naciones ricas deben ayudar a las naciones pobres a **desarrollarse** más rápidamente.	*The rich nations ought to help the poor nations to develop more rapidly.*
¿Puedes **desarrollar** mejor tus ideas?	*Can you develop your ideas better?*
El muchacho no ha terminado aún de **desarrollarse.**	*The boy hasn't finished developing yet.*
Ella llevó a **revelar** sus películas a un fotógrafo profesional.	*She took her film to a professional photographer for developing.*
Los llamados bancos de **fomento** estimulan o **fomentan** el **desarrollo** de la agricultura.	*The so-called development banks stimulate or promote the development of agriculture.*

6

la apariencia	appearance
el aspecto	appearance, look, aspect
la aparición	appearance, apparition

Although there is no absolute difference between **apariencia** and **aspecto,** the latter is more common and tends to emphasize the general and more essential and revealing way in which someone or something appears to us. **Apariencia** stresses somewhat more a person's or thing's external or superficial appearance or look.

Aparición is distinct from both of these words, for it refers to the action of appearing, that is, a person's or phenomenon's actually becoming visible to us.

¡Cómo ha cambiado la **apariencia** de Filadelfia después de la nevada!	*How the appearance of Philadelphia has changed after the snowfall!*
La **apariencia** de Francisco delataba su pobreza.	*Francisco's appearance betrayed (revealed) his poverty.*
Sofía llevaba ropa que tendía a darle un **aspecto** profesional.	*Sofia wore clothes that tended to give her a professional appearance (look).*
Esta oficina tiene el **aspecto** de una pocilga.	*This office looks like (has the appearance of) a pigpen.*
Al rey le preocupaba el **aspecto** de la muchedumbre irritada.	*The king was concerned by the appearance (look, aspect) of the angry crowd.*
La **aparición** de la primavera nos alegra a todos.	*The appearance of spring cheers all of us up.*

7

el cabello	hair
el pelo	hair
el vello	hair; fuzz

The basic word for any kind of hair is **pelo.** However, to refer to the hair growing from the scalp, **cabello** often replaces **pelo** in poetic usage and in the language of advertising. In Mexico and many other Spanish-American countries, the use of **cabello** is common in this sense even in normal conversation. **Vello** indicates a softer, finer hair growing on parts of the body other than the scalp.(**Vello** is not used, however, for the coarse hair on a man's face, for which **pelo** is the correct term.)

¡Qué asco! Hay un **pelo** en mi sopa.	*How disgusting! There's a hair in my soup.*
El perro tiene las patas largas y el **pelo** corto.	*The dog has long legs and short hair.*
Las princesas de los cuentos germánicos tienen el **cabello** rubio.	*The princesses of Germanic tales have blond hair.*

Para evitar la caída del **cabello** recomendamos la vitamina B.	*To avoid the loss of hair, we recommend vitamin B.*
El niño tenía en los brazos un casi imperceptible **vello** rubio.	*The child had an almost imperceptibly fine, blond hair on his arms.*
La piel del durazno (melocotón) tiene **vello;** la de la ciruela, no.	*The skin of a peach has fuzz; that of a plum doesn't.*

8

evitar	to avoid, to prevent
prevenir	to prevent, to avoid
eludir	to avoid, to evade

Semantically, these verbs are closely related and except in very careful usage the first two are interchangeable. **Evitar,** the more frequently used word, most often suggests keeping away from something or preventing something more immediately dangerous or unpleasant from happening. **Prevenir** suggests this same kind of action but implies greater anticipation, forethought, or preparation in preventing a particular situation from occurring. **Eludir,** the least common of the three verbs, most often indicates the avoidance of something that one should do but doesn't, through laziness or because it is unpleasant.

Vamos a **evitar** el tránsito de las cinco, si es posible.	*Let's avoid the five o'clock traffic if (it's) possible.*
Debes **evitar** aquello que te produce estrés.	*You should avoid that which produces stress for you.*
Debes aprender a **prevenir** el estrés.	*You should learn to prevent (avoid) stress.*
Joaquín **evitaba** hablar de su prima.	*Joaquín avoided talking about his cousin.*
Las autoridades quieren **prevenir (evitar)** más ataques terroristas.	*The authorities want to prevent (avoid) more terrorist attacks.*
Gracias a la ciencia, ya sabemos **prevenir** esa enfermedad.	*Thanks to science, we know how to prevent that disease.*
La persona madura no **elude** la responsabilidad.	*The mature person doesn't avoid (evade) responsibility.*

9

delgado	thin
flaco	thin
gordo	fat
adelgazar	to reduce, to become thin
engordar	to get (become) fat
grueso	stout, thick
espeso	thick, dense
fino	thin
claro	thin

Delgado is the standard adjective to translate English *thin* in reference to persons. **Flaco** is used in most of the Spanish-speaking world to indicate *very thin* or *skinny*. In addition to **ganar (perder) peso,** to *gain (lose) weight,* **adelgazar** and **engordar** commonly convey these ideas. With regard to related concepts, **grueso,** which means *stout, husky* in reference to persons, most often is used to indicate how thick or wide something is. But *thick* in the sense of *dense* or *of stiff consistency,* said of fog, liquids, etc., is **espeso.** Similarly, **claro** indicates *thin* when referring to liquids, mixtures, etc., and **fino** means *thin* in the sense of light or lightweight, for items such as clothing.

Toma medicamentos para **adelgazar.**	*He takes medication in order to lose weight.*
La familia de ella siempre ha sido propensa a **engordar.**	*Her family has always been prone to put on weight.*
Ella coloca un **grueso** diccionario sobre la mesa.	*She puts (places) a thick dictionary on the table.*
De los **gruesos** labios de él, se escapaban nubes de espeso humo.	*From his thick lips there escaped clouds of thick smoke.*
Qué pelo más **espeso** tienen esos animales.	*What thick hair those animals have.*
Ella llenaba la tacita de un café turco, **espeso** como pasta.	*She filled the cup with Turkish coffee, as thick as paste.*
La esta sopa está muy **clara.**	*This soup is very thin.*
Él lleva una camisa muy **fina.**	*He's wearing a very thin shirt.*

10 ▪▪▪▪▪▪▪▪▪▪▪▪▪▪

la facultad	school, faculty, ability
el profesorado	faculty
el colegio	school; college

In the United States, it is much more common to refer to the major divisions of a university as schools instead of faculties. In Spanish, the reverse is true, and such divisions are more often called **facultades** than **escuelas.** In a completely different sense, **facultad** and its English cognate *faculty* both mean mental capacity or ability. To translate English *faculty* when referring to a body of teachers, Spanish most often uses the word **el profesorado.** Finally, in Spanish **colegio** never means *college* in the common English sense of that word; instead, it means a primary or secondary school. It is best to translate *college* as **universidad. Colegio** does, however, translate to the English *college* in the restricted sense of the official organization of members of a given profession.

Este edificio es la antigua **Facultad** de Medicina.	*This building is the former School (Faculty) of Medicine.*
Él creía tener la **facultad** de comunicarse con los muertos.	*He believed he had the ability to communicate with the dead.*
Las **facultades** mentales de él son extraordinarias.	*His mental faculties are extraordinary.*
El **profesorado** está en huelga.	*The faculty is on strike.*
¿En qué **universidad** estudia Ud.?	*In what college (university) are you studying?*
La niña va al **colegio** a las nueve de la mañana.	*The girl goes to school at nine in the morning.*
Marta es miembro del **Colegio** de Abogados.	*Marta is a member of the College of Lawyers.*

11 ▪▪▪▪▪▪▪▪▪▪▪▪▪▪

ejercer	to practice
practicar	to practice

To practice, in the sense of working at a profession such as medicine, law, or teaching, is **ejercer** in Spanish. **Practicar** is *to practice* in the sense of working repeatedly at improving one's skills through exercise, study, etc. Also, in Spanish, **practicar un deporte** is not to practice that sport, but to go out for it or to engage in it.

El médico prefiere investigar y no **ejercer** la medicina.	*The doctor prefers to do research and not to practice medicine.*
¿Cuántos **deportes practica** Ud.?	*How many sports do you play (go out for)?*

I2

dar a luz	to give birth to
parir	to give birth to
embarazada	pregnant

In Spanish, when referring to people, **dar a luz** is the standard euphemistic replacement for **parir,** which is now used almost exclusively for animals. **Parir** is still occasionally used for people, but only in very direct, colloquial usage. Similarly, the adjective **embarazada** (literally *hindered, encumbered)* has become the most common euphemism for **preñada,** *pregnant.* Observe, too, that no personal **a** follows the expression **dar a luz.**

Dio a luz un varón.	*She gave birth to a boy.*
La mujer del senador **dio a luz** mellizos en el hospital naval.	*The senator's wife gave birth to twins in the naval hospital.*
Yo soy la madre que te **parió** y te conozco bien.	*I'm the mother who gave birth to you, and I know you well.*
La gata **parió** tres gatitos.	*The cat had (gave birth to) three kittens.*
Ella vivió en esta casa cuando estaba **embarazada.**	*She lived in this house when she was pregnant.*

I3

aspirar a	to aspire
la aspiración	aspiration, ambition
la ambición	ambition
ambicioso	ambitious

Aspirar, when it means *to aspire,* always takes the preposition **a. Aspiración** rather than **ambición** is often used to translate English *ambition,* for **ambición** and **ambicioso** frequently have strongly negative connotations that are lacking in their English cognates. The words normally imply that the person is overly or ruthlessly ambitious or desirous of power, riches, or fame.

To avoid this connotation and to translate in a positive sense the normal meaning of English *ambition,* one can in most cases use the word **aspiración** or an expression with **aspirar a.**

La **aspiración** de Mario era ser un famoso médico.	*Mario's ambition (aspiration) was to be (become) a famous doctor.*
La **ambición** de Alejandro Magno hizo posible la conquista del imperio persa.	*The ambition of Alexander the Great made possible the conquest of the Persian Empire.*
Enrique II de Castilla, por ser tan **ambicioso,** asesinó a su hermano.	*Enrique II of Castile, because he was so ambitious, murdered his brother.*

I4

el hogar	home
la casa	house, home
el domicilio	house, home

Spanish **hogar** (which also means *hearth,* or *fireplace)* is used less than its closest translation equivalent *home.* In English, *home* is often merely a synonym for *house,* in the sense of a dwelling inhabited by people. In Spanish, however, **hogar** almost always has a personal or emotional connotation of family ties, comfort, refuge, etc., which is often lacking in the context of the English *home.* **Domicilio** also means *house, home* but most often in a context that indicates it is one's legal residence or address.

Lo que busco es la tranquilidad del **hogar.**	*What I am looking for is the tranquility of home.*
Para muchos niños abandonados, la calle es su único **hogar.**	*For many abandoned children, the street is their only home.*
Vamos a **casa.**	*Let's go home.*
Lo seguí hasta su **casa.**	*I followed him to (as far as) his home (house).*

| Su dirección postal es diferente de la de su **domicilio.** | *His mailing address is different from that of his home (residence).* |
| Entregamos las compras en su **domicilio.** | *We deliver your purchases to your home.* |

15

fracasar	to fail
el fracaso	failure
fallar	to fail
suspender	to fail
dejar de + *infinitive*	to fail + infinitive

Intransitive **fracasar** is most often *to fail* in the sense of having some undertaking or enterprise turn out badly or come to an untimely end. **Fallar** most often means to be unsuccessful because one is left wanting. Used with an indirect object pronoun, **fallar** suggests a loss or fading away of strength, effectiveness, etc. **Suspender** is *to fail someone* by giving him or her a below-passing grade. **Dejar de** + infinitive means *to fail* in the sense of neglecting to do something.

Hemos fracasado en nuestro intento de rescate.	*We have failed in our rescue attempt.*
El **fracaso** escolar se puede reducir mediante la enseñanza individual.	*Failure in school can be reduced through individualized instruction.*
Es nuestra única oportunidad y no podemos **fallar.**	*It's our only chance, and we can't fail.*
Entonces la vista empezaba a **fallarme.**	*Then, my sight began to fail me.*
El profesor me **suspendió** en química.	*The professor failed me in chemistry.*
No dejes de llamar a María.	*Don't fail to call María.*

16

apoyar	to lean, to support
el apoyo	support
respaldar	to back, to support, to endorse
el respaldo	support, backing

Apoyar and **respaldar,** close synonyms in Spanish, can be used transitively and reflexively. **Apoyar** is to physically support someone by leaning against them. Likewise, **respaldar** is to help or support by backing someone, as a primary meaning of the noun **el respaldo,** the *back of a chair, seat,* suggests.

El muchacho **se apoyaba** contra el árbol.	*The boy was leaning (leaned himself) against the tree.*
Apoya la escalera contra el garaje.	*Lean the ladder against the garage.*
El presidente advirtió a los funcionarios estatales que debían **apoyarle** o dimitir.	*The president warned the government employees that they had to support him or resign.*
El jefe me **respalda** en todo lo que hago.	*The boss backs (supports) me in everything I do.*
El candidato cuenta con el **respaldo** del gobernador.	*The candidate has the backing (support) of the governor.*

17

la paga	payment, pay
el pago	payment, pay
pagar	to pay (for)

Paga and **pago** are similar, for both indicate payment made in return for something. Of the two, **pago** has the broader meaning, for it embraces any amount of money paid for something. **Pago** normally indicates monetary payment, but it can also indicate intangible payment, such as the nonmonetary recognition or compensation one gets for something done. As distinct from **pago, paga** is the payment or pay given on a regular basis as wages or compensation for work. Remember that the verb **pagar** means both *to pay* and *to pay for.* Therefore, the preposition **por** is used with **pagar** only when the specific amount paid in exchange for something is indicated.

El **pago** del rescate se efectuó en un café.	*Payment of the ransom was made in a café.*
Necesito la beca para el **pago** de la matrícula.	*I need the scholarship for the payment of (for paying) tuition.*

Este es el **pago** que me dan por defender a los amigos.	*This is the payment (the reward) I get for defending my friends.*
He gastado toda la **paga** en regalos para mis niños.	*I spent all my pay on gifts for my children.*
Deben a los soldados dos meses de **paga.**	*They owe the soldiers two months' pay.*
¿Quién **pagó** la llamada a Madrid?	*Who paid for the call to Madrid?*
Pagué veinte dólares **por** la llamada.	*I paid twenty dollars for the call.*

_18_

las siglas   acronym

Las siglas (also used with the same meaning in the singular) refers to the abbreviation formed from the first letter of several consecutive words, what we commonly call *acronym* in English.

OEA es la **sigla** española de la Organización de Estados Americanos.	*OEA is the Spanish acronym for the Organization of American States.*
El uso de las **siglas** es más frecuente en inglés que en español.	*The use of acronyms is more common in English than in Spanish.*

_E_jercicios

Comprensión de la lectura

De las cuatro respuestas que se indican para cada pregunta, seleccione Ud. la correcta, de acuerdo con el ensayo. También indique brevemente por qué las otras opciones son incorrectas.

1. Las mujeres tienen fundamentalmente menos libertad que los hombres a causa de que _____.
    a. las leyes no las protegen lo suficiente
    b. no son libres dentro de la familia
    c. la estructura de la sociedad las restringe
    d. tienen que criar a los niños

2. La mujer que trabaja fuera de casa suele cuidar su aspecto más que el hombre por _____.
   a. su vanidad personal
   b. el acondicionamiento social
   c. su miedo a engordar
   d. el deseo de agradar al hombre

3. El hecho de que ahora muchas mujeres ingresen en las Facultades de Medicina, Derecho, Comercio y otras, demuestra que _____.
   a. la mujer ya es libre para escoger su carrera
   b. por ser mayoría, la mujer realiza ya sus deseos
   c. el hombre no impide ya avanzar a la mujer
   d. ha mejorado mucho la vida de la mujer

4. La clave para que la mujer pueda combinar con éxito matrimonio, carrera e hijos es _____.
   a. el descuido de las tareas de la casa
   b. la energía que tiene
   c. el número de hijos que tiene el matrimonio
   d. la comprensión del marido

5. Las sociedades deben eliminar los privilegios del sexo porque _____.
   a. la mujer es más débil y necesita la protección del hombre
   b. sólo la mujer puede concebir hijos y dar a luz
   c. sólo así podrá haber justicia social
   d. la mujer siempre ha ganado menos que el hombre

6. Para que haya verdadera igualdad entre los sexos en los Estados Unidos, es necesario primero _____.
   a. aprobar una enmienda a la Constitución del país
   b. elegir a una mujer para un cargo político verdaderamente importante
   c. modificar las actitudes respecto a los papeles sociales de la mujer
   d. asegurar a los hombres que las mujeres no les amenazan en los negocios

La palabra adecuada

A. Para cada frase que sigue, elija Ud. la palabra o expresión que complete mejor el sentido.

1. _____ del mendigo en el banquete causó un efecto terrible entre los comensales.
   a. La apariencia
   b. El poder
   c. La aparición

2. Estás perdiendo _____ y te quedarás calvo muy joven.
   a. fuerza
   b. cabello
   c. pelo

3. Carlos busca la tranquilidad y por eso quiere _____ las vacaciones lejos de su familia.
   a. eludir
   b. disfrutar de
   c. gozar de

4. Eran unos guerrilleros que vivían como _____ en el bosque.
   a. silvestres
   b. primitivos
   c. salvajes

5. Este mes tenemos que dar _____ extra al jardinero.
   a. un pago
   b. un fomento
   c. una paga

6. Han trabajado muchísimo para _____ el comercio entre los dos países.
   a. revelar
   b. desarrollar
   c. pagar

B. De acuerdo con las notas de ***Expansión de vocabulario,*** utilice la palabra o expresión que complete mejor el sentido de cada frase. En algunos casos puede haber más de una palabra apropiada.

1. Su gran _____ era llegar a ser astronauta.

2. El «guru» tenía un _____ hipnótico sobre sus seguidores.

3. Parece imposible pero esa mujer ha _____ doce hijos.

4. Algunos médicos creen que el comer ciertas verduras y legumbres ayuda a _____ ciertas clases de cáncer.

5. No discutiré ese asunto contigo en público, sólo en la intimidad de mi _____.

6. Mi hermano estudia en New York University, cuyas _____, claro está, son NYU.

C. Complete las frases que siguen, escogiendo las palabras que mejor correspondan al sentido, modificándolas gramaticalmente siempre que sea necesario. No use ninguna palabra más de una vez.

arruga	hembra	evitar	eludir
flaco	engordar	apariencia	facultad
aparición	hogar	guardar la línea	maquillaje
domicilio	cargar con	aspecto	ejercer

1. Si encuentran un cóndor _____ para el Jardín Zoológico, se podrá _____ que la especie desaparezca.

2. A pesar de que usaba mucho _____, a su edad ya no podía cubrirse todas las _____ de su cara.

3. Juan _____ su profesión de abogado en Los Ángeles, pero tiene su _____ en San Diego.

4. Ese hombre tan _____ tenía la _____ de un fantasma.

5. Si tienes propensión a _____ conviene que trates de _____.

6. Te será difícil estudiar en la _____ de medicina y al mismo tiempo _____ las responsabilidades del _____.

Preguntas textuales

1. ¿Qué consecuencias tuvo el hecho de que en las primitivas sociedades humanas el macho fuera físicamente más fuerte que la hembra?

2. ¿Qué sistema de poderes y responsabilidades originado dentro de la familia llegó a aplicarse después a la sociedad en general?

3. ¿Qué profesiones que antes eran asequibles a muy pocas mujeres están ahora abiertas para muchas?

4. ¿Qué revela la encuesta de *The New York Times* sobre las actitudes de muchas mujeres con respecto al trabajo y a la maternidad?

5. ¿Qué consecuencias tiene la discriminación sexual en la vida económica de la mujer?

6. ¿Qué se debe hacer para que las mujeres participen más plenamente en la vida política?

7. ¿Qué es lo que pretende la enmienda a la Constitución que se conoce por las siglas «ERA»?

8. ¿Qué tiene que ocurrir para que la desigualdad sexual desaparezca totalmente?

Preguntas de interpretación y opinión

1. ¿Qué diferencias ve Ud. entre la situación de la mujer en los EEUU y Europa y su situación en los países subdesarrollados?

2. ¿Cuáles son, a su juicio, las características de la apariencia y del aspecto físico que pueden facilitar o perjudicar el éxito de una mujer en el mundo profesional o en el de los negocios?

3. ¿Hasta qué punto cree Ud. que las mujeres, al entrar en el mundo de los hombres, empiezan a tener los mismos problemas que los hombres? ¿Cuáles son algunos de estos problemas?

4. Indique por qué está Ud. en favor o en contra de la enmienda a la Constitución conocida como «ERA».

5. ¿Está Ud. de acuerdo con el resultado de la citada encuesta de *The New York Times*? Indique las razones de su respuesta, sea ésta afirmativa o negativa.

6. ¿Qué opina Ud. sobre el servicio militar de la mujer (obligatorio o voluntario)? ¿Prefiere Ud. otro tipo de servicio nacional para la mujer?

7. ¿Cuáles son, en su opinión, los efectos que experimentan los niños cuando tanto el marido como la mujer trabajan fuera de casa?

8. ¿Qué opinión tiene Ud. de la mujer que quiere realizarse sólo como madre y que no tiene ninguna otra aspiración?

9. ¿De qué manera el «abuso sexual» de la mujer puede incidir en su trabajo, su carrera y en otros aspectos del progreso personal?

10. ¿Considera Ud. adecuadas las leyes criminales con respecto al delito de la violación sexual y a la violencia ejercida sobre la mujer en general? Explique las razones de su opinión.

2 Costumbres alimenticias del hombre contemporáneo

Las enormes desigualdades sociales existentes todavía en nuestro mundo afectan a cualquier persona sensible. Pero nos afectan aún más cuando se trata de la carencia° de **alimentos**[1] básicos o del pavoroso° problema del **hambre**[2]. Resulta, pues, casi irónico hablar en el mismo ensayo de las costumbres culinarias de los países desarrollados cuando en muchas partes del tercer mundo la población está mal alimentada o diezmada° por el hambre.

lack
terrible, frightful

decimated

Por eso, antes de considerar los hábitos alimenticios de sociedades más prósperas, es imprescindible referirnos a la situación en los países menos afortunados, aunque esto no implica que no haya también personas con hambre en los países ricos. Sin embargo, allí el problema es de naturaleza distinta porque no se trata de un hambre endémica que afecta a gran parte de la población.

El hambre tiene distintas causas pero en general todas están relacionadas con el subdesarrollo° económico. Un clima duro° y la falta de buena tierra cultivable pueden ser causas determinantes de la pobreza. Pero una tierra pobre y desértica puede tornarse fértil, sin embargo, con el uso de modernas técnicas de cultivo, entre ellos el riego° artificial, como ha ocurrido en Israel. En ciertas regiones de África, Asia y Latinoamérica, los campesinos **cultivan**[3] la tierra con métodos y con procedimientos que han cambiado poco a través de los siglos. Es decir, en muchos países la pobreza y el hambre están relacionadas no sólo con las condiciones económicas sino también con el atraso° tecnológico.

*underdevelop-
ment / harsh*

irrigation

backwardness

En los países del tercer mundo millones de personas mueren cada año de hambre o de enfermedades producidas por la **desnutrición**[4]. Centenares de millones más viven **desnutridas**[4] por la escasez° de alimentos que les impide el consumo mínimo necesario para mantener la salud. La deficiencia alimenticia resta° vitalidad° a otros millones de personas y la falta de proteínas afecta el cerebro de muchos niños, causándoles un retraso° mental.

shortage, scarcity

*takes away /
energy*
retardation

No bastan para solucionar el problema las organizaciones humanitarias de los países ricos. Estas organizaciones alivian° el hambre endémica enviando sacos de harina, arroz, leche en polvo y otras materias alimenticias, sobre todo cuando a la pobreza crónica se

alleviate, relieve

agregan° desastres naturales como sequías° e inundaciones, o cuando *are added /*
ocurren conflictos armados. Tales medidas ofrecen un alivio parcial *droughts*
pero nunca contribuyen a una solución permanente. Para ello, sería
preciso primeramente aumentar la producción de alimentos en estas
regiones pobres y luego asegurar una distribución equitativa°, y ello *fair, equitable*
requeriría en muchos casos un profundo cambio socio-político. La
cooperación internacional podría contribuir con sus esfuerzos a
transformar la economía de estas regiones. Los países más privilegia-
dos podrían ayudar enviando instructores técnicos para adiestrar° a *to train*
los agricultores locales en los modernos métodos de cultivo más idó-
neos° para cada región. También se necesitaría enorme cantidad de *suitable*
capital para efectuar° una modernización profunda de la economía *to carry out*
agrícola de esos países.

Pero la cooperación internacional a ese nivel parece todavía utópi-
ca. Lo más probable es que esas regiones del tercer mundo, cuyas
poblaciones están aumentando rápidamente, seguirán viviendo a
merced de la naturaleza y de la ayuda alimenticia de los países más
afortunados.

En contraste con los habitantes del tercer mundo, el habitante
medio° de Norteamérica, gran parte de la Europa occidental, *average (adj.)*
Australia y Nueva Zelandia, la Argentina, el Uruguay y algunos otros
países, tienen acceso, dentro de sus posibilidades económicas, a una
abundante y variada alimentación. Un segundo grupo de países,
inclusive los de la Europa oriental y la Unión Soviética, disfrutan de° *have, enjoy*
una alimentación suficiente. Suele ser calóricamente adecuada pero
mucho menos variada y más monótona que en el primer grupo de
naciones, porque muchos alimentos no básicos faltan o no son ase-
quibles° al ciudadano medio, o por su escasez crónica o por su altísi- *available*
mo precio. Con respecto al tercer grupo de países, a los que nos
hemos referido antes, la realidad fundamental de la vida diaria de
gran parte de la población consiste en conseguir comida suficiente
para sobrevivir.

En los Estados Unidos, como ocurre con la mayor parte de los países del primer grupo, otro problema es el de la gran cantidad de productos alimenticios elaborados°, que tienen poco valor nutritivo. La *processed foods*
persona encargada de la comida familiar tiene, por eso, la responsabilidad de decidir qué es lo mejor para su familia y planear **comidas**[5]
que sean a un tiempo° **sabrosas**[6] y nutritivas. Una comida habitual *at the same time*
suele incluir como **plato**[7] principal carne, pollo o pescado. Las carnes
pueden ser de vaca, de cerdo o de cordero°, y pueden prepararse asa- *lamb*
das, guisadas, fritas o a la parrilla°. En los tiempos pasados, un filete° *grilled, broiled /*
de carne de vaca frita, con **puré de papas**[8] y con guisantes era una *steak*
comida típica de los Estados Unidos. Pero los gustos y la conciencia
alimenticia de la población han cambiado mucho y sería difícil decir
cuál es hoy la comida más popular de este país.

El pollo frito (muchas veces comprado fuera y llevado a casa para comer) es un plato que ha crecido en popularidad. En cambio, el pescado es menos apreciado° en los Estados Unidos que en muchos otros países y se prepara con menos variedad de **recetas**[9]. Hay aquí, sin embargo, excelentes **pescados y mariscos**[10] aunque sus precios suelen ser bastante elevados. La carne de res° en sus múltiples formas, desde la carne picada° hasta el rosbif, sigue siendo un plato predilecto° de la gran mayoría de los norteamericanos.

less highly regarded

beef
ground meat
favorite

La preferida entre las comidas extranjeras ya naturalizadas es la comida italiana, como la pizza, y las pastas como espaguetis y raviolis, que muchas veces suplantan a la carne o pollo como plato principal. Y finalmente, siempre se puede recurrir a los huevos, que constituyen un plato nutritivo y económico, revueltos, fritos o en forma de **tortillas**[11] o «crepes». Sin embargo, en años recientes el consumo de huevos en los Estados Unidos ha bajado por el miedo al colesterol.

Para evitar la monotonía y equilibrar° nutritivamente el **régimen**[12] alimenticio, se puede variar no sólo el plato principal, sino las **verduras** u **hortalizas**[13] que lo acompañan. Las más usuales como guisantes, frijoles, maíz y zanahorias pueden alternarse con col, espinacas, espárragos, remolachas° y berenjenas°. Las papas pueden ser sustituidas por el arroz. En lugar de una ración de verduras o legumbres, se puede servir una **ensalada**[14] de lechuga y tomates, tal vez con algunos rábanos o rodajas° de pepino° añadidos.

to balance

beets / eggplant

slices / cucumber

Si la ensalada es muy grande, puede constituir en si la comida entera, aún cuando no es una costumbre habitual fuera de ciertas partes de los Estados Unidos como California. En una cálida noche de agosto pocas cosas apetecen° más que una **fresca**[15] ensalada de lechuga y tomate, con atún, jamón o pollo frío, y con rábanos y aceitunas, un poco de cebolla, algunos trozos de pimiento verde°, tal vez un huevo duro cortado en pedazos, todo mezclado con un sabroso **aliño**[16] de aceite, vinagre, sal y algunas especias.

are appetizing

(sweet) green pepper

La fruta reemplaza a veces el postre tradicional elaborado° con harina, huevos, manteca, crema, grasa° y azúcar. Un postre ligero y refrescante es la ensalada de frutas o macedonia. También es fácil servir, como postre, fruta del tiempo° como fresas en primavera, y albaricoques°, duraznos, ciruelas, melón y sandía° en verano. Es en el otoño cuando se encuentran las mejores uvas, manzanas y peras. Y durante casi todo el año podemos gozar de frutas cítricas como naranjas y toronjas°. Como sabemos, la fruta es mejor para la salud que los helados, los bizcochos° y las tartas°. No nos hace engordar como otros postres porque tiene pocas calorías y no tiene nada de grasa.

made, prepared
fat, shortening

of the season
apricots / watermelon

grapefruit
cakes / pies

La bebida que se toma con la comida depende del gusto personal y de la tradición. Lo más corriente en los Estados Unidos es beber sólo agua y hay personas que la prefieren embotellada como se suele

beber en Europa. Otros optan por el café, la leche, las gaseosas°, el té   *soft drinks*
y el té helado en verano. La cerveza acompaña bien a ciertas clases de
alimentos, sobre todo los salados. Y la costumbre, tan arraigada° en   *rooted*
el sur de Europa, de tomar vino con la comida se hace cada día más
popular aquí, ya que California produce buenos vinos, algunos de los
cuales pueden competir en calidad con los de Europa.

En las últimas décadas, se han transformado bastante nuestros
hábitos alimenticios debido en parte a la producción de alimentos
congelados[17]. Hace ya muchos años que en la sección de alimentos
congelados de los supermercados encontramos jugos, verduras, pescados y carnes. Pero sólo en años recientes se han introducido comidas especiales, platos precocinados, congelados y al mismo tiempo de
muy buen sabor. Suelen ser más caros que los platos congelados normales, pero son mucho más sabrosos. Desde luego, ahorran° al con-   *they save*
sumidor el tiempo de preparación. Sólo necesitan ser calentados al
horno o al horno microondas° antes de ser servidos. Son de utilidad   *microwave oven*
para solteros° o para matrimonios jóvenes sin niños que no saben   *single people*
cocinar bien o no tienen interés o tiempo para hacerlo. Las existencia
de comidas congeladas nos permite **probar**[18] una variedad de platos,
inclusive la aquí llamada comida «étnica» (mejicana, china, japonesa,
etc.) que de otro modo no llegaría a muchas de nuestras mesas. La
comida congelada facilita también la labor de quienes trabajan fuera
y vuelven tarde y demasiado cansados para cocinar.

A pesar de la mejora que ha experimentado° la comida congelada   *undergone,*
con respecto al sabor, nunca es comparable en calidad con la comida   *experienced*
preparada con ingredientes frescos y con cierta imaginación. Por eso
está creciendo el número de personas interesadas en la buena **cocina**[19]. Hay muchos individuos, tanto hombres como mujeres, que
aprecian la buena cocina y desean aprender a cocinar bien. Si una
persona sabe leer, tiene un poco de gusto y es hábil con las manos,
puede aprender por si misma, aprovechando° los excelentes manua-   *making use of*
les de cocina y libros de recetas de que están llenas las librerías. Este
sistema autodidáctico° puede dar muy buenos resultados.   *self-taught*

Lo ideal sería comenzar el aprendizaje en forma teórica y práctica
en una buena escuela de cocina. Después de aprender los fundamen-
tos, uno podría ir avanzando hasta dominar° las especialidades de   *to master*
una tradición culinaria regional o nacional. Por desgracia, los cursos
en las escuelas de cocina suelen ser caros y requieren bastante tiempo, lo cual los hace imposibles para muchas personas. También hay
programas televisivos dedicados a clases de cocina, pero suelen ser
más un espectáculo que un modo práctico de aprender a cocinar.
Suelen estar dirigidos muchas veces no a principiantes° sino a coci-   *beginners*
neros ya experimentados.

Para terminar, mencionaremos que el creciente interés por la
buena cocina en los Estados Unidos probablemente tiene su origen

en el descubrimiento directo de la cocina de Europa por millones de turistas norteamericanos en los años posteriores a la Segunda Guerra Mundial. Desde entonces, este interés, fortalecido sin duda por la constante inmigración desde Europa, Asia y Latinoamérica, ha producido una expansión en la variedad de platos aquí conocidos. En general, la calidad de la cocina norteamericana ha mejorado mucho, si dejamos de lado, desde luego, la tradición del «fast food». Casi se puede hablar de una renovación en nuestras costumbres de comer, sobre todo por lo que respecta a las gentes de clase media y alta. En casi todas las grandes ciudades del país es posible encontrar restaurantes especializados en cocina regional, nacional o internacional. Y hay ciudades como Nueva York, Los Ángeles, Nueva Orleans, San Francisco, Filadelfia y Baltimore, donde uno de los atractivos° para *attractions* los habitantes o los que visitan estas ciudades es el comer en algunos de sus excelentes restaurantes recomendados en las guías turísticas, o lo que es aún mejor, recomendados por algún amigo que vive en una de esas ciudades y que conoce lo que es la buena cocina.

*E*xpansión de vocabulario

I

el alimento	food
la alimentación	food
alimentar	to feed
dar de comer	to feed
alimenticio	food (adj)
alimentario	food (adj.)

El alimento, often used in the plural, is the most common term for *food* (or *foodstuffs)* in the broadest sense of that word. **Alimentación** also means *food* but indicates more the action and effect of consuming it. The verb **alimentar,** *to feed,* may convey the meaning of *to nourish,* although **nutrir** is the more precise or scientific term. **Alimentar** is often replaced by **dar de comer** in familiar, everyday circumstances, such as when referring to the feeding of persons in one's family, pets, etc. The common adjective corresponding to **alimento** is **alimenticio.** Its synonym **alimentario** is used much less, mostly to refer to the **industria alimentaria,** *the food industry.*

Mañana el paciente podrá tomar **alimentos** líquidos.

Tomorrow the patient will be able to have liquid food.

Nuestra salud depende de nuestra **alimentación.**	*Our health depends on what we eat (our food, nutrition).*
Los mineros no ganan bastante para **alimentar** a sus familias.	*The miners don't earn enough to feed their families.*
¿Has dado de comer al perro?	*Did you feed the dog?*
En este almacén guardan productos **alimenticios.**	*In this warehouse they keep (store) food products.*
La industria **alimentaria (alimenticia)** emplea a miles de trabajadores en esta ciudad.	*The food industry employs thousands of workers in this city.*

2

el hambre	hunger, famine, starvation
tener hambre	to be hungry
pasar hambre	to be hungry, to go hungry
pasar mucha hambre	to starve
morir(se) de hambre	to starve (to death), to die of hunger
hambriento, famélico	hungry, starving

English has separate words for *hunger, famine,* and *starvation;* Spanish uses **hambre** (f) for all three concepts. When used in the singular without an intervening adjective, **hambre,** although feminine in gender, requires the masculine article **el hambre.** Because English *to starve* has two related meanings, *to suffer severely from hunger* or *to die from lack of food,* it is translated into Spanish by either **pasar (sufrir) mucha hambre** or **morir(se) de hambre.** The synonyms **hambriento** and **famélico** are little used with **estar,** and are used mainly to modify nouns. Instead, **tener hambre** or **pasar hambre** renders *to be hungry.*

Nuestra organización ha emprendido una nueva campaña contra el **hambre.**	*Our organization has undertaken a new campaign against hunger (famine, starvation).*
Es escandaloso que todavía haya personas que **mueran de hambre.**	*It's scandalous that there are still people who starve to death (die of hunger).*
La película es un documental sobre familias **famélicas** y **desnutridas** que viven en los Apalaches.	*The film is a documentary on hungry and undernourished families that live in the Appalachian Mountains.*

3

cultivar	to cultivate, to grow
crecer	to grow

Cultivar translates *to cultivate* or *to farm* the land, as in the essay illustration. It also means *to grow* or *to raise* a particular plant or crop. For the other common meaning of English *to grow,* which is *to increase in size,* Spanish uses the intransitive verb **crecer.**

Los granjeros **cultivan** aquí mucho trigo.	*The farmers raise (grow) lots of wheat here.*
El trigo **crece** muy bien aquí.	*Wheat grows very well here.*

4

desnutrición	undernourishment, malnutrition
desnutrido	undernourished, malnourished
subdesarrollado	underdeveloped
nutritivo	nourishing, nutritional

In the case of the common expression *undernourished,* the Spanish prefix corresponding to English *under-* is **des-,** rather than the more common **sub-** found in words such as **subdesarrollado,** *underdeveloped,* etc. Observe that **nutrir** and its adjective **nutritivo,** *nutritious,* are sometimes replaced in everyday language by **alimentar** and **alimenticio** (see note 1).

Debido a la escasez de alimentos, ese país padecía de una **desnutrición** endémica.	*Because of a shortage of food, that country suffered from endemic undernourishment.*
Antes de emigrar, Javier vivía en un país **subdesarrollado.**	*Before emigrating, Javier lived in an underdeveloped country.*
Debemos comer platos **nutritivos.**	*We should eat nourishing dishes.*
El hígado tiene un alto valor **nutritivo (alimenticio).**	*Liver has a high nutritional (food) value.*

5

la comida	meal; dinner; food
el desayuno	breakfast

el almuerzo   lunch; breakfast (Sp. Am.)

la cena   supper

el refrigerio   snack, bite, very light meal

Comida, as used in the essay illustration, means *meal.* In certain parts of the Spanish-speaking world, it may also specify the main meal of the day. In other parts of the Spanish-speaking world, **almuerzo,** *lunch,* is sometimes used with this meaning. However, in Mexico and several other Spanish-American countries, **almuerzo** means *breakfast* and **comida** either *lunch* or *dinner.* **Cena,** like English *supper,* is the evening or night meal. Finally, **comida** is often used as a close synonym of **alimento** in most contexts except that of raw foodstuffs.

La comida que más me gusta es el **desayuno.**	*The meal I like best is breakfast.*
En nuestra casa, se sirve la **comida** entre dos y dos y media.	*In our house, dinner (lunch) is served between 2:00 P.M. and 2:30 P.M.*
El gasta más en **comida** que en alquiler.	*He spends more money on food than on rent.*
La comida (los **alimentos**) ha(n) subido mucho de precio.	*Food has gone up very much (a lot) in price.*
En este restaurante la **comida** es siempre excelente.	*The food in this restaurant is always excellent.*
Como iban a llegar tarde a casa, pararon en el camino para tomar un **refrigerio.**	*Since they were going to arrive home late, they stopped to have a bite (snack) along the way.*

6

sabroso   tasty, flavorful; delicious

rico   delicious

cremoso   creamy

delicioso   delightful

Sabroso means *tasty, flavorful,* as well as *delicious.* In Spain and several areas of Spanish America, **rico** is used instead of **sabroso** to render *delicious.* **Rico** does not mean *rich* in the English sense of a high-calorie pastry or dessert made with lots of butter, sugar, and eggs, a concept for which no one-word translation equivalent exists in

Spanish. However, in referring to ice cream, for instance, **cremoso,** *creamy,* may convey basically the same idea as English *rich.* Finally, the basic meaning of **delicioso** is *delightful,* although in some Spanish-speaking areas it is also a synonym of **sabroso** and **rico.**

¡Qué postre más **sabroso** (**rico**) comimos anoche!	*What a delicious dessert we had last night!*
¡Qué tarde más **deliciosa** pasamos en París!	*What a delightful afternoon we spent in Paris!*

7

el plato	course, dish; plate
los platos	dishes
fregar los platos	to wash the dishes
la vajilla	dishware, dishes

Plato, as used throughout the essay, means *course* or *dish* prepared for a meal. This is an extension of its primary meaning of the *plate* on which the food is served and from which it is eaten. In the plural, **los platos** means *dishes* in the sense of the complete tableware (dishes, glasses, flatware) used for a meal. *To wash the dishes* is **lavar los platos** or, in some Spanish-speaking countries, **fregar** (literally *to scrub*) **los platos,** when they are washed by hand. **La vajilla** is a partial synonym of **los platos** but refers only to the dishware and not to the glasses and flatware.

El primer **plato** será de pescado y el segundo de carne.	*The first course (dish) will be fish, and the second one meat.*
¿Quién **fregará (lavará) los platos?**	*Who will wash the dishes?*
Ella tiene una valiosa **vajilla** china que ya no usa por temor a que se rompa.	*She has a valuable set of Chinese dishes that she no longer uses out of fear they will break.*

8

el puré de papas	mashed potatoes
el puré de manzanas	applesauce
la papa, la patata	potato

To translate *mashed potatoes* into Spanish the word **puré** (like the English *puree*, a cooked vegetable or fruit pressed through a strainer and sometimes creamed) is used, rather than the verb for *to mash*. Similarly, **puré de manzanas,** not **salsa de manzanas** renders *applesauce*. Observe that as with the words for many other food items, there are dialectal differences in the words for *potato*, which is **papa** in Spanish America but **patata** in most of Spain.

El sirvió la carne de cerdo con un rico **puré de manzanas.**	*He served the pork with a delicious applesauce.*
¿Prefiere Ud. **papas (patatas)** fritas o asadas?	*Do you prefer fried or baked potatoes?*

9

la receta	recipe; prescription
el libro de recetas, el recetario	recipe book, cookbook
recetar	to prescribe
prescribir	to prescribe, to order

Spanish **receta** means *recipe* and *prescription,* since both provide directions or a formula as to the ingredients and manner of preparing something. When there is contextual ambiguity, it can be clarified by specifying **receta de cocina,** *recipe* or **receta médica,** *prescripción.* The verb **recetar** is *to prescribe* a drug or medication. **Prescribir** is *to prescribe* in the sense of ordering someone to do something other than to take a specific medication.

Rubén le regaló a su mujer un **libro de recetas** (un **recetario).**	*Rubén gave his wife a cookbook as a gift.*
Tengo dos nuevas **recetas médicas.**	*I have two new prescriptions.*
Las medicinas **recetadas** por el médico no hicieron efecto.	*The medicine prescribed by the doctor had no effect.*
La doctora le **prescribió** a mi hermana un cambio de clima.	*The physician ordered (prescribed) a change of climate for my sister.*

I0

pescados y mariscos	seafood
el pescado	fish
el marisco	shellfish
el pez	fish
la espina	bone
el hueso	bone

Spanish has no common one-word equivalent of English *seafood.* The concept is best expressed, as in the essay illustration, by combining **pescados,** *fish,* and **mariscos,** *shellfish.* Recall that **el pescado** is the fish that has been caught and is to be eaten, as opposed to **el pez,** the live fish. Finally, unlike English, which uses one word for both kinds of bone, in Spanish fish have **espinas,** but other animals have **huesos.**

Me gustan mucho los **mariscos** pero son muy caros.	*I like shellfish very much, but they're very expensive.*
Anoche comimos **pescado** con papas como segundo plato.	*Last night we had fish and potatoes for the second course.*
Dos **peces** amarillos nadaban en la nueva pecera.	*Two yellow fish were swimming in the new fishbowl.*
Ella se atragantó con una **espina** de pescado.	*She choked on a fishbone.*
Le dieron al perro los **huesos** de las chuletas.	*They gave the dog the bones from the chops.*

II

la tortilla	omelette; tortilla

In Spain and much of Spanish America, a **tortilla** is an **egg** omelette, often made with some kind of filling. It is a dish far more popular in Spain than in the United States. In certain parts of Spanish America, however, **tortilla** is also a flat, thin, unleavened cornmeal product eaten as bread.

Me gusta mucho la **tortilla** de espárragos.	*I like asparagus omelettes very much.*
Muchos mexicanos prefieren las **tortillas** hechas a mano.	*Many Mexicans prefer tortillas that are made by hand.*

12 ▮▯▮▯▮▯▮▯▮▯▮▯▮▯

el régimen	diet
la dieta	diet
estar a régimen (dieta)	to be on a diet

Diet, in the sense of the food and drink we normally consume, is most often translated by **régimen** or **régimen alimenticio. Régimen** may also describe the specially regulated selection of foods one eats for medical or health reasons, although **dieta** is the preferred word. As awareness of dietary regulation for health reasons increases, the word **dieta** is encroaching on the domain of **régimen,** and some of Spanish speakers use it for *diet* in all contexts.

Julio tiene un **régimen (alimenticio)** bien equilibrado.	*Julio has a well-balanced diet.*
Estoy a dieta desde que descubrieron que soy diabético.	*I have been on a diet since they discovered that I am a diabetic.*
Juan es tan obeso que debe someterse a una **dieta** rigurosa.	*Juan is so obese that he should go on a rigorous diet.*

13 ▮▯▮▯▮▯▮▯▮▯▮▯▮▯

la verdura	vegetable, green
la hortaliza	vegetable
la legumbre	vegetable, legume
vegetal	vegetable (adj.)

The English noun *vegetable* may refer to any plant raised for its edible parts, whether these be leaves, roots, seeds, or the fleshy seed-bearing parts such as in peppers, tomatoes, and cucumbers. Spanish has three different words which may render *vegetable:* **verdura, hortaliza,** and **legumbre,** often used in the plural as in the essay illustration. **Hortaliza** has the broadest meaning, since it encompasses everything grown in a **huerta,** a *vegetable* or *truck garden.* The meaning of **hortaliza** thus includes those of both **verdura** and **legumbre.** In careful usage, **verdura** is most often employed for green vegetables, such as lettuce, chard, spinach, cabbage, and string beans. All **verduras** are, of course, also **hortalizas,** but the opposite is not true. **Legumbre** is normally used for vegetables that consist of a pod with seeds in it, or *legumes.* One can further distinguish between **legumbres verdes,** such as **guisantes,** *green peas,* and **habas,** *lima beans,* and **legumbres secas,** such as **garbanzos** and **lentejas,** *lentils.*

Considerable personal and regional variation in the use of **hortalizas, verduras,** and **legumbres** is to be expected. Finally, although some people also use **vegetal** as a noun, in careful usage it is an adjective only.

Manena ha preparado una sopa de **verduras** muy rica.	*Manena has made a delicious vegetable soup.*
Mi **hortaliza** favorita es la zanahoria.	*Carrots are my favorite vegetable.*
Gonzalo se ha hecho vegetariano y no come sino **verduras (hortalizas)** y frutas.	*Gonzalo has become a vegetarian and eats only vegetables and fruits.*
Los frijoles son **legumbres** muy ricas en proteínas.	*Beans are vegetables that are very rich in protein.*
Los aceites **vegetales** son mejores para la salud que la grasa animal.	*Vegetable oils are better for our health than animal fats.*

14

la ensalada	salad
salado	salty, too salty
soso	lacking in salt
insulso	flavorless, tasteless

Observe that the Spanish word for *salad* bears the prefix **en-,** unexpected to the speaker of English, and the word **sal,** *salt.* **Salado** indicates that something has too much salt and **soso,** too little.

Cada tarde, como una pequeña **ensalada** de verduras crudas.	*Every afternoon I eat a small salad of raw vegetables.*
La sopa estaba **salada** pero nos gustó de todos modos.	*The soup was too salty but we liked it anyway.*
Este pollo está un poco **soso.**	*This chicken needs a little more (doesn't have enough) salt.*
Seguí la receta con cuidado, pero la carne ha salido **insulsa.**	*I followed the recipe carefully, but the meat turned out tasteless.*

15

fresco	cool, cold; fresh
dulce	fresh; sweet

Two common meanings of **fresco** are *cool* or *moderately cold,* referring to the temperature of the air and liquids, and *fresh,* in the sense of foods not artificially preserved (as by canning, freezing) or which have been recently picked, made, or caught. However, *fresh* when referring to water that is not salt water, is **dulce,** literally *sweet* in Spanish.

Qué no daría yo ahora mismo por un vaso de agua **fresca.**	*What I wouldn't give right now for a glass of cool (cold) water.*
El siempre prefiere las verduras **frescas** a las congeladas.	*He always prefers fresh vegetables to frozen ones.*
Este pescado huele mal; no creo que esté **fresco.**	*This fish smells bad; I don't believe it's fresh.*
La trucha es un pez de agua **dulce.**	*Trout is a freshwater fish.*

16

el aliño	dressing, seasoning
aliñar	to dress, to season
sazonar, condimentar	to season
la salsa	sauce, gravy

El aliño, *dressing, seasoning* implies a mixture of oil, vinegar, salt, and sometimes other spices used as a dressing on salad, or as a preparation for cooking or preparing food. **Aliñar,** *to dress, to season,* thus differs from **sazonar, condimentar,** which imply *to season* with dry herbs, spices, or salt. **El aliño** is the standard word to refer to *salad dressing,* whether homemade or factory-processed. Note, too, that **la salsa** has meanings conveyed by two different words in English: *sauce* of any kind and *gravy* for meat.

Cuando **aliñes** la ensalada, échale un poco más de aceite que ayer.	*When you dress the salad, use a bit more oil than yesterday.*
Debes **sazonar (condimentar)** bien el pescado antes de meterlo en el horno.	*You should season the fish well before putting it in the oven.*

Hizo una **salsa** con champiñones para los espaguetis.

He made a mushroom sauce for the spaghetti.

El asado llevaba papas fritas y una **salsa** muy sabrosa.

The roast had French-fried potatoes and a very tasty gravy.

17

congelado	frozen
congelar	to freeze
helar	to freeze

Spanish normally makes a semantic distinction between those things that freeze naturally (because of a drop in temperature) and what is artificially or deliberately frozen, in any sense, by man. **Helar** is used in the former context and **congelar** in the latter.

Este lago siempre **se hiela** en invierno.

This lake always freezes in winter.

Visite Ud. nuestra nueva sección de comida **congelada** (alimentos **congelados).**

Visit our new frozen food section.

El gobierno **ha congelado** los salarios.

The government has frozen wages.

18

probar	to try, to taste, to sample
probarse	to try on

Just as **probarse** means *to try* on clothes to see how they fit and look, similarly, **probar,** when referring to food and drink, means *to try, to taste,* or *to sample.*

En Portugal **probamos** siete clases de mariscos.

In Portugal we tried (ate) seven kinds of shellfish.

¿Me permites **probar** un poco de tu postre?

May I taste (try) a bit of your dessert?

¿Quién quiere **probar** el vino?

Who wants to sample (taste) the wine?

Él **se probó** varias chaquetas pero ninguna le quedó bien.

He tried on several jackets but none of them looked good on him.

19

la cocina   cuisine, cooking; kitchen; stove

La cocina, the standard word for kitchen, the room where food is prepared, also means *cooking* in the sense of *cuisine*. In Spain and parts of Spanish America, it has a third meaning, which is that of the *range* or *stove* on which food is cooked.

La cocina china es muy apreciada en todas partes.	*Chinese cooking (cuisine) is highly regarded everywhere.*
Ángel prefiere la **cocina** casera.	*Ángel prefers home cooking.*
En su piso, María tiene una **cocina** muy moderna.	*In her apartment María has a very modern kitchen.*
Compraron una nueva **cocina** eléctrica.	*They bought a new electric range.*

Ejercicios

Comprensión de la lectura

De las cuatro respuestas que se indican para cada pregunta, seleccione Ud. la correcta de acuerdo con el ensayo. También indique brevemente por qué las otras opciones son incorrectas.

1. La causa principal del hambre en muchas partes del mundo es _____.
    a. la falta de buena tierra cultivable
    b. el atraso económico y tecnológico
    c. la gran aridez del clima
    d. el alto coste de la alimentación

2. Para solucionar definitivamente el problema del hambre en el tercer mundo, sería recomendable _____.
    a. incrementar la ayuda alimenticia de los países ricos
    b. eliminar los desastres naturales que contribuyen al hambre
    c. transformar profundamente la economía de esos países
    d. reducir el rápido aumento de sus poblaciones

3. Gozan de mucha popularidad como plato principal entre los norteamericanos _____.
    a. los pescados y mariscos
    b. la carne de cerdo
    c. los huevos
    d. la carne de res

4. Debemos comer fruta como postre porque _____.
   a. la fruta fresca varía según la estación del año
   b. la fruta es un alimento sano y fácil de servir
   c. los pasteles nos hacen engordar
   d. los pasteles son malos para la salud

5. La gran ventaja que tienen los platos congelados y precocinados sobre los preparados en casa con ingredientes frescos es
   su _____.
   a. sabor
   b. tiempo de preparación
   c. coste
   d. enorme variedad

6. La mejora en la calidad de la cocina en los Estados Unidos se
   puede atribuir a _____.
   a. los numerosos y excelentes libros de recetas
   b. las clases de cocina presentadas en la televisión
   c. la creciente influencia de la cocina internacional
   d. el establecimiento de escuelas de cocina

La palabra adecuada

A. Para cada frase que sigue, elija Ud. la palabra o expresión que
   complete mejor el sentido.

   1. El pescado congelado no conserva el sabor y el valor
      _____ del pescado fresco.
      a. delicioso
      b. nutritivo
      c. rico

   2. Las salsas de la cocina italiana suelen ser bastante _____.
      a. sosas
      b. condimentadas
      c. insulsas

   3. Un par de horas antes de cocinarlo, _____ Ud. el pescado
      con sal, pimienta y perejil.
      a. aliñe
      b. congele
      c. sazone

   4. Con los guisantes secos, un poco de jamón y cebolla, se puede
      preparar una sabrosa sopa de _____.
      a. verduras
      b. legumbres
      c. vegetales

5. Como hacía muchísimo calor, todos queríamos llegar a la fuente para beber agua _____.
   a. dulce
   b. deliciosa
   c. fresca

6. Si estás a dieta, no debes comer alimentos _____.
   a. ricos
   b. nutritivos
   c. cremosos

B. De acuerdo con las notas de *Expansión de vocabulario* utilice la palabra o expresión que complete mejor el sentido de cada frase. En algunos casos puede haber más de una palabra apropiada.

   1. Todas querían saber cómo Juanita había preparado el pastel de chocolate y le pidieron su _____.

   2. El besugo es un pescado muy fino, pero su único inconveniente es que tiene mucho(a)s _____.

   3. El gobierno decidió _____ los alquileres de los pisos para acallar las protestas de los inquilinos.

   4. Maryland es un estado famoso por sus cangrejos, ostras y otros _____.

   5. Según la Biblia, siempre debemos dar de comer al _____.

   6. La mantequilla está elaborada con la crema de la leche pero la margarina es un producto _____.

C. Complete las frases que siguen, escogiendo las palabras que mejor correspondan al sentido, modificándolas gramaticalmente siempre que sea necesario. No use ninguna palabra más de una vez.

probar	desnutrido	insulso	plato
pasar hambre	cocina	a la parrilla	crecer
cultivar	delicioso	carne de res	prescribir
recetar	ensalada	soso	principiante

   1. Nos bañamos y el mar estaba _____; después comimos sardinas _____ en un restaurante en la misma playa.

   2. Apenas soy un _____ en el arte de cocinar pero ya he preparado algunos _____ excelentes para mis amigos.

   3. Como era evidente que el niño estaba _____, el médico le _____ un régimen alimenticio especial.

   4. Tratamos de _____ algunas hortalizas pero como vivíamos tan cerca del mar, éstas no _____.

5. Juan prefería _____ a comer una carne tan _____.

6. Esta noche vamos a _____ la _____ francesa en un nuevo restaurante que acaban de abrir.

Preguntas textuales

1. ¿Cuál es la causa fundamental del hambre y de la pobreza en muchas partes del mundo?

2. ¿Cómo afecta la desnutrición a la población adulta de un país y la falta de proteínas a los niños?

3. ¿Por qué no bastaría sólo el aumento de la producción de alimentos para solucionar el problema del hambre en muchas regiones pobres?

4. ¿Cómo es posible que una familia en un país como los Estados Unidos coma mucho pero esté al mismo tiempo desnutrida?

5. ¿Qué desventaja tienen los pescados y los mariscos en relación con la carne de vaca y de pollo?

6. ¿Con qué ingredientes se puede preparar una ensalada grande que sirva de plato principal en una comida?

7. Nombre Ud. algunas frutas preferidas por el público e indique las estaciones mejores para comerlas en estado natural, es decir, ni congeladas ni enlatadas.

8. Nombre Ud. algunas de las ciudades de los Estados Unidos donde mejor se come. ¿Cómo puede uno enterarse de cuáles son los mejores restaurantes de esas ciudades?

Preguntas de interpretación y opinión

1. ¿Cree Ud. que se pueden producir revoluciones o guerras debido al problema del hambre? Explique su respuesta.

2. ¿Por qué le parece a Ud. injusto que en algunos países se mueran de hambre cada año centenares de miles de personas mientras que en otros mucha gente pueda desperdiciar el dinero en lujos inútiles?

3. ¿Qué importancia tiene la buena nutrición para una sociedad? ¿Hasta qué punto cree Ud. que el gobierno tiene la obligación de asegurar que los ciudadanos estén informados sobre la nutrición?

4. ¿En qué consiste ser vegetariano? ¿Qué clases y grados de vegetarianismo hay? Indique por qué Ud. podría hacerse vegetariano o no.

5. ¿Cómo cambia Ud. su régimen alimenticio según los cambios de las estaciones del año?

6. Explique Ud. por qué, a su juicio, el nivel de educación, la clase social y la parte del país en que uno vive pueden afectar el régimen alimenticio de un norteamericano.

7. ¿Dónde prefiere Ud. comer: en su propia casa, en la de ciertos amigos o en algún restaurante en particular? Explique por qué.

8. Indique Ud. cuál es su propia actitud hacia la comida y la nutrición.

9. En los últimos años, la televisión ha informado mucho sobre el problema del hambre en los Estados Unidos. Diga Ud. su opinión respecto al problema y cómo ha sido tratado por la televisión.

10. Indique cuál es su opinión sobre el «fast food», tomando en cuenta el coste, la comodidad, el valor nutritivo, el sabor y el efecto sobre la salud.

3 El dinero, la inflación y el desempleo

Muchas encuestas° revelan que hoy en día una de las preocupaciones candentes° de la gente es el **dinero.**[1] Son precisamente los jóvenes los que están más obsesionados por ganar dinero pero hay por parte de las personas de todas las edades un creciente interés en artículos y otras publicaciones acerca del dinero y de las finanzas personales. No podemos opinar si es cierta o no la afirmación de ciertos sociólogos, a raíz de° la fascinación que el dinero ha llegado a ejercer sobre muchos norteamericanos, de que «el dinero se ha convertido en el nuevo sexo». Aquí nos limitaremos a hacer algunas observaciones básicas sobre el dinero y sobre dos fenómenos a él vinculados° que nos afectan a todos: la inflación y el **desempleo.**[2]

surveys
most important, hotly discussed

with regard to

linked

Para el público en general el dinero, sobre todo cuando se refiere a él en términos de enormes presupuestos° gubernamentales, parece estar rodeado de cierto misterio que encubre su verdadera naturaleza. Para el lego°, el lenguaje y la jerga° de los economistas vuelven aún más complicada toda referencia al dinero y a la economía. Sin embargo, el dinero nos afecta en casi todo lo que hacemos. A diferencia de muchas otras cosas, el dinero es importante no sólo para los que lo tienen, sino también para los que carecen de° él. En nuestra sociedad, quien° ignora las propiedades del dinero y no sabe gastar con inteligencia el dinero que tiene, suele pagar cara su ignorancia.

budgets

layman / jargon

lack
(s)he who

A pesar de su importancia, es interesante observar que no existe acuerdo° general sobre lo que constituye el dinero. Todos entendemos intuitivamente qué es el dinero, pero definirlo a satisfacción de todos es imposible. Por eso, aceptemos aquí una definición **sencilla**[3] del economista John K. Galbraith de que el dinero es «lo que se da o se recibe generalmente por la compra o venta de artículos, servicios y de otras cosas». La definición es lo bastante amplia como para abarcar° distintas formas de moneda, como los billetes de banco y el dinero metálico. Pero los cheques y las tarjetas de crédito son también formas de dinero de uso corriente. El uso del dinero metálico no es nuevo. Los romanos, por ejemplo, acuñaron° monedas de un peso determinado en oro, en plata y en cobre. Pero los billetes de banco, hoy en día mucho más importantes que las monedas de metal, y que son emitidos° generalmente por los bancos nacionales, sólo aparecieron muchos siglos después.

agreement

embrace, include

made, minted

issued

En el siglo XVIII, el economista escocés Adam Smith hizo una aguda° observación sobre el dinero. Declaró que de todas las ocupaciones del hombre —incluso la política y la religión—, la de ganar dinero era en sí la menos **perjudicial**[4] para la sociedad. Sin embargo, todos sabemos que la codicia°, el excesivo deseo de tener dinero, puede producir un comportamiento perjudicial no sólo para el individuo sino también para la sociedad. Es bien sabido también que tener dinero no implica más inteligencia ni mayor virtud. Hay hombres que han heredado enormes cantidades de dinero o se han enriquecido por una racha° de buena suerte. A menudo esos hombres confunden la admiración que inspiran sus grandes fortunas con el aprecio de otras personas por sus cualidades personales. Es triste observar que sus opiniones sobre la sociedad, la política y la economía sean escuchadas a veces como si esos hombres fuesen verdaderas autoridades en tales materias.

keen, sharp

greed

streak

Ahora volvamos los ojos a un fenómeno íntimamente ligado con el dinero y que casi todos conocemos: la inflación. Cuando en un período dado se elevan notablemente los precios de todo lo que compramos, podemos afirmar que existe inflación. Desde otra perspectiva, se puede decir que nuestro dinero ha perdido valor porque ha bajado su poder adquisitivo.° La misma unidad monetaria: un dólar, un peso, o una peseta, por ejemplo, vale menos que antes porque ahora todo cuesta más, es decir, los precios han subido. A veces la inflación no es general porque no todos los precios suben. A lo mejor la gasolina baja un poco y el precio de la comida se mantiene estable mientras otros sectores de la economía como la asistencia **sanitaria,**[5] la matrícula° universitaria y el seguro del coche experimentan fuertes subidas de precio.

purchasing power

tuition

La inflación, cuando es fuerte y prolongada, tiene graves consecuencias para la estabilidad social y política de un país y baja el **nivel de vida**[6] de la mayoría de los ciudadanos. Por ejemplo, suele impedir o detener el crecimiento económico normal y contribuir así al desempleo. Por desgracia, la inflación afecta más gravemente a los pobres y a quienes viven sólo de su trabajo porque los **salarios y jornales**[7] no suelen incrementarse tan rápidamente como los precios de la cosas que se compran. Afecta negativamente también a muchos **jubilados,**[8] cuyas pensiones no están indexadas contra la inflación. Los precios siempre han fluctuado, es decir, han bajado y subido como función del proceso económico normal. Y una tendencia ligeramente inflacionista no daña necesariamente a la sociedad. A veces hasta estimula la actividad económica de una manera positiva. Pero históricamente ha habido períodos en que estas pequeñas fluctuaciones normales fueron seguidas de aumentos sustanciales y prolongados en el nivel general de los precios.

En las últimas décadas del siglo XX, Latinoamérica ha sido una de las partes del globo más castigadas° por la inflación. Pero el caso de la inflación más horrendo y más **comentado**[9] es el de la Alemania de

punished

los años 1922 y 1923, que siempre se cita como caso clásico de hiperinflación. Artículos de consumo que antes de esos años habían valido mil marcos, costaban entonces diez mil millones de marcos. Había mujeres que llevaban al mercado cestas de billetes para comprar un solo pan. Con esta hiperinflación la actividad económica de Alemania quedó paralizada y aumentó enormemente el desempleo. Y el marco alemán en billetes no valía el papel en que estaba impreso.

Debido a las diferencias estructurales de sus economías, distintas naciones pueden **tolerar**[10] o aguantar diferentes niveles de inflación. En los últimos cincuenta años, por ejemplo, Alemania, marcada profundamente por la pesadilla° de los años 1922 y 1923, ha sido uno de los países que más empeño° han puesto en controlar la inflación. Suiza y Estados Unidos también parecen muy **sensibles**[11] a la inflación e incapaces de tolerarla a alto nivel. Otros países, en cambio, como **el Brasil,**[12] en que la alta **tasa**[13] de inflación ha sido crónica, parecen adaptarse mejor a los desajustes° económicos producidos por la inflación.

nightmare
insistence

dislocations

Ya se ha indicado que la inflación, cuando es fuerte y prolongada, puede reducir la actividad económica de un país y así contribuir al desempleo. Pero mucho más corriente como causa del desempleo es la recesión o depresión económica, período en que los precios no suben, sino que en muchos casos bajan. Durante tales períodos el banco nacional no aumenta la cantidad de dinero en circulación; al contrario, la mantiene constante o hasta la reduce. Por consiguiente, hay una contracción de la actividad económica dentro del país y menos necesidad de la mano de obra° en las fábricas, tiendas y otros tipos de negocios. Hasta las grandes compañías anuncian recortes° en sus plantillas. Y en general, muchos **trabajadores**[14] pierden el empleo o pasan de un trabajo fijo° a uno temporal o eventual.

labor, manpower
cutbacks

full-time

El *Everyman's Dictionary of Economics* de Arthur Seldon y F.F. Pennance (Londres, 1965) define el desempleo como «ocio° involuntario de una persona que busca un trabajo remunerado de acuerdo con los salarios actuales, pero que no puede encontrarlo». En las sociedades capitalistas existen varios tipos de desempleo, pero aquí mencionaremos sólo los dos más importantes: el estructural y el general.

leisure

El desempleo estructural es el producido por cambios tecnológicos en una industria o por una reducida demanda de sus productos. Suele afectar a algunas industrias pero no a otras, y su causa puede ser también la competencia de industrias extranjeras más eficientes que producen el mismo producto, de igual o mejor calidad, pero más barato.

Pero también existe el desempleo general. Su causa suele ser la recesión o depresión, es decir, un período de extendida crisis económica en todo el país. Con el desempleo general, la producción industrial baja sensiblemente° comparada con la alcanzada en momentos

appreciably

de mayor prosperidad. A diferencia del desempleo estructural, el general afecta a todos los sectores de la economía.

Ningún país, excepto durante períodos limitados de tiempo, ha podido lograr el ideal de proveer a todo ciudadano deseoso de trabajar, de un **trabajo**[15] a la vez útil y gratificante°. Según algunos sociólogos, son los países escandinavos los que más se han acercado a ese ideal. Pero también han tenido períodos de alto desempleo. Además, son naciones de población reducida y homogénea y su fórmula para mantener una alta tasa de empleo, y al mismo tiempo lograr la satisfacción personal del trabajador, no puede servir de modelo para países muy populosos y de estructura social muy diferente. *satisfying*

Hay que mencionar también el grave efecto que el paro forzoso tiene sobre sus víctimas. A veces, si el paro es a corto plazo,° el obrero puede volver a su trabajo, como ocurre en ciertas industrias muy sensibles a los cambios cíclicos de la economía, como la industria automovilística, por ejemplo. Pero si el desempleo resulta estructural, es decir, si se cierra para siempre la fábrica en que uno trabaja, la situación puede ser desesperante. Para una persona no demasiado joven, digamos de unos 35 años, y de un nivel bajo de educación, conseguir otro trabajo semejante es difícil porque toda la industria y todos los trabajos para los que esa persona estaba adiestrada° suelen ser afectados por el mismo problema. *short-term* *trained*

Desde luego, casi todos los países tienen un seguro de desempleo que ayuda algo al desocupado. Este seguro suele ser más generoso y de mayor duración en la mayoría de los países europeos que en los Estados Unidos, donde acaba en seis meses o en un año. Sin embargo, tanto en Europa como aquí la acción del desempleo es terrible aunque sus efectos estén disimulados° a los ojos del público por la cantidad de subsidios destinados a paliar algunas de las consecuencias financieras del paro. Además, en los Estados Unidos, a diferencia de muchos otros países, el que pierde su trabajo suele perder también su seguro sanitario. Desde luego, no se ven tan fácilmente los efectos del desempleo sobre la salud física y mental del trabajador y de su familia. Pero los médicos han comprobado° que una serie de trastornos° psicosomáticos en los desocupados y sus familias son resultado del paro: el insomnio, las jaquecas, las úlceras de estómago, la alta tensión arterial. *hidden, concealed* *have proved disorders*

Desde luego, la mejor solución al problema del desempleo es la creación de suficientes puestos de trabajo. Pero como esta meta° puede tardar mucho en alcanzarse, en el ínterin debemos preocuparnos más por la suerte de los desocupados, ayudándoles a sobrevivir° la crisis económica de la que son víctimas. *goal* *survive*

Como ya hemos visto, nuestras vidas tienen un componente económico muy importante. Por eso es necesario tener conciencia sobre ciertos fenómenos económicos y monetarios. Deberíamos informarnos mejor sobre cuestiones como la inflación, la recesión, el desem-

pleo y la inversión° del **capital**[16] para poder apoyar con nuestros · *investment*
votos al candidato presidencial con el mejor programa económico
para el país. En un nivel puramente personal, esta información nos
ayudará a defender nuestros intereses y los de nuestras familias en el
mundo capitalista y materialista en que vivimos. Por otra parte, las
cuestiones asociadas con el dinero siempre han tenido interés universal para el hombre. Grandes novelistas como el inglés Charles
Dickens, los franceses Honoré de Balzac y Emile Zola y el español
Benito Pérez Galdós han analizado en sus obras los efectos del dinero sobre el comportamiento de seres individuales y de sociedades
enteras.

Además del interés natural que el hombre siente por algo tan indispensable en la vida moderna como es el dinero, es natural que quiera
mejorar sus conocimientos de economía en general y el manejo° de · *handling, mana-*
finanzas personales en particular. Esta aspiración de mejorar la vida · *gement*
nos explica la fabulosa acogida° que han recibido en este país revis- · *acceptance*
tas, periódicos y libros prácticos sobre cómo invertir° dinero, cómo · *to invest*
reducir legalmente los impuestos sobre la renta y cómo defenderse en
el mundo competitivo en que vivimos. Es significativo que una de las
revistas que más éxito° han tenido en los Estados Unidos se llame · *success*
sencillamente *Money.*

*E*xpansión de vocabulario

I

el dinero	money, currency
la plata	silver; money (Sp. Am.)
la moneda	coin, money
las divisas	foreign money

Dinero means the totality of paper money and metal coins. In
much of Spanish America, **plata** regularly replaces **dinero** in colloquial usage. **Moneda,** which primarily indicates *coin,* as distinct from
paper money or bank notes, also means money in the sense of the
national monetary unit. **Divisas** (pl.), is used as a synonym of **moneda extranjera,** *foreign money* or *foreign currency,* especially when
referring to large amounts or transfers of money between nations.

No tenemos suficiente **dinero** (**plata**) como para comprar un televisor nuevo.	*We don't have enough money to buy a new television set.*

De la Casa de la Moneda salen las **monedas** y billetes con que pagamos las cuentas.

From the Mint come the coins and banknotes with which we pay our bills.

En la **moneda** norteamericana se lee la frase «En Dios confiamos».

On United States money you can read the phrase "In God we trust."

El dólar norteamericano reemplazó a la libra esterlina como **moneda** internacional.

The U.S. dollar replaced the pound sterling as the international currency.

En este banco se puede comprar (cambiar) **moneda** extranjera.

In this bank you can buy (exchange) foreign money.

La entrada de **divisas** en el país ha superado todos los pronósticos.

The foreign money that has come into the country has surpassed all predictions.

2

el desempleo	unemployment
el paro	unemployment
desempleado	unemployed
parado	unemployed
desocupado	unemployed
en paro	out of work, unemployed

Desempleo, the opposite of **empleo,** *employment,* is the common term for *unemployment.* It is almost always the word used in the language of economics, statistics, etc. In Spain, a frequent synonym for **desempleo,** especially in the everyday spoken language, is **paro** (from **parar,** to stop). In many parts of Spanish America, **desocupado,** literally *not busy, unoccupied,* is the common replacement for **desempleado.**

El **desempleo (paro)** es un grave problema para muchos gobiernos.

Unemployment is a serious problem for many governments.

¿Cuántos **desempleados (parados, desocupados)** hay en la industria textil?

How many unemployed are there in the textile industry?

Desde que se cerró la fábrica, hay muchos más obreros **en paro.**

Since the factory closed, there are many more workers out of work.

3

sencillo   simple

simple   simple

Both **sencillo** and **simple** render English *simple.* **Sencillo** is by far the more common of the two words, used in almost all contexts. **Simple** usually replaces it (1) when describing a person who is foolish or acts in an unintelligent way or (2) when describing things that are so elementary that anyone can understand them. **Simple** also renders *only,* as in *just* or *merely.*

Este nuevo aparato es útil y de **sencillo** manejo.	*This new device is useful and is simple to use.*
Lupe es una mujer estupenda, de gustos **sencillos.**	*Lupe is a wonderful woman with simple tastes.*
Juan es tan **simple** que cree todo lo que le cuentan.	*Juan is so simple (foolish), that he believes everything they tell him.*
Voy a reducir el problema a términos aún más **simples.**	*I'm going to reduce the problem to even simpler terms.*
Es un **simple** vendedor de zapatos.	*He's only (just, merely) a shoe salesman.*

4

perjudicial	harmful, injurious
el perjuicio	harm, injury, damage
perjudicar	to harm, to damage
dañoso	harmful, injurious
dañino	harmful, injurious
el daño	damage, harm
hacer daño	to damage, to hurt, to do harm
dañar	to damage, to hurt

Perjudicar and its derivatives are used in legal contexts and in formal speech. **Dañoso** is used in most other cases, although **dañino** often replaces it to indicate animals, insects, plants, etc., that are harmful.

El uso excesivo de sal es **perjudicial** para la salud.	*The excessive use of salt is harmful to one's health.*
La humedad **perjudica** su artritis.	*Humidity hurts (makes) his arthritis (worse).*
La cosecha **se ha dañado (perjudicado)** debido al granizo.	*The crop was damaged because of the hail.*
Una bomba estalló en el hotel causando **daños** materiales en la planta baja.	*A bomb went off in the hotel causing physical damage on the ground floor.*
La película es **dañosa** para los jóvenes.	*That movie is harmful for young people.*
Algunos agricultores creen que el coyote es un animal **dañino**.	*Some farmers believe that the coyote is a harmful (destructive) animal.*
Ese sistema de pescar atunes es **dañino** para los delfines.	*That system of catching tuna is harmful to dolphins.*

5

sanitario	health, health-care, medical; sanitary
médico	medical
sano	healthy, sound
sanear	to cure, to make well
sanar	to cure, to heal, to get better
curar	to cure, to heal, to make better

The adjective **sanitario,** in addition *to sanitary,* often renders the English adjectives *health, medical,* or *health-care.* This use of **sanitario** instead of the adjectives **médico** or **de salud,** is more common in Spain than in Spanish America. **Sanear**, *to make sound, to restore to good health,* is used most in contexts such as business, environment, government, etc. **Sanar** and **curar**, *to heal, to cure,* are applied to persons. Both can refer to physical or mental health. **Sanar** usually indicates natural healing and **curar** indicates medical treatment of illness.

La presidenta quería reformar el sistema **sanitario**.	*The president wanted to reform the health-care system.*
Los crecientes gastos **sanitarios** están relacionados con la edad avanzada de la población.	*The increasing medical (health) costs are related to the advanced age of the population.*

Es necesario **sanear** la atmósfera de Los Ángeles.	*It is necessary to clean up the air in Los Angeles.*
María **ha sanado** gracias a su completo descanso.	*María has gotten well because of her complete rest.*
La doctora me **curó** con un nuevo medicamento.	*The doctor cured me with a new medicine.*
Me he curado siguiendo el tratamiento que me impuso la doctora.	*I got better by following the treatment the doctor ordered for me.*

6

el nivel de vida	standard of living
el estilo de vida	life-style
el tren de vida	life-style, way of life

El nivel de vida renders *standard of living* in economic contexts. **Estilo de vida** implies a practical philosophy of life that may or may not refer to economics. The expression **tren de vida** suggests a contrast between financial means and life-style. It implies conspicuous consumption beyond one's capacity to maintain it.

En el Japón, el **nivel de vida** ha subido.	*The standard of living has risen in Japan.*
Muchos creen que los franceses tienen un **estilo de vida** muy atractivo.	*Many people believe that the French have a very attractive life-style (way of life).*
Con ese **tren de vida**, María se va a arruinar pronto.	*With that life-style (way of life), María is going to go broke soon.*

7

el salario	wages
el sueldo	salary
el jornal	(daily) wages
los honorarios	fees

As are their English equivilants, **salario** and **sueldo** are close synonyms. Note that **salario** is a false cognate meaning *wages* rather than salary. English *salary* is translated by **sueldo. Jornal,** from **jornada,** *the workday,* is the compensation received for one day's work. It often refers to agricultural and other kinds of manual labor.

Sueldo, like its translation equivalent, most often indicates compensation paid monthly for executive, administrative, and certain kinds of white-collar work. **Honorarios,** used in the plural, indicates the *fees* or *compensation* paid for the services of professional people such as physicians, attorneys, architects, etc.

¿Sabes cuál es ahora el **salario** mínimo?	*Do you know what the minimum wage is now?*
Los directores de este banco ganan unos **sueldos** fabulosos.	*The officers of this bank earn fabulous salaries.*
El presidente ha congelado todos los **sueldos** y **salarios.**	*The president has frozen all salaries and wages.*
El sindicato de mineros pide otro aumento de **salarios.**	*The miner's union is asking for another wage increase.*
Los que cogen las uvas reciben el **jornal** al final del día.	*Those who pick the grapes receive their pay (earnings) at the end of the day.*
El profesor jubilado empezó a cobrar modestos **honorarios** por sus clases particulares.	*The retired professor began to charge modest fees for his private lessons.*

8

jubilar(se)	to retire
retirar(se)	to retire
la jubilación	retirement
el retiro	retirement
la retirada	retirement, withdrawal, giving up

Jubilarse is the standard word for *to retire* and implies receipt of some kind of pension. The word is related to Latin *jubilare* and probably once indicated the jubilation associated with the official end of one's obligation to work. **Retirarse** is preferred to indicate retirement of military personnel and certain government employees. **Jubilación** and **retiro** both suggest permanent cessation of work. To indicate retirement in the sense of giving something up, although not necessarily permanently, **retirada** can replace **retiro.**

Juan va a **jubilarse** con una generosa pensión.	*Juan is going to retire with a generous pension.*

En mi país hay que trabajar hasta los 60 años para tener derecho a la **jublilación.**	*In my country you have to work until you are 60 years old to be entitled to retirement with pension.*
Elena **se retira** de los negocios.	*Elena is retiring (withdrawing) from business.*
El boxeador anunció su **retirada** del ring.	*The boxer announced his retirement from the ring.*
Han retirado las tropas del frente.	*They have withdrawn their troops from the front.*
Quiero **retirarme** a un pueblo tranquilo que tenga aire puro.	*I want to go away (retire) to a peaceful town that has clean air.*

9

comentar	to comment (on)
pedir	to ask (for)
solicitar	to apply (for)
pagar	to pay (for)
soplar	to blow (on)
llorar	to cry (over)

Certain English verb phrases that have a preposition, take no preposition in their Spanish equivalents. There is no handy formula to indicate which verbs fall into this category. Six of the highest frequency verbs in this category are exemplified below.

El senador **comentaba** la muerte del presidente.	*The senator was commenting on the death of the president.*
He pedido más dinero.	*I have asked for more money.*
Carmen va a **solicitar** una beca.	*Carmen is going to apply for a scholarship.*
¿Quién **pagará** la comida?	*Who will pay for the meal?*
Soplaba la sopa porque estaba muy caliente.	*He was blowing on the soup because it was too hot.*
Llorábamos la pérdida del campeonato.	*We were crying over the loss of the championship.*

I O

tolerar	to tolerate, to endure, to put up with; to permit
aguantar	to put up with, to stand
resistir	to endure, to stand

These words are close synonyms. In the sense of *to allow* or *to permit* someone to do something, **tolerar** is also a synonym of **permitir** and **dejar.**

Es un hombre que no **tolera** la menor crítica.	*He is a man who won't tolerate (allow) the least bit of criticism.*
Ella no **tolera** que su hijo venga por aquí.	*She doesn't tolerate their son's coming around here.*
Él se quitó la vida por no poder **tolerar (resistir, aguantar)** los terribles dolores causados por su enfermedad.	*He took his life because he couldn't stand (endure) the terrible pain caused by his illness.*
Nadie **aguanta (resiste)** el calor de esta ciudad en agosto.	*Nobody can stand the heat of this city in August.*
¿Cómo **aguantas** vivir en este barrio, Pablo?	*How can you stand to live in this neighborhood, Pablo?*

I I

sensible	sensitive
sensitivo	sensitive
sensato	sensible

Spanish **sensible** is a false cognate, for it renders not "sensible" but "sensitive" in English. **Sensato** translates English *sensible*, i.e., *having good or common sense.* **Sensitivo** usually means *very sensitive* in Spanish, but it is less common.

Joaquín es excesivamente **sensible** a los ruidos de la calle.	*Joaquín is overly sensitive to the noises from the street.*
Tu hijo es muy **sensato,** Carmen.	*Your son is very sensible, Carmen.*
Todas las plantas son **sensibles** a la luz.	*All plants are sensitive to light.*

Estas plantas son muy **sensibles (sensitivas)** a la luz.

These plants are very sensitive to light.

I 2

el Brasil	Brazil
la India	India
los Estados Unidos	The United States
el Perú	Peru
el Japón	Japan
el Canadá	Canadá

In Spanish, definite articles are needed with the names of many countries. Sometimes in journalistic or informal discourse, the article is omitted. However, the names of all nations, when modified by an adjective, require the use of the definite article in all contexts.

La India tiene casi mil millones de habitantes.

India has almost one billion inhabitants.

(El) Japón produce muchos coches.

Japan produces many cars.

Irlanda es un pequeño pero hermoso país.

Ireland is a small, but beautiful country.

La hermosa Irlanda atrae a muchos turistas todos los años.

Beautiful Ireland attracts many tourists every year.

I 3

la tasa	rate, level
el índice	index, rate
el tipo	rate (of interest, exchange)
la tarifa	rate, cost
el paso	rate, pace

A common meaning of **tasa** is *rate*, in the sense of *standard of measurement*. **Tasa** is often used in measuring things economic, demographic, etc. In this sense, it is a partial synonym of **índice,** *index.*

Tipo commonly refers to interest rates and foreign exchange. **Tarifa** also indicates *rate,* but in the sense of the cost of services like telephone, post office, etc. Finally, **paso** often renders *rate* when it means *the speed* or *pace* at which something is done.

El economista quiere acelerar la **tasa** de crecimiento económico.	*The economist wants to speed up the rate of economic growth.*
Ha bajado la **tasa** de natalidad y ha subido la **tasa** de divorcio.	*The birth rate has gone down and the divorce rate has gone up.*
El **índice** (la **tasa**) de inflación ha bajado recientemente.	*The inflation rate has gone down recently.*
El **tipo** de interés está subiendo de nuevo.	*The interest rate is rising again.*
El próximo mes volverán a subir las **tarifas** postales.	*Next month postal rates will go up again.*
A este **paso** nunca llegaremos.	*At this rate (pace, speed) we'll never get there.*

14

el trabajador	worker, laborer
el obrero	worker, laborer
el operario	worker
el jornalero	(day) laborer
la plantilla	work force, staff, personnel
la planta	work force, staff, personnel

Trabajador is the standard word for *worker.* In certain contexts, however, **obrero** may replace **trabajador** when referring to a *blue-collar worker.* **Operario** is often used to refer to a highly-skilled mechanical worker. **Jornalero,** day laborer, usually refers to agricultural workers. **Plantilla** (o **planta** en Spanish-American countries) indicates the total work force of a given organization or enterprise.

General Motors tiene más **trabajadores** que Chrysler.	*General Motors has more workers than Chrysler.*
En esta nueva fábrica trabajan más de 3000 **obreros.**	*More that 3000 workers work in this new factory.*

Los **operarios** de la imprenta han declarado la huelga.	*The workers at the print shop have gone on strike.*
El gobernador encarceló a **jornaleros** cuya única falta era reclamar trabajo.	*The governor jailed workers whose only offense was to demand work.*
Bajó el número de estudiantes matriculados y el director del colegio tuvo que reducir la **plantilla.**	*The number of enrolled students went down and the principal of the school had to reduce the staff.*

15

el trabajo	work, job
el empleo	job, employment
el puesto de trabajo	job, position

Empleo is *job* in the general sense of employment, whereas **trabajo,** refers to a specific thing we do. **Puesto de trabajo** renders *job* in a business or economics context.

En el **empleo** siempre usamos uniforme.	*On the job, we always wear a uniform.*
Me han ofrecido otro **empleo (trabajo).**	*They have offered me another job.*
La apertura de la nueva fábrica ha añadido 500 **puestos de trabajo.**	*The opening of the new factory has added 500 more jobs.*

16

el capital	capital (wealth)
la capital	capital (city)
el capitolio	capitol (building)

In Spanish, gender determines whether **capital** refers to money available for investment, or to the principal administrative city of a country, state, etc. English *Capitol*, the building where legislative bodies convene, is **capitolio** in Spanish.

Los dos factores en la producción de la riqueza son el trabajo y el **capital**.	*The two factors in the production of wealth are labor and capital.*

A fines del siglo XVIII, la **capital** del país era Filadelfia.	*At the end of the 18th century the capital of the country was Philadelphia.*
Los manifestantes quemaron la bandera nacional ante el **Capitolio.**	*The protestors burned the national flag in front of the Capitol (building).*

*E*jercicios

Comprensión de la lectura

De las cuatro respuestas que se indican para cada pregunta, seleccione Ud. la correcta de acuerdo con el ensayo. También indique brevemente por qué las otras opciones son incorrectas.

1. Según el ensayo, se puede afirmar con respecto a las personas muy ricas que _____.
   a. no suelen ser muy inteligentes
   b. tienen demasiada influencia en la sociedad
   c. son respetadas por lo que saben
   d. han heredado sus fortunas

2. Se puede deducir del ensayo que en general se protegen mejor contra la inflación _____.
   a. los que están jubilados
   b. las personas que consumen más artículos de primera necesidad
   c. las personas que tienen inversiones y propiedades
   d. los que tienen trabajo fijo y ganan un salario normal

3. Se puede deducir del ensayo que durante la hiperinflación alemana de los años 1922 y 1923 _____.
   a. sólo era posible comprar cosas con cestas llenas de dinero
   b. era necesario aumentar mucho la producción industrial
   c. no se encontraba comida en ninguna parte
   d. los ciudadanos perdieron la confianza en el gobierno

4. Según el ensayo, el desempleo estructural _____.
   a. es menos permanente que el desempleo general
   b. afecta a todas las industrias de un país
   c. sólo afecta a ciertas industrias
   d. no ha afectado a los países escandinavos

5. De acuerdo con el ensayo, las consecuencias del desempleo de un obrero _____.
   a. se limitan a la pérdida del salario o del sueldo
   b. son menos perjudiciales en los Estados Unidos que en Europa
   c. pueden afectar la salud además del bolsillo
   d. siempre están mitigadas por un seguro de desempleo

6. En el texto se afirma que hoy en día conviene estar informado sobre el dinero, la inflación y el desempleo porque _____.
   a. todos son temas de interés universal
   b. hay muchas personas que quieren engañarnos
   c. estos conocimientos pueden ayudarnos personalmente
   d. vivimos en una sociedad explotadora

La palabra adecuada

A. Para cada frase que sigue, elija Ud. la palabra o expresión que complete mejor el sentido.

1. En su novela el autor llama la atención sobre las terribles condiciones de vida de los _____ del campo.
   a. obreros
   b. operarios
   c. jornaleros

2. Ahora la _____ oficial de la Argentina no es el peso, sino el austral.
   a. plata
   b. divisa
   c. moneda

3. Quisiera cambiar dólares por francos suizos y necesito saber cuál es _____ de cambio de hoy.
   a. el tipo
   b. el paso
   c. la tarifa

4. Arturo es _____ a la luz del sol y siempre lleva gafas oscuras.
   a. sensitivo
   b. sensible
   c. sensato

5. Juanita tiene una enfermedad muy grave pero los médicos la van a _____.
   a. sanear
   b. sanar
   c. curar

6. Carlos no es nada chismoso y prefiere no _____ las acciones de los demás.
   a. llorar
   b. comentar
   c. pagar

B. De acuerdo con las notas de *Expansión de vocabulario,* utilice la palabra o expresión que complete mejor el sentido de cada frase. En algunos casos puede haber más de una palabra apropiada.

   1. Las compañías de seguros tienen gran parte de su (no use dinero) _____ invertido en bienes raíces.

   2. Hace tres años que Genaro trabaja en el banco como ayudante del presidente sin que le hayan subido el _____.

   3. Hay que crear empleos en cantidad suficiente como para reducir el número de _____.

   4. El Presidente dejó la Casa Blanca y fue al _____ para hablar ante el Congreso.

   5. El estado de Utah tiene un bajo _____ de delincuencia.

   6. Isabel no _____ el frío de Chicago tan bien como su hermana.

C. Complete las frases que siguen, escogiendo las palabras que mejor correspondan al sentido, modificándolas gramaticalmente siempre que sea necesario. No use ninguna palabra más de una vez.

salario	empleo	Brasil	nivel de vida
dinero	aguantar	jubilarse	plata
tasa	sanitario	curar	sanar
México	simple	sanear	dañino
perjudicial	desempleo	tarifa	sensible

   1. Al perder su _____, Pedro perdió también el excelente seguro _____ que tenía.

   2. En la cajetilla de cigarrillos hay una _____ advertencia de que el fumar es _____ para la salud.

   3. El país puede experimentar un más alto _____ cuando el Congreso apruebe un aumento en el _____ mínimo.

   4. Antes de partir para el _____, debes cambiar dólares por el (la) _____ de ese país.

   5. María no podía _____ el olor del lago contaminado y quería que el gobierno _____ el lago en seguida.

6. David trabajó muchos años para la misma empresa antes de
_____, y ahora se queja de que la alta _____ de infla-
ción esté mermando su pensión.

Preguntas textuales

1. ¿Qué tema de conversación se ha hecho muy popular entre
los norteamericanos en años recientes?

2. Defina Ud. en términos sencillos qué es el dinero. Indique las
diferentes clases de dinero que conozca.

3. Defina Ud. con sus propias palabras qué es la inflación.
Indique si se está viviendo ahora en un período de inflación o
no.

4. ¿Por qué puede ser dañosa la inflación para un país o para
una sociedad?

5. ¿Cuál ha sido tal vez el caso de hiperinflación más comentado
y estudiado en el siglo XX?

6. ¿Qué es el desempleo y cuáles son algunas de sus causas?

7. ¿Qué diferentes efectos pueden tener el paro forzoso en una
persona?

8. ¿Qué novelistas se han interesado por la cuestión del dinero
en sus novelas? ¿Por qué?

Preguntas de interpretación y opinión

1. Indique Ud. hasta qué punto comparte la preocupación por el
dinero de muchos norteamericanos. Explique su actitud al
respecto.

2. ¿Cree Ud. que el ganar dinero es una ocupación verdaderamente beneficiosa para la sociedad tal como lo declaró el economista Adam Smith? Trate de apoyar su opinión con algunas razones concretas.

3. Diga Ud. por qué aprueba o desaprueba que tanta gente sien-
ta tanta admiración por los hombres de gran fortuna.

4. Indique Ud. si se considera bastante bien informado sobre la
economía y sobre sus finanzas personales. Explique cómo
consigue o puede conseguir información sobre estos asuntos.

5. Indique qué efecto ha tenido la inflación sobre Ud. o sobre su
familia recientemente.

6. Si Ud. recibiera inesperadamente una herencia de $20,000 dólares, ¿invertiría Ud. el dinero en la Bolsa de Nueva York, compraría un nuevo coche, lo depositaría en el banco o haría Ud. otra cosa?

7. ¿Qué suele pasar con el valor de la moneda nacional y a los precios de la cosas en un país que está en guerra o en revolución? Mencione un ejemplo reciente en Europa o en Hispanoamérica.

8. ¿Qué haría si quebrara la empresa para la que trabaja Ud. mismo, su madre o su padre?

9. ¿La nueva tecnología destruye más fuentes de trabajo que las que crea? Explique su respuesta.

10. ¿Qué papel podrían desempeñar, a su juicio, los sindicatos y otras organizaciones de trabajadores para aliviar el problema del desempleo?

II La sociedad norteamericana

La influencia de la televisión

El deporte en la vida humana

La riqueza étnica de los Estados Unidos

4 La influencia de la televisión

El efecto de la **televisión**[1] sobre la vida moderna es motivo° de seria discusión: una encuesta realizada en 1984 revela que el televidente medio° de los Estados Unidos ve la televisión más de siete horas diarias. Los que hicieron la encuesta creen que en el **futuro**[2] esta cifra° seguirá aumentando. Naturalmente, el estar sujeto tanto tiempo a las **imágenes**[3] de la pantalla° no puede menos que tener consecuencias profundas para el ser humano.

cause

average (adj.)

figure

screen

En la mayoría de los países, la televisión constituye una poderosa arma aprovechable° para múltiples fines. Hay gobiernos que consideran la televisión como monopolio estatal y la manejan fundamentalmente como instrumento de control político e ideológico. Sin embargo, ese control puede producir a veces resultados positivos con respecto a los programas culturales y de **entretenimiento**[4] popular. Otros gobiernos, más democráticos, creen también que el **estado**[5] debe ejercer cierta supervisión cultural sobre la televisión. Para ello mantienen a las **emisoras**[6] dependientes del apoyo° gubernamental. Sin embargo, estos gobiernos, a diferencia de los totalitarios, no suelen abusar de su poder para intervenir directamente con fines políticos. Al contrario, mantienen cierta neutralidad al respecto porque creen que la misión de la televisión es la de informar y educar al pueblo. Los subsidios estatales permiten a las emisoras subsistir sin la **publicidad**[7] que en otros países afecta negativamente la **calidad**[8] de los programas. Hay emisoras que sólo reciben un apoyo económico parcial y tienen que **admitir**[9] alguna publicidad para cubrir aquellos gastos no compensados por el subsidio. Pueden así seleccionar esa publicidad, y sobre todo ofrecer al público, con mayor libertad, una variedad de programas excelentes: teatro, ópera, conciertos; debates sobre cuestiones importantes; entrevistas con prestigiosos políticos, artistas, escritores; y documentales° sobre viajes, historia, geografía, ciencia, etc.

available, usable

support

documentaries

Los Estados Unidos es el país donde la comercialización de la televisión ha llegado al punto extremo. La industria de la televisión, que abarca° muchos centenares de estaciones, comprende° un complejo de actividades que están organizadas en tres grandes sectores: las compañías emisoras, las empresas de producción, y las agencias de publicidad comercial.

comprises, includes

Las empresas industriales, comerciales y bancarias norteamericanas gastan cada año miles de millones de dólares en propaganda televisiva. Financian series melodramáticas y de aventuras, programas de deportes y de música, películas y todo programa **popular**[10] que asegure más compradores para sus productos y servicios. A veces la publicidad en estos programas es tan frecuente e intensa que muchas personas se molestan° y **apagan**[11] el televisor, evitando este nuevo tipo de contaminación auditiva°.

become annoyed or bothered / auditory, sound / programming

Las grandes cadenas emisoras defienden su programación° diciendo que el público puede decidir qué clase de programas prefiere con sólo **cambiar**[12] de canal o apagar el receptor. Afirman que la televisión sólo ofrece lo que interesa al norteamericano medio: un entretenimiento superficial que le permite **relajarse**[13] y olvidar momentáneamente los problemas personales. Pero esta afirmación es falsa ya que los que controlan los medios de comunicación suelen confundir sus propios intereses con los del público televidente.

En contraste con la televisión comercial, la llamada en inglés «public television» está **sostenida**[14] económicamente con donaciones del público. Recibe también alguna ayuda del gobierno, pero en mucho mayor escala, de fundaciones y organizaciones filantrópicas. Por eso normalmente no admite publicidad pagada ni tiene que competir en su programación con emisoras comerciales. Los que defienden la televisión como medio de educación valioso para la sociedad, destacan esta red de televisión no comercial como ejemplo de lo que debería ser la televisión en general.

Pero la triste realidad es que el gusto° del televidente medio ha sido formado en parte por la televisión comercial. El público está acostumbrado a programas de contenido poco profundo y de nivel cultural bastante bajo. Los programas de la televisión pública, que exigen generalmente mayor esfuerzo mental, son por consiguiente menos populares. La televisión pública intenta estimular más la capacidad intelectual del televidente, elevar su nivel cultural y ayudarle a comprender y apreciar mejor el complejo mundo en que vivimos.

taste

Para un gran sector de la población, la televisión es una parte importante de su realidad, a veces tan verdadera como la constituida por el trabajo diario en la fábrica, la oficina, la escuela o la universidad. Cuando la propia existencia parece pobre o aburrida, podemos siempre **escapar**[15] a través de la pantalla a un mundo más atractivo e interesante, un mundo poblado de seres que son excepcionales por su belleza física, su poder financiero, su intensidad emotiva y hasta por su maldad, tal como los presentados en las series semanales más conocidas. Y para aquellas personas que **carecen de**[16] una vida afectiva° satisfactoria, hay telenovelas° que ofrecen muchas horas de aventuras amorosas que pueden constituir una compensación de las emociones que faltan. Pero lo más terrible es que todos esos programas tienen gran poder de sugestión sobre ciertos televidentes y éstos pierden así

emotional soap operas

la capacidad de distinguir la realidad de la fantasía. Estos individuos tienden a medir los logros° de su vida comparándolos con los de los personajes presentados en la televisión. Es decir, su insatisfacción ante la propia vida aumenta con las falsas imágenes vistas en la pantalla.

achievements

La escena, tan corriente en casas norteamericanas, de la familia desayunando o cenando en la cocina, con el televisor encendido, ofrece una imagen algo triste de nuestra sociedad. Demuestra hasta qué punto somos una sociedad teleadicta°, en la que la televisión ha reemplazado al diálogo, e impide así que los miembros de la familia se comuniquen entre si en las únicas horas en que suelen estar juntos.

addicted to television

Volvamos ahora nuestra atención a los niños. La televisión afecta profundamente a los adultos, pero afecta mucho más la sensibilidad y la mente de los niños. Hay expertos que creen que no se debe permitir a los pequeños ver la televisión sin que un adulto les seleccione los programas convenientes. Los niños de poca edad no son capaces de asimilar las ideas abstractas ni los conflictos humanos presentados en la televisión y quedan por eso confusos y desorientados. Ello ocurre también con los programas infantiles. Los niños participan con tanta intensidad de la **trama**[17] y se identifican de tal manera con los héroes o antihéroes que pierden la conciencia de los riesgos de las conductas que imitan. Muchos padres no vigilan los programas que ven sus hijos, entre ellos películas con escenas de violencia que inducen a la imitación y provocan en el niño reacciones agresivas.

En la sociedad norteamericana existen modos de mitigar o disminuir la influencia de la televisión sobre el público. Pero no suele ocurrir lo mismo en muchos otro países, sobre todo los más pobres, donde la televisión representa además, una amenaza de otra índole. Estos países **cuentan con**[18] estaciones transmisoras pero no producen sus propios programas. Casi todos los programas que transmiten son producidos en los Estados Unidos, lo que puede facilitar una especie de imperialismo cultural a través de la televisión. Además, la publicidad anuncia muchos productos fabricados por compañías multinacionales. Aunque nadie niega el papel importante que la publicidad tiene en el desarrollo económico de un país, si ésta resulta controlada por los que son en gran parte intereses extranjeros, puede dañar a las industrias locales. Puede crear también en la mente del pueblo «necesidades». más de acuerdo con una sociedad de consumo y con modelos extranjeros que con las verdaderas necesidades de los ciudadanos de un país pobre o en vías de desarrollo.

Toda esta crítica de la televisión no implica, sin embargo, desconocer° sus aspectos positivos. Constituye, por ejemplo, una especie de ventana al mundo que ensancha° los horizontes de nuestra cultura, y nos hace conocer pueblos y costumbres diferentes. Acerca la gente común a los descubrimientos científicos que de otro modo desconocería. También, la televisión puede complementar la formación educativa de los niños en la edad escolar.

ignoring, denying broadens, enlarges

Tampoco debemos olvidar que es un medio de información y de entretenimiento muy valioso para aquellos enfermos y **ancianos**[19] que no pueden salir del hospital o de su casa La televisión puede ofrecerles compañía o, al menos, un cierto contacto con la vida exterior. Les ayuda a aliviar su soledad y sus penas, participando de las vidas presentadas en la pantalla. Para la gente que vive en el campo o en los pequeños pueblos, la televisión es un modo de establecer una comunicación con el resto del país y de enterarse de° los problemas   *to find out about* nacionales e internacionales que la puede afectar.

En fin, no es cuestión de lamentar el frecuente mal uso de la televisión, sino de mejorar la calidad de los programas y de aprovechar más inteligentemente las posibilidades que ofrece el medio televisivo.

*E*xpansión de vocabulario

I

la televisión	television
el televisor	television set
televisar	to televise
televisivo	television (adj.)
ver la televisión	to watch (look at) television
el (la) locutor(a)	T.V. announcer, commentator, reporter
las noticias	news
el noticiero	newscast, news report
el parte (informe) meteorológico	weather report
el pronóstico meteorológico	weather forecast
pronosticar	to forecast

The adjective **televisivo** means *television* or *T.V.* in reference to programs, broadcasts, etc. In popular usage, **la tele** often replaces **la televisión.** Notice that in most parts of the Spanish-speaking world **ver** (and not **mirar)** renders English to *watch (look at)* televisión.

Mi **televisor** es tan viejo que no vale la pena repararlo.	*My T.V. set is so old, it's not worth repairing (it).*
Se televisará el desfile del 5 de Mayo.	*The Cinco de Mayo parade will be televised.*

Linda ha participado en muchos programas **televisivos.**	*Linda has taken part in many T.V. programs.*
Prefiero **ver** el **noticiero** de las once porque tiene buenos **locutores.**	*I prefer to watch the eleven o'clock news (report) because it has good newscasters.*
El **parte meteorológico pronostica** lluvia para mañana.	*The weather report forecasts rain for tomorrow.*

2

el futuro	the future
el porvenir	the future
el mañana	the future

When speaking of the future in a personalized way, Spanish frequently substitutes **el porvenir** for the standard **el futuro.** Less commonly, and often to indicate an even more remote and less certain future, **el mañana** (or **el día de mañana**) replaces **el futuro.**

Siempre es arriesgado predecir el **futuro.**	*It's always risky to predict the future.*
Tu hija tendrá un **porvenir** brillante.	*Your daughter will have a brilliant future.*
No sé cómo afectará la inflación nuestro **porvenir** económico.	*I don't know how inflation will affect our economic future.*
Puede Ud. asegurar hoy su **mañana** ahorrando dinero en nuestro banco.	*You can assure your future today by saving money in our bank.*

3

la imagen	picture, image
la foto(grafía)	picture, photo(graph)
la película	picture, movie, film
el dibujo	drawing, picture, sketch
el retrato	portrait, picture
el cuadro	painting, picture
la pintura	painting; paint

Imagen renders English *picture* in the sense of that which appears on the T.V. screen. English *picture,* especially in informal speech, may refer to the representation of persons or things made by painting, drawing, photography, or other means. It thus refers to a number of concepts which are clearly differentiated in Spanish through the use of distinct words. Note, too, that as in English, the Spanish abbreviated form **foto** is far more common than the full word. Also, **cuadro** in Spanish may refer to an oil painting, watercolor, or drawing, usually framed. Although **la pintura,** *painting,* is sometimes used as a synonym for **cuadro,** it is more precisely reserved for the art of painting itself rather than for individual works of art, although it may be used in this latter sense.

Nosotros tenemos que arreglar el televisor porque transmite la **imagen** sin sonido.	*We have to fix the T.V. because we get the picture without any sound.*
Enséñame las **fotos** que tomaste (sacaste) en Suiza.	*Show me the pictures (photos) you took in Switzerland.*
Mañana se estrena la nueva **película** de Woody Allen.	*Tomorrow Woody Allen's new picture (film) is being premiered (shown for the first time).*
Walt Disney fue un genial creador de **dibujos** animados.	*Walt Disney was a brilliant creator of animated cartoons.*
En todos los colegios hay un **retrato** del presidente.	*In all the schools there is a picture (portrait) of the president.*
Ese **cuadro** pequeño es de Goya.	*That small picture (painting) is by Goya.*
María tiene un libro sobre la **pintura** francesa.	*María has a book about French painting.*

4

el entretenimiento	entertainment, amusement
la diversión	entertainment, amusement
entretener	to entertain, to amuse
divertir	to entertain, to amuse

To entertain and *to amuse* are partial synonyms. So, too, are **entretener** and **divertir** in Spanish. However, divertir tends to be used for a more direct kind of activity than **entretener** and can stress more the reaction of happiness produced, sometimes in the form of laughter or a smile. **Entretener** has an important meaning that is lacking in **divertir.** It indicates *to while away, to spend one's* *time at something,* or *to be(come) distracted by someone who makes one late or keeps one from some important activity.* As seen in the examples below, both verbs are used transitively and reflexively, **divertirse** being the standard way of expressing *to have a good time.*

Compré una revista para **entretenerme** durante la espera.	*I bought a magazine to pass the time while [I was] waiting.*
El acontecimiento **entretuvo** a la nación seis meses.	*The event held the nation's attention for six months.*
Las palabras cruzadas (cruci-gramas) me **entretienen** más que el ajedrez.	*Crossword puzzles amuse me more than chess.*
Si **te entretienes** mucho en el camino, no llegarás a tiempo.	*If you delay (take too much time) along the way, you won't arrive on time.*
Carlos llegó tarde porque le **entretuvo** su jefe.	*Carlos arrived late because his boss detained him (held him up).*
Las películas de Charlie Chaplin **nos divierten** mucho.	*Charlie Chaplin's movies amuse us (make us laugh) a lot.*
¿**Te divertiste** anoche en la fiesta?	*Did you have a good time at the party last night?*

5

el estado	state, government
el gobierno	government

As does English *state,* **estado** may also refer to any nation that has its own government, or any territory within that nation with its own government. However, in some parts of the Spanish-speaking world, **estado** is replaced in this context by words such as **provincia** or **departamento.** Unlike English *state,* **estado** is also a common synonym of **gobierno,** *government,* and is distinguished from it in that **gobierno** alludes more to the major officials or office holders, whereas **estado** often adds the idea of all the other organizations and bureaus that integrate it. This explains why in certain cases Spanish **estado** is better translated as *government* than as *state* in English.

El **estado** de Sonora está en el norte de México.	*The state of Sonora is in northern (the north of) Mexico.*
El **estado** ha elaborado un referendum que someterá a la votación del pueblo.	*The government has prepared a referendum that it will submit to the vote of the people.*
El **gobierno** congelará los precios para combatir la inflación.	*The government will freeze prices in order to combat inflation.*

6

la emisora	station; transmitter
la estación de televisión (radio)	T.V. (radio) station
la emisión	broadcast
emisor(a)	broadcasting (adj.)
emitir	to broadcast
transmitir	to broadcast

Although **estación de televisión (radio)** is sometimes used, the more common term for *television (radio) station* is **la emisora.** It is the shorter form of **la (estación) emisora,** in which **estación,** *station,* is understood. **Emitir** is the standard word for *to broadcast* or *to present* on television or radio, and is a synonym of *transmitir.*

Ellos han instalado la nueva **emisora** en la cima de la montaña.	*They have installed the new station (transmitter) on top of the mountain.*
Prefiero las **emisiones** de música en las estaciones de frecuencia modulada.	*I prefer the music broadcasts (programs) on the FM stations.*
A las 8:00 P.M., **será emitido** en directo un concierto dirigido por Ricardo Muti.	*At 8:00 P.M., a live concert directed by Riccardo Muti will be broadcast.*

7

la publicidad	advertising, publicity
publicitario	advertising (adj.)
la propaganda	propaganda; advertising

el anuncio	announcement; ad(vertisement)
anunciar	to advertise; to announce
el espacio (publicitario)	(commercial) time

In Spanish, **la publicidad** often translates to the English *advertising.* **La propaganda,** like its English cognate *propaganda,* is used for the ideas one employs to convince or persuade. In Spanish it is also used for commercial products and is thus a synonym of **publicidad.** Both nouns are commonly used with the verb **hacer.** The English noun *commercial,* meaning an advertisement on radio or T.V., is best rendered as **anuncio.** If this is contextually ambiguous, **anuncio comercial (publicitario)** may be used. Finally, a T.V. or radio advertising spot (or time) is translated as **espacio (publicitario).**

MGM hizo mucha **publicidad** de la nueva película, **anunciándola** en todas partes.

MGM widely publicized its new film, advertising it everywhere.

Las líneas aéreas gastan mucho en **publicidad televisiva.**

The airlines spend a lot on T.V. advertising.

Este **espacio (publicitario)** ha costado a la empresa cervecera mucho dinero.

This time spot has cost the brewery a lot of money.

El senador hizo una **propaganda** muy eficaz de su programa.

The senator prepared a very effective advertising campaign for his program.

Ellos han mandado a mi casa **propaganda** de un nuevo detergente.

They have sent advertising for a new detergent to my house.

Vamos a poner en el diario un **anuncio** clasificado para vender el coche.

Let's put a classified ad in the paper to sell the car.

8

la calidad	quality
la cualidad	quality
la cantidad	quantity

English *quality,* when it means a trait or characteristic, is **cualidad.** When it implies or expresses a judgement of high or low value, however, it is rendered by **calidad.** However, avoid the temptation of using two different Spanish forms as the equivalent of English *quantity,* since **cantidad** (and not **cuantidad)** is the only commonly used word for *quantity* in Spanish.

En su casa siempre sirven vinos de **calidad.**	*At their house they always serve quality wines.*
Hubo una protesta en el penal por la pésima **calidad** de la comida.	*There was a protest in the penitentiary over the terrible quality of the food.*
¿Qué cualidades buscamos en los candidatos?	*What qualities are we looking for in the candidates?*
No queremos **cantidad,** sino **calidad.**	*We don't want quantity, but quality.*

9

admitir	to accept, to admit
reconocer	to recognize, to admit

Admitir, like English *to admit,* means *to grant entrance to.* But **admitir** has another common meaning lacking in its English cognate: *to accept* something that is given or offered us, whether tangible (a tip, the return of purchased merchandise) or intangible (an excuse, explanation), etc. **Reconocer,** *to recognize,* also means *to admit,* as does its English cognate, in the sense of *to confess, to acknowledge, to concede,* etc.

A Carlos lo **admitieron** en Harvard.	*Carlos was admitted to Harvard.*
En este restaurante no se **admiten** tarjetas de crédito.	*In this restaurant credit cards aren't accepted.*
Reconozco que yo no tenía razón.	*I admit that I was wrong.*
El decano **reconoció** que sería dificíl conseguir más dinero.	*The dean admitted that it would be difficult to get more money.*

I O ▮▯▮▯▮▯▯▮▯▮▯▮▯▯▮▮▮

popular	popular
de moda	popular, in fashion

English *popular* and Spanish **popular** share two common meanings: pertaining to the common people and widely liked, appreciated, or sought after. But English *popular,* in the sense of current style, fashion, or general public appeal, is better rendered in Spanish as **de moda.**

Muchas fiestas **populares** conservan costumbres de otros siglos.	*Many popular festivals preserve customs from other centuries.*
¿Prefieres la música clásica o la música **popular?**	*Do you prefer classical or popular music?*
Él es un escritor **popular,** pero poca gente culta lo lee.	*He's a popular writer, but not many educated people read him.*
Ese tipo de zapato está ahora muy **de moda.**	*That type of shoe is very popular (right) now.*

I I ▮▯▮▯▮▯▯▮▯▮▯▮▯▯▮▮▮

apagar	to turn off, to put out
encender	to turn on, to light
poner	to put; to turn on

Notice that in Spanish **encender (apagar)** means *to turn on* (off) an electrical device or current. This is an extension of their primary meaning involving fire, for they also mean to *light (extinguish) a fire, to set fire to something,* etc. In certain Spanish-speaking countries, **poner** is a common synonym of **encender** in its meaning of *to turn on* a light, electrical appliance, etc.

Ellos acaban de **encender** los faroles del Parque Central.	*They have just turned on the lights in Central Park.*
El hombre primitivo **encendía** el fuego golpeando dos piedras.	*Early man used to light (start) fires by striking two stones together.*
No **pongas** la luz si no la necesitas, Jorge.	*Don't turn (put) on the light if you don't need it, Jorge.*
Apague Ud. la radio antes de salir.	*Turn off the radio before you go out.*
Los bomberos **apagaron** el fuego en seguida.	*The firefighters put out (down) the fire right away.*

12 ▪▫▪▫▪▫▪▫▪▫▪▫▪▫▪

cambiar	to change; to exchange
mudar	to change
mudarse	to move; to change
mover	to move

   Among the principal meanings of *to change* in English are: (a) *to make something different,* (b) *to pass from one form or phase into a different one,* (c) *to go or move from one spot to another,* (d) *to put on different clothes.* Although in Spanish either **cambiar** or **mudar** may render these senses of English *to change,* **cambiar** is much more common. **Mudar** is most often a written synonym of **cambiar,** and when used in everyday speech tends to suggest a more fundamental, total, or permanent change than **cambiar.** *To change* money into different denominations or into foreign currency is **cambiar** and never **mudar.** Notice that English *to move,* meaning *to go live somewhere else,* is **mudarse,** *to change,* often followed by **de** and the word for the abode one is leaving. In most other cases, English *to move,* meaning *to go* or *to shift something from one place to another,* is Spanish **mover(se).**

Debes **cambiar** tu actitud hacia la vida.	*You should change your attitude towards life.*
Si Juan no **cambia,** rompe con él.	*If Juan doesn't change, break up with him.*
En San Luis tendrás que **cambiar de** avión.	*In St. Louis you will have to change planes.*
¿Me puede **cambiar** este billete de cien dólares?	*Can you change this hundred-dollar bill for me?*
El lunes **nos mudamos de** este piso (apartamento) a uno mucho mejor.	*On Monday we are moving from this apartment to a much better one.*
Él se mojó tanto que tuvo que **mudarse (cambiarse) de** ropa.	*He got so wet that he had to change (all) his clothes.*
Estos gusanos **mudan** su forma y se convierten en unas mariposas hermosísimas.	*These caterpillars change their form and become beautiful butterflies.*
Mueve un poco esa butaca.	*Move that (arm)chair a bit.*
Aquí no hay ni espacio para **movernos.**	*Here there isn't even room for us to move (around).*

13

relajar(se)   to relax, to slacken
descansar   to rest, to relax

In English, the transitive verb *to relax* means *to make something less tight, strict,* or *tense,* as in *to relax muscles, regulations,* etc. In this sense, *to relax* is **relajar** in Spanish. *To relax* in English may also mean *to stop working and to indulge in some restful or recreational activity.* In this sense, **relajarse** can translate *to relax,* as in the essay example. Just as commonly, however, **descansar** translates *to relax* in the sense of having a respite from work. (In parts of Spanish America, **relajarse** is not used for *to relax,* since its meaning is *to be lax or corrupt in one's behavior.*)

Una ducha caliente te **relajará** los músculos.	*A warm shower will relax your muscles.*
La aduana **ha relajado** sus reglas.	*Customs has relaxed (made less strict) its rules.*
Estos ejercicios nos enseñan a **relajarnos** y superar la tensión.	*These exercises teach us how to relax and overcome tension.*
Has trabajado mucho, Elena. ¿Por qué no **descansas** un poco?	*You have worked a lot, Elena. Why don't you relax (rest) a little?*
Al **relajarse** las tradiciones, Roma empezó a decaer.	*When its traditions became weakened, Rome began to decline.*

14

sostener   to sustain, to support, to hold up
mantener   to maintain, to support, to keep
soportar   to support, to hold up; to endure

Sostener and **mantener** both mean *to provide a person or organization with economic support.* **Mantener** has a broader meaning, that of keeping or maintaining almost anything in a given state or condition. **Soportar,** as well as **sostener** and **mantener,** can indicate the bracing, propping, or holding up of something so it will not fall. Notice that **soportar** does not mean *to support* in an economic sense, but it does mean *to put up with, to endure, or to stand* and is thus a synonym of **aguantar.**

Yo **me sostengo (mantengo)** dando lecciones particulares de piano.	*I support myself by giving private piano lessons.*
Ellos quieren **mantener** al país en la ignorancia.	*They want to keep the country in ignorance.*
¿Cómo vamos a **mantener** limpia la ciudad?	*How are we going to keep the city clean?*
Este puente no **soporta** el peso del camión.	*This bridge won't support the weight of the truck.*
¿Cómo puedes **soportar** al marido de Julia?	*How can you stand Julia's husband?*
Para que no se cayera la pared, la **mantuvimos (sostuvimos)** con unas maderas.	*So that the wall wouldn't fall, we supported it (held it up, propped it up) with boards.*

15

escapar(se)   to escape, to run away
fugarse   to escape

Both **escapar(se)** and **fugarse** mean *to escape, to flee from someone* or *some place.* There is no appreciable difference in meaning between **escapar** and **escaparse. Fugarse** is always used with the reflexive pronoun, however, and usually implies flight from legal authority.

Los prisioneros cruzaron la frontera de noche y **escaparon** a México.	*The prisoners crossed the border at night and escaped to Mexico.*
El perro **se escapó** otra vez	*The dog ran away again.*
Se han fugado (escapado) tres presos del penal.	*Three prisoners have escaped from the penitentiary.*

16

carecer de	to lack
faltarle (a uno)	to lack
falto de	lacking (adj.)
carente de	lacking

To lack, to not have something needed or wanted, is most commonly rendered in Spanish as an expression with **faltar,** *to lack,* + an indirect object. Thus, the direct object in English becomes the subject of **faltar** in Spanish. The verb **carecer de** + *the thing lacking* is a synonym of the expression with **faltar.** The adjective **falto** is very common for *missing,* whereas the adjective corresponding to **carecer, carente,** is used in written Spanish, but not in everyday spoken Spanish.

Este cine **carece de** salidas de emergencia.	*This theater lacks (doesn't have) emergency exits.*
Al dueño de esa farmacia nueva **le falta** dinero.	*The owner of that new pharmacy lacks (needs) money.*
Los libros que quedan están **faltos de** hojas.	*The books that are left lack (are missing) some pages.*
Ella es una persona **carente de** humor.	*She is a person lacking in humor.*

17

la trama	plot
tramar	to plot, to scheme
el argumento	plot

Both **trama** and **argumento** are translated as *plot* in most Spanish-English dictionaries. However, **trama,** as suggested by several meanings of the verb **tramar,** *to contrive, to scheme, to plot,* etc., means something different from **argumento.** Indeed, the noun **trama,** when applied to a novel, for example, indicates how the action or story is put or woven together. **Trama** is thus *plot* in the dimension of its construction and complication. **Argumento,** in contrast, is simply the main story line, that is, the summary of what happens in a novel, movie, play, etc.

La **trama** de la comedia no está bien construida.	*The comedy's plot isn't put together well.*
Los niños hablaban en secreto, **tramando** alguna travesura.	*The children were talking in secret, plotting (hatching) some mischievous act (prank).*
El **argumento** de la película está basado en una novela de Dickens.	*The film's plot is based on a novel by Dickens.*

I8

contar con	to have, to count on
reunir	to have
disponer de	to have

One meaning of **contar con** is *to have*. It commonly replaces **tener** to indicate the number of things or persons that a place has. **Contar con** can also indicate that someone not only has something, but can rely (count) on it. **Reunir,** the most common meaning of which is *to gather together,* is also a synonym for **tener.** It is used to suggest a series of characteristics or qualities that are expected of a person or thing as a condition of its being acceptable for a given purpose. Finally, **disponer de** is also a synonym of tener, but in the context of something that is already available or at one's disposal.

Este país **cuenta** ahora con unos ocho millones de habitantes.	*This country now has some eight million inhabitants.*
Él **cuenta con** el apoyo de un protector muy importante.	*He has the support of a very important protector.*
Los candidatos tienen que **reunir** ciertas características físicas.	*The candidates must have certain physical characteristics.*
Ellos quieren que su nueva casa **reúna** las características más modernas.	*They want their new house to have the most modern features.*
No **dispongo de** dinero suficiente para pagar el tratamiento.	*I don't have enough money (available) to pay for the treatment.*
Aquí **dispondrás de** todo, como si tú fueras el dueño de la casa.	*Here you will have everything (at your disposal), as if you were the owner of the house.*

I9

anciano	old, aged
viejo	old
mayor	older, old
antiguo	old, antique, ancient

Anciano may be substituted for **viejo** only when referring to persons of very advanced age. It conveys a note of special respect on the part of the speaker towards the older person. **Mayor,** literally *older, oldest,* is also used euphemistically as a replacement for **viejo** to refer to a person of advanced age, but one who is either not quite old enough to be designated as **viejo,** or whom, although old enough, one does not wish to so designate. **Viejo,** when used as a noun to refer to persons, has an especially negative connotation, unless softened by a modifier or a diminutive ending.

Similarly for things, **antiguo** may replace **viejo** when referring to that which, despite its age, is still considered to be of use or to have value. In short, when referring to things, **antiguo** has positive connotations whereas **viejo** does not.

Él vive en un asilo de **ancianos.**	*He lives in a home for old people.*
Don Hermenengildo es un hombre ya **mayor.**	*Don Hermenengildo is a man already up in years.*
Él es un **viejo** muy desagradable.	*He's a very unpleasant old man.*
¡Qué **viejecito** más simpático!	*What a nice old man!*
La pobre **vieja** duerme en un banco.	*The poor old woman sleeps on a bench.*
Guillermo tiene una magnífica colección de alfombras **antiguas.**	*Guillermo has a magnificent collection of old (antique) rugs.*
Martínez es un hombre que compra libros **viejos.**	*Martínez is a man who buys old books.*
Él vive en una **vieja** casa en un barrio **antiguo** de Valencia.	*He lives in an old house in an old district of Valencia.*
Quiero tirar toda la ropa **vieja** a la basura.	*I want to throw all the old clothes into the trash.*

Ejercicios

Comprensión de la lectura

De las cuatro respuestas que se indican para cada pregunta, seleccione Ud. la correcta, de acuerdo con el ensayo. También indique brevemente por qué las otras opciones son incorrectas.

1. Para reglamentar más inteligentemente la televisión, sería recomendable _____.
   a. emitir programas no más de siete horas diarias
   b. usarla como instrumento de control ideológico

    c. variar más el contenido de los programas

    d. hacerla totalmente dependiente de subsidios estatales

2. La televisión comercial en los Estados Unidos se caracteriza más que nada por _____.

    a. su énfasis en programas deportivos

    b. reflejar las preferencias del televidente

    c. el deseo de vender espacios publicitarios

    d. recibir donaciones del público

3. La «televisión pública» _____.

    a. está compitiendo bien con la televisión comercial

    b. está creciendo mucho en popularidad

    c. es instrumento educativo y cultural

    d. es apropiada para el televidente medio

4. Los programas de la televisión pueden crear en el espectador una visión equivocada de la realidad porque _____.

    a. muchas personas tienen demasiada imaginación

    b. la vida de muchos televidentes no es feliz

    c. la televisión tiene gran poder de sugestión

    d. el trabajo diario es tan aburrido

5. La televisión es responsable en gran parte de _____.

    a. disminuir la comunicación familiar

    b. impulsar a los jóvenes hacia la criminalidad

    c. difundir publicidad valiosa en países subdesarrollados

    d. explotar económicamente a los países pobres

6. La televisión también tiene un valor positivo porque _____.

    a. establece un contacto importante entre las naciones del mundo

    b. alivia el aislamiento de los enfermos y ancianos

    c. informa a los especialistas de los avances técnicos

    d. reemplaza a los maestros en la clase

La palabra adecuada

A. Para cada frase que sigue, elija Ud. la palabra o expresión que complete mejor el sentido.

1. En este restaurante no se _____ propinas porque el servicio ya está incluido.

    a. emiten

    b. admiten

    c. reconocen

2. La mejor colección de _____ en toda Francia se encuentra en el Museo del Louvre de París, el más grande del país.
   a. dibujos
   b. cuadros
   c. imágenes

3. Si él _____ su conducta, todos estaríamos más contentos.
   a. pronosticara
   b. soportara
   c. cambiara

4. Tendrá un porvenir brillante en la banca y por eso _____ un sueldo fabuloso.
   a. carecerá de
   b. reunirá
   c. contará con

5. En la campaña electoral, el nuevo candidato se dio a conocer gastando una fortuna en _____.
   a. anuncios
   b. noticieros
   c. propaganda

6. Los pilotos de esta línea aérea deben _____ las siguientes cualidades físicas y mentales.
   a. disponer de
   b. reunir
   c. mantener

B. De acuerdo con las notas de *Expansión de vocabulario,* utilice la palabra o expresión que complete mejor el sentido de cada frase. En algunos casos puede haber más de una palabra apropiada.

1. El hijo de Carlos no tendrá un gran _____ en las ciencias biológicas.

2. Rápidamente, en una hoja de papel, hizo un _____ que ilustraba el sentido de la obra.

3. Por su alta _____, la carne argentina se ha hecho famosa en todo el mundo.

4. El mensaje del Presidente será _____ en todos los canales de televisión.

5. Ahora el gobierno revolucionario no se atreve a _____ su vigilancia.

6. Para enterarte del pronóstico del tiempo, puedes ver el _____ a las 11:15.

C. Complete las frases que siguen, escogiendo las palabras que mejor correspondan al sentido, modificándolas gramaticalmente simpre que sea necesario. No use ninguna palabra más de una vez.

faltar	escapar	divertir	contar con
descansar	mudar de	anciano	entretener
imagen	relajar	sostener	antiguo
cambiar	disponer de	carecer de	mover

1. La mansión era propiedad de un _____ y tenía muebles muy _____.

2. Las películas de terror no me _____ pero me _____ bastante.

3. Un vaso de leche tibia antes de dormir _____ el cuerpo y ayuda a _____ plenamente.

4. _____ una considerable fortuna pero no podré _____ ella hasta mi mayoría de edad.

5. Las serpientes _____ piel cuando _____ la estación del año.

6. La casa _____ aire acondicionado porque nos _____ dinero para instalarlo.

Preguntas textuales

1. Indique cuáles son las actitudes diferentes de los gobiernos con respecto al control de la televisión.

2. ¿Cuáles son los tres grandes sectores o divisiones de la industria de la televisión en los Estados Unidos?

3. ¿A qué se refiere el texto al hablar de la contaminación auditiva en la televisión y cómo puede ésta evitarse?

4. Nombre Ud. varias de las fuentes de ingresos de la «televisión pública» en los Estados Unidos.

5. ¿En qué sentido lo proyectado en la pantalla de la televisión contribuye a la insatisfacción de muchas personas con respecto a sus propias vidas?

6. ¿Por qué pueden ser peligrosos algunos programas de la televisión para los niños?

7. Indique Ud. de qué modo la propaganda comercial televisiva puede afectar negativamente a los países del tercer mundo.

8. Indique Ud. algunos de los aspectos positivos de la televisión.

Preguntas de interpretación y opinión

1. ¿Cuántas horas suele ver Ud. la televisión cada día? ¿Qué otra cosa estaría haciendo si no viera la televisión durante estas horas?

2. Indique Ud. uno o dos de sus programas preferidos y explique por qué los prefiere.

3. ¿Cree Ud. que debe haber una emisora de televisión del gobierno en los Estados Unidos? Dé las razones de su opinión.

4. ¿Qué programas televisivos le disgustan más y por qué?

5. Hable de la publicidad televisiva que le atrae más, y de la que le atrae menos. Indique las razones en cada caso.

6. Describa Ud. uno o dos programas que puedan tener un efecto perjudicial sobre el televidente que es muy sensible, poco inteligente o muy pobre. Explique por qué.

7. ¿Cree Ud. que la televisión pone demasiado énfasis en las malas noticias como desastres, actos terroristas, tragedias humanas? Explique su respuesta.

8. Diga Ud. cuál es su locutor o locutora de noticias favorito. Indique las razones de su preferencia.

9. El sexo y la violencia forman parte de la realidad humana. ¿Cree Ud. que la televisión refleja fielmente estos aspectos de la realidad o que los exagera? Explique por qué.

10. ¿Cree Ud. que los comentadores políticos de televisión son objetivos, serios y responsables en la discusión de los problemas políticos? ¿Por qué opina así?

5

El deporte en la vida humana

El **deporte**[1] participa de° algunas de las características generales del **juego**[2]. El juego constituye una actividad propia del ser animal. Pocos espectáculos son tan curiosos y educativos como el observar a un grupo de animales jóvenes practicando el juego típico de su especie.　　*shares*

De esta observación se desprende° que el juego es algo más que una actividad placentera, libre y desinteresada. Aunque todavía en forma encubierta, sirve a ciertos fines° de la vida natural. Se trata, en parte, de un **adiestramiento**[3] en el que los animales utilizan en forma inofensiva las armas y las estrategias necesarias para la obtención de la caza° y la defensa individual. Al mismo tiempo, el juego enseña ciertas prácticas societarias, como el reconocimiento y la obediencia al liderazgo°, la adaptación a los límites de la propia fuerza, la diferencia entre agresión y entretenimiento y la integración armónica del individuo a su grupo.　　*one may deduce* / *aims, goals* / *prey* / *leadership*

El hombre es también un animal lúdico°. Desde el punto de vista antropológico, no hay diferencias entre el juego animal y el juego humano anterior a la cultura. El surgimiento° de la cultura coincide con el uso utilitario del instinto lúdico dirigido ahora con más claridad a la obtención de ciertos propósitos tribales. Se vincula° entonces el juego con el ejercicio de la caza y por consiguiente con la vida económica y la guerra. El tiro de arco° o tiro al blanco° es un buen ejemplo: fue tempranamente un juego de **pericia**[4] asociado con la matanza de animales o de enemigos por medio del arco y de la flecha°, armas que van modificándose con el avance de la técnica hasta llegar a las modernas armas de fuego. Se convierte en deporte hacia 1844, cuando un grupo de aficionados° creó en Nueva York la Asociación Internacional de Tiro al Blanco y fijó las **reglas**[5] admitidas luego internacionalmente. Ahora se puede ver con más precisión la diferencia fundamental entre juego y deporte. El juego es básicamente una actividad libre y desinteresada, aun cuando oculte ciertos propósitos naturales; el deporte es esa misma actividad organizada según un conjunto de normas generales.　　*playful* / *emergence* / *is linked* / *shooting a bow and arrow / shooting at a target / arrow* / *enthusiasts*

Los antiguos griegos **agregaron**[6] al deporte valores espirituales, confiriéndole un sentido heroico y hasta religioso. Los ganadores del torneo° merecen en Grecia el culto de los **héroes**[7]: las estatuas de lanzadores de disco° o jabalina, de corredores de carreras pedestres o hípicas, alternaban con las de políticos eminentes o militares glorio-　　*athletic competition / discus throwers*

sos entre las columnatas de los edificios públicos. Pero más aún: las
contiendas° deportivas se convierten en un rito colectivo, la arena cir-   *contests*
cular adquiere el carácter de un templo, las lámparas votivas el aceite
con que se unta el cuerpo de los atletas y la corona de laurel con que
se premia la victoria son símbolos religiosos. No es extraño que los
modernos juegos olímpicos, que principian en Atenas en 1896 y en
los cuales, cada cuatro años, **compiten**[8] los mejores atletas del
mundo, tanto hombres como mujeres, mantengan todavía hoy algunos de esos símbolos, ya que originariamente formaban parte de las
festividades dedicadas a Zeus en Olimpia.

Pero es en verdad en la época moderna, a partir del° siglo XVIII,   *beginning in*
que el deporte adquiere su total significación. Los ideólogos de la
Revolución Francesa, al desarrollar la moderna ética del trabajo,
organizan también el ocio°, la diversión colectiva. A partir de enton-   *leisure*
ces, los países europeos dan forma a los deportes practicados hoy y
los internacionalizan. La difusión de cada deporte en el mundo sigue
la ruta geográfica de la extensión de los grandes imperios.

Los avances técnicos de la sociedad moderna se incorporan de lle-   *fully*
no° a la actividad deportiva: los estadios utilizan los nuevos materiales como el granito o el cemento, el hierro, el acero°, el aluminio, el   *steel*
vidrio y los plásticos y proporcionan a la arquitectura un constante
campo de experimentación de nuevas estructuras y nuevas formas.
Los instrumentos utilizados en cada deporte (**pelotas**[9], bates, raque-
tas, palos°) cambian también sus materiales y diseños° de acuerdo   *bats, rackets,*
con el progreso de la técnica. Además, en cualquier historia del   *poles / designs*
deporte debe reconocerse el valor que ha tenido en su conocimiento y
difusión la evolución de las artes gráficas y del periodismo: el telegra-
ma primero, y luego el grabado, la fotografía, la prensa, la radiodifusión y hoy el periodismo televiso han sido y son elementos indispensables en cada fiesta deportiva.

Resulta pues lógico advertir° que los países de mayor desarrollo   *to point out*
técnico han sido históricamente los creadores y difusores de deportes. En las zonas de colonización francesa o inglesa suelen predomi-
nar todavía hoy los deportes originados en Francia o en Inglaterra.
Los ingleses han sido en este sentido grandes innovadores: en algunos
casos han creados el deporte, en otros han adoptado y modificado el
deporte nacional del país colonizado. La influencia inglesa en la actividad deportiva ha sido tan extensa y tan profunda, que en el siglo
XIX se consideraba como rasgo° inglés el interés por el deporte y   *characteristic*
como tipo inglés el «sportsman». Ello ha creado hasta problema de
lenguaje: los términos que tienen relación con deportes suelen ser
anglicismos; en muchos casos, la gente hispana ha tenido que optar°   *choose*
entre el término inglés, modificándolo de acuerdo con la especial pro-
nunciación de su país, o el traducirlo aproximadamente, creando así
una curiosa jerga° deportiva, que tiene además diferencias dialectales   *jargon*
y locales.

Vamos a considerar ahora los deportes particulares que se practican hoy universalmente con mayor frecuencia e intensidad. El fútbol, que en Estados Unidos se conoce como «soccer», se mantiene en toda Latinoamérica; se juega además en Europa, Asia, África y Oceanía. En Estados Unidos crece notablemente el interés por este hermoso juego: se cuentan por millares los niños y niñas que lo practican en los parques y en las escuelas. Las mujeres **se han destacado**[10] especialmente, hasta obtener en 1991 la copa del campeonato femenino internacional.

En los Estados Unidos el «football» inglés, llamado «rugby» en Inglaterra, adquirió características propias y distintas al integrar el uso de pies y de manos con la acción corporal típica del «rugby». Dio origen así al «fútbol americano», el que se reglamentó entre 1867 y 1871 en las universidades de Princeton y Harvard. Su rudeza° origina-   *roughness* ria despertó desde temprano muchas protestas que obligaron a modificar los uniformes y a establecer estrictas reglas de protección para los jugadores. Sigue jugándose en las universidades, donde muchas personas creen que el énfasis en **ganar**[11] a cualquier costa es impropio° de instituciones de enseñanza superior. El fútbol americano se   *inappropriate* juega también en las ligas profesionales norteamericanas y algunas de sus estrellas se han hecho famosísimas. Como es un juego casi inexistente en el mundo hispánico, su terminología puede ser usada en inglés, aún en el contexto de un comentario en español.

El baloncesto ha sido una notable invención individual; la creación de un médico, James Naismith, hecha en Springfield, Massachusetts en 1892. Aunque se juega comúnmente en el mundo hispánico, no goza de° la popularidad adquirida en Estados Unidos. No obstante,   *doesn't enjoy* su importancia profesional y comercial en Europa ha ido creciendo notablemente en los últimos años y hay jugadores norteamericanos que han ido a jugar en las ligas profesionales de Europa. Y lo que es un indicio de la creciente calidad del baloncesto europeo, hay jugadores europeos jugando en varios equipos° de la NBA (Asociación   *teams* Nacional de Baloncesto).

El béisbol o «baseball» tiene en cambio una difusión mucho más limitada fuera de los Estados Unidos, donde es el juego nacional por excelencia. Se practica fundamentalmente en Centroamérica y los países del Caribe: algunos de los mejores **peloteros**[12] de las ligas norteamericanas provienen de° Cuba, Santo Domingo, Puerto Rico y   *come from* México. Es además, sobre todo desde el fin de la Segunda Guerra Mundial, un deporte muy popular en el Japón, y la emigración japonesa lo ha extendido, curiosamente, al Brasil. La **temporada**[13] profesional de béisbol comienza en abril y termina en octubre, cuando el mejor equipo de la Liga Nacional compite con el de la Liga Americana para el mal llamado «campeonato mundial». La radio y la televisión norteamericanas transmiten muchos partidos en inglés y en español: términos como lanzador, receptor, primera base, parador en corto, jardinero central (izquierdo o derecho), bateador, jonrón, y blanquear° son hoy moneda corriente° en el español de Los Ángeles, Houston, Nueva York y Miami. Igualmente, en Montreal se transmiten en francés e inglés los partidos de los Expos. Las mujeres, sobre todo las estudiantes universitarias, descuellan en el softball, que es en verdad una adaptación del béisbol con ciertas diferencias mínimas. *to shut out / common currency*

Tal vez sea natural en un mundo capitalista como el nuestro, donde el deseo de obtener grandes beneficios° económicos determina tantas acciones humanas, que los deportes se hayan comercializado tanto. En el nivel profesional, muchos partidos **se han convertido**[14] en espectáculos y los mejores jugadores en estrellas como los de Hollywood o de la música rock. Por eso, una **lesión**[15] que impida jugar a una estrella durante parte de la temporada, puede costarle a su equipo millones de dólares en entradas sin vender°. *profits* / *unsold tickets*

Hoy en día, los dueños de equipos deportivos profesionales pueden vender sus equipos por centenares de millones de dólares. Y hay muchísimos jugadores de béisbol, baloncesto, fútbol y hockey sobre hielo que ganan más en un mes que muchos de sus aficionados durante toda su vida. Desde luego, este «status» de jugadores millonarios, y la increíble frecuencia con que estos cambian de equipo, debilita el fuerte y duradero sentido de identificación que ligaba° a los aficionados con los jugadores, que en el pasado podían pasar toda su carrera o al menos gran parte de ella en el mismo club. *used to link*

Los deportes descritos hasta aquí son practicados en equipo. Hay otros, en cambio, que son juegos individuales o de pareja. Entre ellos, el tenis y el golf son los más difundidos en el mundo hispánico. Entre sus estrellas se cuentan muchas mujeres y hombres de procedencia° hispana, tanto españoles como hispanoamericanos. *origin*

La natación, la lucha libre° y el boxeo son deportes individuales en que no se usa más instrumento que el cuerpo mismo, salvo unos guantes especiales en el caso de boxeo. En la natación, la habilidad corporal se demuestra en un medio natural, el agua. Nadar es sumergirse en la naturaleza misma, volver a un goce físico simple y casi perfecto. Luchar y boxear constituyen también el ejercicio de una habilidad primitiva, pero violenta y destructora. En el combate cuerpo a cuerpo se persigue un fin algo innoble: aniquilar las fuerzas del adversario. No es extraño que estos dos deportes, sobre todo el boxeo, hayan generado protestas y que haya habido varios intentos de eliminar el boxeo de los Juegos Olímpicos. Quizá se deba a ello el que se hayan convertido en un espectáculo casi totalmente comercial y en algunos casos algo farsesco. *wrestling*

Los extremos del comercialismo, evidentes también en otras manifestaciones deportivas, pueden afectar en el futuro la seriedad de estos juegos de destreza. Debemos pensar esperanzadamente en un futuro mejor en que la aptitud lúdica del hombre se utilice no para fines egoístas sino para el **mejoramiento**[16] del individuo y de las sociedades y el fortalecimiento° de la amistad entre los pueblos. Hay algo profundamente humano en la emoción que despiertan en nosotros los esfuerzos de un equipo o de un individuo para alcanzar una meta: es un símbolo casi del movimiento de la humanidad toda hacia el progreso. Por eso, la arena deportiva se ha convertido a veces en escenario° de la lucha de ideas, sobre todo cuando se trata de defender la libertad o de hacer visible la falta de libertad en algunas naciones. Las minorías, incluyendo en el término a la mujer, han encontrado en el deporte el medio de obtener reconocimiento del valor humano independientemente de las diferencias de raza, sexo o nacionalidad. En ese sentido, el deporte ha hecho algo más que confirmar la idea expresada en 1801 por un historiador inglés: «Para una justa estimación del carácter de cualquier pueblo en particular, es absolutamente necesario investigar cómo son los deportes y pasatiempos que prevalecen en ese pueblo». No se trata sólo de expresar a través del deporte una psicología nacional, sino también ideales que transcienden las mezquindades° de nuestra vida común.

strengthening

stage, setting

pettiness, triviality

*E*xpansión de vocabulario

I

el deporte	sport
practicar un deporte	to play a sport
hacer un deporte	to play a sport
el (la) deportista	sportsman, sportswoman
deportivo	sporting, sports(adj.)
el aficionado	fan, sports enthusiast
el atletismo	athletics

Spanish usually renders English *to play a sport* with the verb **practicar** or **hacer.** Note that **deportista** indicates someone who actually plays sports, from amateur to professional. An **aficionado(a),** an enthusiast, renders English *fan* when used in a sports context. The word **fanático** is also used, but **fanático** often suggests not just a *fan* but a person of excessive zeal or enthusiasm.

Siempre me ha gustado **practicar deportes.**	*I have always liked to play sports.*

¿Qué **deporte practicas (haces) tú,** María	*What sport do you play (practice), María?*
Mis hijas son muy **deportistas.**	*My daughters are very active in sports.*
Michael Jordan es un **deportista** famoso.	*Michael Jordan is a famous sports figure.*
El *As* es un periódico **deportivo** muy conocido en España.	*The* As *is a well-known sports newspaper in Spain.*
Mi hermano es muy **aficionado** a las Medias Blancas de Chicago.	*My brother is a huge fan of the Chicago White Sox.*
Ahora hay más interés en el **atletismo** que hace un par de años.	*There is more interest in athletics now than there was a few years ago.*

2 ▪▫▪▫▪▫▪▫▪▫▪▫▪

el juego	play, playing; game; gambling
el juego de azar	game of chance
jugar	to play; to gamble
la jugada	play
el jugador	player
tocar	play (a musical instrument)
el partido	game, match
la partida	game, match

El juego, English *play(ing),* may indicate any kind of recreational activity. It also normally renders English *game* in the more abstract sense of an activity governed by rules. When indicating a specific instance of an athletic contest or match, **partido** is more commonly used for *game.* However, the feminine form, **partida,** is used for table games. Note, too, that **juego** and **jugar** also translate English *gambling, to gamble.* Finally, **jugada** may indicate *a play or move* in an athletic or non-athletic game.

El **juego** de béisbol tiene muchas reglas.	*The game of baseball has many rules.*
Nosotros hemos visto un **partido** emocionante entre los Esquivadores y los Cachorros.	*We saw an exciting game between the Dodgers and the Cubs.*
Juan perdió todo su dinero en el **juego (jugando).**	*Juan lost all his money gambling (by gambling).*

Osvaldo **juega al** fútbol, **al** tenis y también levanta pesas.	*Osvaldo plays football, tennis, and also lifts weights.*
Ellos ya han jugado tres **partidas** de cartas (ajedrez).	*They have already played three games of cards (chess).*
La magnífica **jugada** del centro delantero dio la victoria al Real Madrid.	*The magnificent play by the forward won the game for the Real Madrid Football Club.*

3

el adiestramiento	training
adiestrar	to train
el entrenamiento	training
entrenar	to train, to coach
el(la) entrenador(a)	trainer, coach
ejercitar	to train, to drill

Adiestramiento and **adiestrar** indicate teaching some skill through example or instruction. However, by far the most common Spanish equivalent of English *to train*, especially in the context of formally learning or practicing a sport or military skill, is **entrenar**. In the sports context, **entrenar** often renders *to coach* as well as *to train*. **Ejercitar** is occasionally used for *to train*, particularly in the context of repeated physical exercise used to maintain or enhance skills or conditioning.

Nosotros tenemos que **adiestrarlos** en el uso de estas nuevas máquinas.	*We will have to train them in the use of these new machines.*
¿Quién va a **entrenar** a nuestro equipo olímpico?	*Who is going to train (coach) our Olympic team?*
Los atletas profesionales tienen que **entrenarse** todos los días.	*Professional athletes have to train every day.*
Él hizo el **entrenamiento** básico militar en Parris Island.	*He did his basic military training at Parris Island.*
Asesores extranjeros **entrenaban** a los guerrilleros.	*Foreign advisers trained the guerrillas.*
Nuestra **entrenadora** celebra el cumpleaños mañana.	*Our coach celebrates her birthday tomorrow.*
Ella **está ejercitando** su caballo para el desfile del Año Nuevo.	*She is training her horse for the New Year's Day parade.*

4

la pericia	skill, expertise
perito	skilled, expert in
la habilidad	skill, ability, cleverness
hábil	skillful, able
la destreza	skill, dexterity
diestro	skillful, dexterous; right-handed

The three nouns above and their corresponding adjectives are close synonyms; all indicate the ability to do things well. **Hábil** has the broadest range of meanings and can indicate cleverness and intellectual ability, as well as the skill to do practical things. **Pericia** and **perito** suggest the ability acquired from experience, as well as the ability to use applied practical knowledge, often on mechanical things. **Destreza** and **diestro** are used less frequently, usually when the ability or skill involves some kind of manual dexterity. Despite the distinctions indicated, the adjectives are often used interchangeably with little or no difference in meaning.

Alicia es una mujer muy **hábil** y ha subido rápidamente en la administración del banco.	*Alice is a very clever (skilled, able) woman and she has risen rapidly in the bank's management.*
Juan es un **perito** electricista.	*Juan is an expert (skilled) electrician.*
La **diestra** cirujana le salvó la vida a la niña.	*The skilled surgeon saved the little girl's life.*

5

la regla	rule; ruler
el reglamento	rule(s), regulation(s)
la norma	norm, standard; rule
la pauta	guide line

The words above are synonymous and are used to indicate what can, ought to, or must be done in certain specific circumstances. Nonetheless, **regla** is used in sports and games, and **reglamento** is used for legally codified rules, such as those applying to traffic, municipalities government jurisdictions, etc. **Norma(s),** as does its English equivalent *norm,* most often indicates standards established through custom or tradition, rather than legal authority.

Las **reglas** del béisbol (ajedrez) son bastante complicadas.	*The rules of baseball (chess) are rather complicated.*
Según los nuevos **reglamentos,** está prohibido aparcar cerca del ayuntamiento.	*According to the new laws (regulations), it's prohibited to park near the town hall.*
En esta oficina hay ciertas **normas** que todos seguimos.	*In this office there are certain norms we all follow.*
Harás tu trabajo mejor si sigues estas **pautas.**	*You will do your work better if you follow these guidelines.*

6

agregar	to add
añadir	to add
sumar	to add (up)

In Spanish, the common verb for *to add,* i.e., *to join one thing to another so as to increase or supplement it,* is **añadir.** When a synonym for **añadir** is needed, **agregar** may be used, although it is more common in written than in spoken Spanish. **Sumar** can also indicate *to add,* but in the sense of *finding the sum* of something.

No he tenido que corregir la ortografía, pero **he añadido** dos o tres acentos.	*I haven't had to correct the spelling, but I have added two or three written accent marks.*
Ellos tuvieron que **añadir (agregar)** otro vagón al final del tren.	*They had to add another car (coach) at the end of the train.*
Los niños aprenden a **sumar** antes que a restar.	*Children learn to add before they learn to subtract.*

7

el héroe	hero
la heroína	heroine
la estrella	star
el ídolo	idol

Of the words that are commonly applied to outstanding sports figures, note the existence of separate words for the two sexes: **héroe** and **heroína.** However, **la estrella** and **el ídolo** may designate men or women.

Con tres jonrones, José Canseco fue el **héroe** de la tarde.	*With three homeruns, José Canseco was the hero of the afternoon.*
Gabriela Sabattini es una **estrella** internacional del tenis.	*Gabriela Sabattini is an international tennis star.*
Durante muchos años, Joe Montana fue el **ídolo** deportivo de San Francisco.	*For many years Joe Montana was the sports idol of San Francisco.*

8

competir	to compete
la competencia	competition; competence
la competición	competition
el concurso	contest, competition
competitivo	competitive

English-speaking students often translate *competition* with the false cognate **competición,** rather than with the proper Spanish equivalent **competencia,** which also renders *competence.* The word **competición** does exist in Spanish, but it is not very common. It may refer to an athletic, academic, or equestrian competition, for which some prize is awarded. In this more narrow sense, **competición** is almost a synonym for **concurso,** the standard term for *contest.* In almost all other contexts, **competencia** renders English *competition.*

Carlos **compite** con Paco para ser el mejor jugador del equipo.	*Carlos is competing with Paco to be the best player on the team.*

Muchos creen que la **competencia** es necesaria para el progreso.

Many people believe that competition is necessary for progress.

Existe una fuerte **competencia** entre la industria automovilística americana y la japonesa.

Strong competition exists between the American and the Japanese automobile industries.

Hubo una **competición** muy fuerte para ser rector de la universidad.

There was a very strong contest (competition) for the position of president of the university.

En el golf, la Ryder Cup es una de las **competiciones** deportivas más emocionantes que existen.

In golf, the Ryder Cup is one of the most exciting sports contests that exist.

Ahora nuestros productos son más **competitivos** con los de nuestros rivales.

Now our products are more competitive with those of our rivals.

9

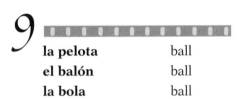

la pelota	ball
el balón	ball
la bola	ball

Ball, when it refers to a hard, round, or elliptical object used in games, is normally **pelota**, unless it is inflatable, such as a football, basketball or soccer ball, in which case the Spanish equivalent is often **balón.** Most other types of ball (crystal ball, snowball, etc.) correspond to **bola** in Spanish.

Las niñas jugaban a la **pelota** en el parque.

The girls were playing ball (catch) in the park.

Nuestro equipo fue superior en el rebote y en las numerosas recuperaciones del **balón.**

Our team was superior at rebounding and in recovering turnovers.

La **bola** botó en el campo, golpeó la bandera y se detuvo a sólo un metro del hoyo.

The ball bounced onto the green, hit the flag, and stopped about a meter from the hole.

Ella compró en el mercado persa una **bola** de cristal que tenía propiedades mágicas.

In the Persian market she bought a crystal ball that had magical qualities.

IO ▪▪▪▪▪▪▪▪▪▪▪▪

destacarse	to stand out
descollar	to stand out
sobresalir	to stand out

To stand out, or *to be more conspicuous than something or someone* because of height, size or superior quality, may be rendered by any of the three verbs above. All three may indicate *to stand out* physically or figuratively. Of the three, the stem-changing verb **descollar** is the least used in spoken Spanish; it is, however, common in written Spanish. **Destacar** is used reflexively to indicate that something or someone *stands out* on its own merits. Used without **-se, destacar** means *to make something stand out* by drawing attention to it. A slight preference may exist for **sobresalir** among these verbs when the distinction is academic or cultural in nature, but in general the verbs are interchangeable.

Aquel muchacho **se destaca** por su gran altura.	*That boy stands out because of his great height.*
La pintora **se destaca** por la originalidad de sus cuadros.	*The painter stands out for the originality of her paintings.*
Quiero **destacar** su contribución al éxito de la empresa.	*I want to bring out (emphasize) his (her) contribution to the firm's success.*
Juan Carlos **descuella** por su bondad.	*Juan Carlos stands out for his goodness.*
Pilita **sobresale** en química.	*Pilita excels (is outstanding in) chemistry.*

II ▪▪▪▪▪▪▪▪▪▪▪▪

ganar	to win
vencer	to beat, to defeat
derrotar	to defeat
superar	to overcome, to surpass

For sports, **ganar** is by far the most commonly used verb to indicate winning a victory or defeating an opponent. **Vencer** is the least used synonym for **ganar** when referring to sporting events. Unlike **derrotar,** which always requires a direct object, **vencer** may be used with or without a direct object. Although sometimes used in a sporting context when a synonym is needed, **superar** is used most in Spanish to indicate overcoming obstacles, difficulties, or problems, rather than a physical opponent.

Con mejores bateadores, **habríamos ganado** el campeonato.	*With better batters, we would have won the championship.*
Este año Dallas tendrá un gran equipo y podrá **ganar** a cualquier otro club de fútbol americano.	*This year Dallas will have a great team and can defeat any other football team.*
Aquel año Toronto **derrotó (venció, ganó)** a Oakland en el campeonato de la liga.	*That year Toronto defeated (beat) Oakland in the league championship.*
Asistiendo a un programa de terapia de grupo, él logró **superar** sus problemas de salud.	*By attending a program of group therapy, he managed to overcome his health problems.*

I 2 ▮▯▮▯▮▯▮▯▮▯▮▯▮▯▮

el pelotero	ball player
el futbolista	football (soccer) player
el beisbolero	baseball player
el tenista	tennis player

The noun **jugador,** *player,* may be modified by adding the name of a particular sport, preceded by the preposition **de** to indicate a player of that sport. There are also specific words for players of certain sports, such as **pelotero,** commonly used to refer to baseball players in Spanish America.

Larry Bird era uno de los mejores **jugadores de baloncesto** de su época.	*Larry Bird was one of the best basketball players of his time.*
Muchos de los mejores **peloteros** de las ligas mayores proceden de las islas del Caribe.	*Many of the best baseball players in the major leagues come from the Caribbean Islands.*

13

la temporada	season
la estación	season
la época	season, time

English *season*, when it refers to the time when some sporting, musical, or cultural activity or event normally takes place, is translated by **temporada** in Spanish. **Estación** refers to one of the four seasons of the year. **Época** is a close synonym of **período** and may be used to indicate the general time or period during which something happens or happened.

El jugador Carlos Rodríguez renovó ayer su contrato por dos **temporadas** más.	*The player Carlos Rodríguez yesterday renewed his contract for two more seasons.*
La primavera es la **estación** del año que más le gusta a la gente.	*Spring is the season of the year that most people like.*
Por aquí, esa es la **época** en que cogemos las manzanas.	*Around here that is the season (period) when we pick the apples.*

14

convertirse en	to become
hacerse	to become
ponerse	to become
volverse	to become
tornarse	to become
quedar(se)	to become

Convertirse en indicates a complete change in the nature of something or someone. **Hacerse,** when referring to people, often implies a voluntary or conscious effort. It can also imply a non-voluntary but natural process of change. In other cases, **hacerse,** when referring to persons, things, or situations, indicates a normal transition from one state to another. **Ponerse** is followed only by adjectives and indicates an emotional state or a change in appearance of either people or things. **Volverse,** used mostly with adjectives, stresses the unexpectedness, suddenness, violence, or radical nature of a change that has taken place. **Tornarse** is little used in everyday speech, but is a common synonym of **ponerse** and **volverse** in written and especially literary Spanish. Finally, **quedar (**or **quedarse),** followed by an adjective or noun, renders *to become* when referring to a resultant state involving involuntary loss or deprivation.

Con el tiempo, el vino **se convirtió en** vinagre.	*In time, the wine became (turned into) vinegar.*
El comunista **se hizo** liberal después de visitar Rusia.	*The communist became a liberal after visiting Russia.*
Me hacía viejo y no quería reconocerlo.	*I was becoming (growing) old and didn't want to admit it.*
El día **se ha puesto** feo.	*The day has become (turned) unpleasant.*
¿Por qué **te has puesto** tan triste?	*Why have you become so sad?*
¿Por qué **te has vuelto** de repente tan triste?	*Why have you suddenly become so sad?*
Ellos **se habían vuelto** ciegos y sordos a la barbarie que estaba destruyendo la ciudad de Sarajevo.	*They had become deaf and blind to the barbarism that was destroying the city of Sarajevo.*
En ese invierno el clima **se tornó** muy frío.	*That winter the climate turned (became) very cold.*
Si **me quedo** ciego, no sé qué haré.	*If I become (go) blind, I don't know what I'll do.*
Cuando **quedó** viuda, fue a vivir a París.	*When she became (was left) a widow, she went to live in Paris.*

15

la lesión	injury
lesionar	to injure
la lisiadura	injury
lisiar	to injure
la herida	wound, injury
herir	to wound, to injure

Reference to almost all sports *injuries* is indicated with **lesión** and **lesionar** in Spanish. **Lisiar** and especially **lisiadura** are much less frequently used in a sports context because they imply permanent injury, often the loss of, or loss of use of, some body part. **Herida** and **herir** in addition to *wounds caused by the deliberate, aggressive action of someone else,* may render English *injury* when such is produced by some hard or cutting object, or in an automobile accident, for example.

Un nuevo jugador sustituirá mañana al **lesionado** lanzador de Nueva York.	*A new player will replace New York's injured pitcher tomorrow.*
A consecuencia del accidente de moto, el joven quedó **lisiado.**	*Because of the motorcycle accident, the young man was left permanently injured.*
En el bombardeo **fueron heridos** más de cincuenta niños.	*In the bombing more than fifty children were injured (wounded).*

16

el mejoramiento	improvement
la mejoría	improvement
la mejora	improvement

Of the three words, **mejora,** the most widely used, indicates all kinds of physical improvements made to buildings or property, as well as in financial and economic situations, etc.

Mejoría is used largely for improvements in health or weather. **Mejoramiento,** although a synonym of the first two words, is used mostly to indicate improvements that are more extensive in scope or are continuing in nature.

La situación política no va a experimentar ningún **mejoramiento** importante en un futuro próximo.	*The political situation isn't going to undergo any major improvement in the near future.*
Ha habido una ligera **mejoría** en el tiempo.	*There has been a slight improvement in the weather.*
El enfermo ha experimentado una sorprendente **mejoría.**	*The patient has experienced a surprising improvement.*
La **mejora** de las pensiones ha beneficiado a los jubilados.	*The improvement in their pensions has helped the retired people.*
En España, se han hecho muchas **mejoras** en la red de carreteras.	*In Spain they have made many improvements in the highway system.*

Ejercicios

Comprensión de la lectura

De las cuatro respuestas que se indican para cada pregunta, seleccione Ud. la correcta de acuerdo con el ensayo, También indique brevemente por qué las otras opciones son incorrectas.

1. Según el ensayo, el deporte _____.
   a. no difiere mucho del juego
   b. es invención de los ingleses
   c. tiene fines que faltan en el juego
   d. empezó con la matanza de animales

2. Según el ensayo, los griegos son importantes en la historia del deporte porque _____.
   a. los primeros juegos olímpicos tuvieron lugar en Grecia
   b. crearon la mayoría de los deportes que existen hoy
   c. convirtieron las contiendas deportivas en ritos colectivos
   d. fueron los primeros en conferir «status» de héroe a los mejores deportistas

3. Se puede deducir del ensayo que en general los deportes _____.
   a. cambian muy poco con el paso de los siglos
   b. se extienden de un país a otro como consecuencia del colonialismo
   c. tienen un vocabulario distinto y único en cada país en que se practican
   d. han sido muy afectados por el periodismo y la radiodifusión

4. Se puede deducir del ensayo que el fútbol es _____.
   a. el deporte que goza de más popularidad en el mundo
   b. el único deporte que no fue inventado en los Estados Unidos
   c. un deporte demasiado duro para las niñas
   d. un deporte que nunca tendrá aficionados en los Estados Unidos

5. Según el ensayo, el béisbol profesional _____.
   a. tiene una temporada demasiado larga
   b. se está introduciendo en muchos nuevos países
   c. no sería muy bueno sin los jugadores hispanoamericanos
   d. es el deporte favorito de los Estados Unidos

6. Se puede deducir de la lectura que los deportes _____.
   a. son mejores si se practican en equipo
   b. son más difíciles si son individuales o de pareja
   c. deben ser usados con fines políticos
   d. no suelen discriminar a los atletas por raza o por sexo

La palabra adecuada

A. Para cada frase que sigue, elija Ud. la palabra o expresión que complete mejor el sentido.

1. La entrenadora notó la (el) _____ de su equipo, que había ganado ya ocho partidos seguidos.
   a. mejora
   b. mejoría
   c. mejoramiento

2. La próxima semana un nuevo jugador sustituirá al _____ lanzador de las Medias Rojas.
   a. lesionado
   b. lisiado
   c. herido

3. Este año tenemos un gran equipo y podremos _____ a cualquier otro club de fútbol femenino.
   a. vencer
   b. superar
   c. ganar

4. En general, el (la) _____ puede ser bueno (a) si sirve para estimular las capacidades individuales de las personas.
   a. concurso
   b. competición
   c. competencia

5. Si _____ donante de sangre, puedes salvar la vida de otra persona.
   a. te conviertes en
   b. te haces
   c. te vuelves

6. Hizo un muñeco utilizando varias _____ de nieve.
   a. pelotas
   b. bolas
   c. balones

B. De acuerdo con las notas de *Expansión del vocabulario,* utilice la palabra o expresión que complete mejor el sentido de cada frase. En algunos casos, puede haber más de una palabra apropiada.

1. En los ejércitos, los soldados son _____ para matar al enemigo.

2. Sus comentarios son tan superficiales que no _____ nada nuevo a la interpretación del libro.

3. Cinco manifestantes quedaron gravemente _____ en el enfrentamiento con la policía.

4. Se frustraron las ambiciones _____ de Pekín cuando se decidió que fuera Sidney la sede de los juegos olímpicos del año 2000.

5. Muchos dicen que la culpa del mal _____ del equipo la tiene el entrenador y no los jugadores.

6. En años recientes, Mónica Seles se ha _____ una de las figuras más importantes del tenis internacional.

C. Complete las frases que siguen, escogiendo las palabras que mejor corresponden al sentido, modificándolas gramaticalmente siempre que sea necesario. No use ninguna palabra más de una vez.

balón	pericia	jugada	descollar
habilidad	bola	partido	equipo
destacarse	ganar	regla	temporada
lesión	ídolo	estación	agregar
practicar	aficionado	derrotar	competición

1. Para _____ el deporte de golf, uno necesita palos, guantes y una cantidad de _____.

2. Muchos jugadores de béisbol ignoran todavía las nuevas _____ que han entrado en vigor esta _____

3. Carlos _____ más por su _____ natural que por ser muy dedicado al estudio.

4. Después del último _____ del campeonato, los comentaristas acordaron que había _____ el mejor _____.

5. A pesar de _____ en el deporte que practica, el lanzador de jabalina nunca había ganado esa _____

6. Yo siempre he sido un _____ de los Yankees y Mickey Mantle era uno de mis _____

Preguntas textuales

1. ¿Para qué actividad se adiestran los animales cuando practican los juegos propios de su especie?

2. ¿Cómo y cuándo dejó de ser el tiro al blanco un juego de pericia asociado con la caza y pasó a ser un deporte?

3. ¿Qué contribución hicieron los antiguos griegos al deporte?

4. ¿Dónde y cuándo empezaron a organizarse por primera vez el ocio colectivo y los deportes?

5. ¿Dónde se reglamentó por primera vez el fútbol norteamericano?

6. ¿A quién se recuerda como inventor o creador del baloncesto?

7. Fuera de los Estados Unidos, ¿dónde se juega más al béisbol?

8. ¿Qué diferencia fundamentalmente a deportes como el fútbol y el baloncesto de otros como la natación y el boxeo?

Preguntas de interpretación y opinión

1. ¿Cree Ud. que todas las personas deben practicar algún deporte? ¿Por qué opina así?

2. ¿Piensa Ud. que las carreras de automóviles y/o la corrida de toros son verdaderos deportes? Explique su respuesta.

3. Comente el hecho de que en varias universidades norteamericanas los entrenadores de fútbol o de baloncesto ganan un sueldo mucho más alto que el de los rectores de esas universidades.

4. Indique el deporte que prefiere Ud. como espectador (a) o como participante activo (a). Explique su preferencia.

5. ¿Cree Ud. que los juegos olímpicos deben celebrarse en un país en que los ciudadanos no tienen libertad política? Justifique su opinión.

6. ¿Por qué comparte Ud. (o no comparte) la opinión de que el culto a la competencia y el énfasis en la victoria perjudica la práctica de muchos deportes a un nivel no profesional?

7. Si Ud. pudiera cambiar ciertos aspectos de los juegos olímpicos, ¿qué es lo que cambiaría?

8. ¿Cree Ud. en la necesidad de que se prohiba la práctica del boxeo y en general de los deportes de peligrosa violencia? Dé las razones de su juicio.

9. ¿Cuáles son a su juicio las consecuencias del prohibitivo costo de las entradas a actividades deportivas y a campeonatos internacionales?

10. ¿Piensa Ud. que todos los deportes deben ser accesibles a las mujeres? ¿Qué deportes le parecen más o menos aptos para la competencia femenina? Explique su respuesta.

6 La riqueza étnica de los Estados Unidos

Aunque muchos países han experimentado el fenómeno de la inmigración, el número de personas que han emigrado a los Estados Unidos supera° el de casi todas las demás naciones en conjunto°. Como resultado de la inmigración, los Estados Unidos cuenta hoy con más judíos que Israel, con más individuos de origen irlandés que Irlanda, y más de origen lituano que Lituania. En Nueva York, Chicago, Filadelfia y Los Ángeles podemos encontrar gente de casi cualquier nacionalidad y cultura, viviendo a veces en barrios° donde la primera lengua no es la inglesa.

is greater than
combined

neighborhood, district

El problema que tal diversidad étnica presenta es el de mantener la variedad cultural sin **lesionar**[1] la unidad nacional. Y el milagro de los Estados Unidos es precisamente haber podido crear cierto balance entre ambos extremos. El impacto social y cultural de la inmigración constante y en ciertos momentos masiva se evidencia en muchos aspectos de la vida norteamericana. Si por un lado° la tendencia del **extranjero**[2] es la de americanizarse, por el otro estos grupos raciales y nacionales modifican la realidad norteamericana con ideas y actitudes traídas de otros países.

on the one hand...

Los extremos del proceso aparecen claramente expresados en frases del **lenguaje**[3] corriente que todos conocemos. La imagen de América como crisol° o «melting pot» en que las razas y las nacionalidades se han fundido° como los metales de una aleación° implica la idea de una fusión total y nueva. Pero a esa imagen del crisol hay que oponer la imagen de América como olla o «stew pot». En ella se **cuecen**[4] alimentos de distinto color y sabor pero cada uno conserva mucho de su naturaleza original. Esta imagen de la olla acentúa el carácter pluralístico de una sociedad que es más una vinculación° libre de grupos que una integración total.

crucible
have fused together / alloy

union

A primera vista, estas dos imágenes parecen contradictorias. Sin embargo, no lo son porque representan etapas sucesivas de un mismo fenómeno o proceso. Cuanto más antiguo° es el grupo inmigratorio, más fácil° es la integración completa. Desde luego, resulta aún más fácil cuando se trata de grupos inmigratorios nacionales y no raciales. Constituyen grupos nacionales aquellos que derivan de un país y mantienen su lengua y sus costumbres, pero que son racialmente

The older..., the easier

semejantes a los hombres del país a que emigran. Los grupos raciales, en cambio, se diferencian del núcleo central por características físicas, además de las propias de los grupos nacionales. El grupo racial minoritario es más fácilmente identificable y puede sufrir por eso una mayor y más permanente **discriminación**[5].

Otro distingo previo° que debemos hacer es la diferencia entre la inmigración voluntaria y la involuntaria. En el primer caso, el inmigrante **acude**[6] al país libremente, traído por su propio deseo; en el otro, es esclavizado, sometido por la fuerza y trasladado al país en beneficio **ajeno**[7]. Antiguamente existía una forma intermedia, la de la «servidumbre por contrato» o «indenture» según la cual el individuo cobraba° libertad al vencer la fecha° del documento que lo había convertido en siervo de otro. Tanto la esclavitud como la servidumbre por contrato fueron fenómenos característicos de Norteamérica, donde la extraordinaria extensión de la tierra y la riqueza natural contrastaban con la falta de población. Para **explotar**[8] esas riquezas era necesario obtener mano de obra en gran cantidad y en condiciones especiales.

Para poder hablar en forma específica de lo que distintos grupos contribuyeron al carácter de los Estados Unidos, conviene dividir la inmigración en tres períodos. El primero corresponde a la época de la colonización y lo protagonizan° dos grupos humanos. Aunque no se trata de inmigrantes, hay que mencionar también a los indios nativos. Constituyen uno de estos grupos porque son el fondo sobre el que se desarrolla esta primera etapa. Estos indios forman un mosaico de tribus entre las que se reconocen más de cincuenta familias diferentes. El norteamericano ha idealizado después el tipo físico del Dakota por su alta estatura y sus rasgos° finos y estilizados y el tipo moral del Apache por su actitud de independencia y su valor guerrero. Algunos escritores norteamericanos identifican en estos rasgos ciertas raíces morales del americano moderno.

Los indios cautivaron la imaginación europea, produjeron una nueva visión de la naturaleza y del ser humano, y estimularon ocultas fuerzas intelectuales y emocionales del mundo europeo. Muchísimas plantas domésticas, usadas por las poblaciones **indígenas**[9], se adoptaron en Europa. Por ejemplo, el tabaco se fumó como en America, en forma de cigarros o en pipa, instrumento que los indios inventaron usando la mazorca° del maíz. El maíz indio entró también en la civilización de los colonos° y de los europeos. Los norteamericanos usamos todavía otros inventos indígenas de insustituible sencillez: el tobogán para deslizarnos en la nieve, el zapato de nieve, la canoa. En la fabricación de zapatos, de tipo de los mocasines, importa todavía el modo de trabajar el cuero, sobre todo la piel del venado°, con procedimientos típicamente indígenas.

preliminary distinction

gained / on the expiration date

play the leading roles

features

corncob
colonists, settlers

deerskin

La presencia del indio se evidencia en la lengua y la cultura norteamericanas, sobre todo en nombres de animales (raccoon, moose), de
plantas (squash) y costumbres (totem, wigwam). No es casual, pues,
que muchos estados (Oklahoma, Massachusetts) y ríos (Ohio,
Susquehanna) también tengan nombres indígenas.

Sobre esa realidad se **vuelca**[10] el muy contado número de coloniza-
dores. Dos fuerzas principales los animan: el deseo de una vida distinta y la profunda fe religiosa. La gran mayoría de los primeros colo-
nizadores fueron ingleses. Procedían de clases sociales diferenciadas:
los marinos, comerciantes, técnicos e industriales, **educados**[11] en
principios religiosos y morales, constituyeron el núcleo de
Peregrinos° y Puritanos así como el de los colonos que iniciaron las   *Pilgrims*
plantaciones del Sur; junto con ellos, llegaron también, gran cantidad
de sirvientes por contrato atraídos por los avisos que figuraban en los
puertos ingleses. Pero tanto entre los líderes idealistas y a veces into-
lerantes como entre los colonos de baja condición social hubo hombres admirables que impusieron a las colonias creadas un sistema de
valores y de creencias. A esos pioneros debemos el establecimiento
del inglés como lengua nacional, la creencia religiosa, con sus
muchas diferentes denominaciones y sectas, la ley, el sentido moral y
las fuentes de nuestra literatura. Pero América no es enteramente un
país anglosajón. Ha desarrollado después su propia cultura que es un
componente de las varias que integran su conglomerado humano,
entre las que cumple papel primordial la cultura inglesa.

El segundo período de la inmigración en Norteamérica corresponde a los años que van desde la Independencia en 1776 hasta la Guerra
Civil, aproximadamente. Durante esos años se produjo la entrada
masiva de esclavos negros, aún cuando los primeros esclavos llegaron
en 1619, cuando un conjunto de 20 hombres de raza negra fueron
comprados a tratantes de esclavos° alemanes. En 1790 había cerca de   *slave traders*
800.000 personas de raza negra y en tiempos de la Guerra Civil cerca
de 5.000.000.

Los negros han contribuido con su inteligencia y con su trabajo al
engrandecimiento nacional. Basta recordar el nombre de George
Washington Carver, cuya contribución a la ciencia agrícola es universalmente reconocida. Sin desconocer las **aportaciones**[12] de los
negros norteamericanos a otras expresiones de la cultura como la
literatura, las artes plásticas y el lenguaje, la deuda máxima se evidencia en la música sagrada, la música secular°, las leyendas popula-   *nonreligious,*
res, las **danzas**[13] y otros aspectos de la cultura popular. Las canciones   *secular*
sagradas denominadas «spirituals» unen el sentimiento de dolor y de
esperanza del cristianismo con la real experiencia de la esclavitud. La
música secular negra ha **ingresado**[14] en la historia de la música
como la contribución más singular de los norteamericanos, sobre
todo el jazz.

Los irlandeses fueron en verdad la primera minoría numerosa de inmigrantes libres que vinieron en oleadas°. Reproducen, a partir de 1820, el esquema de vida de cualquier población minoritaria recién llegada: ocupaciones ínfimas° y mal remuneradas, sobre todo de trabajos manuales para los hombres y servicios domésticos para las mujeres; vida en barrios pobres y segregados, bajo pésimas° condiciones de higiene. La pobreza y la degradación no doblegaron°, sin embargo, una férrea° voluntad de superación y cierto innato sentido de humor que, entre otras virtudes, produjeron uno de los más espectaculares éxitos de una minoría nacional. Los irlandeses empezaron a adquirir respetabilidad en la medida en que abandonaron las tareas manuales y escalaron posiciones sobre todo en los rangos° de la policía urbana y de la Iglesia católica. Muchas de las escuelas parroquiales dependientes de esas iglesias son las que contribuyeron a la elevación cultural del irlandés, cuyo progreso se ha convertido, sobre todo con el acceso a la Presidencia de un católico de procedencia irlandesa, John F. Kennedy, en un símbolo de la realización del sueño americano de triunfo personal.

La inmigración alemana en los Estados Unidos debe considerarse de origen más temprano que la irlandesa, aunque la presencia de los alemanes se ha advertido menos, quizá debido al ritmo más pausado y gradual de esa inmigración. Los primeros alemanes se establecieron muy tempranamente, especialmente en la colonia de Pensilvania. Muchos vinieron como trabajadores por contrato pero adquirieron, en parte por su gran laboriosidad, una pronta libertad. Introdujeron en el país diferentes credos religiosos, como el de los menonitas. Los alemanes que vinieron más tarde, en el siglo XIX se dedicaban a la agricultura, la artesanía o los oficios. Desde 1840 crearon en Milwaukee la industria cervecera, que lleva todavía la señal de su origen étnico en marcas como Pabst y Schlitz. La industria óptica y la industria de los automóviles más tarde contaron también entre sus iniciadores con hombres de procedencia germánica.

El tercer gran período de la inmigración puede fecharse desde el fin de la Guerra Civil hasta hoy. En ese período, emigran asiáticos, y europeos del Este y del Sur, predominantemente. Desde principios del siglo XX ha crecido además la entrada de hispanos provenientes° principalmente de México y del resto de Hispanoamérica.

La experiencia de los primeros inmigrantes asiáticos en el siglo XIX fue muy penosa, ya que junto a la situación general del inmigrante, padecieron a veces leyes de inmigración especialmente dictadas contra ellos. Los chinos, por ejemplo, fueron objeto de un contrabando humano brutalmente organizado y sufrieron un trato realmente **injurioso**[15], sobre todo en California. Poco a poco la población china logró emanciparse de esta situación y convirtió en negocio respetable el tipo de trabajo manual que hacía habitualmente. Así, por

waves

lowest, vilest

terribly bad
did not bend
iron (adj.)

ranks

coming,
originating

ejemplo, el trabajo en los restaurantes dio lugar a la popularidad de la comida china, que ingresó lentamente en las preferencias culinarias del norteamericano.

Los japoneses primero y los filipinos luego fueron ocupando algunos de los trabajos que los chinos abandonaron al lograr una mejor posición. Los japoneses evidenciaron una más pronta adaptación a la vida americana y en poco más de cincuenta años lograron la situación de prestigio que ocupan hoy. La capacidad para el estudio y la habilidad comercial e industrial del japonés han contribuido a ese éxito; además de una cierta filosofía estoica y pragmática que les ayudó a sufrir, sobre todo en tiempos de la Segunda Guerra Mundial, injustas persecuciones y a **aprovechar**[16] en su beneficio toda oportunidad ante ellos abierta.

Desde 1870, una gran población italiana empezó a entrar a los Estados Unidos, especialmente a los estados del Este y del Centro. Se trataba en gran parte de italianos del sur, de origen campesino. A diferencia de otros grupos, no **rompieron**[17] su ligazón° con la patria italiana y con las tradiciones regionales y familiares. Pronto casi toda gran ciudad americana contó con un barrio italiano importante conocido por su vida intensa y sus excelentes restaurantes. Con el advenimiento de italianos de origen urbano, muchos procedentes del norte de Italia, ingresaron en los Estados Unidos manifestaciones del arte italiano como la ópera, que se convirtió en afición de un público selecto.

link, tie

Los grupos hispanos, sobre todo en el Sur y el Oeste de los Estados Unidos, han ido creciendo en número en los años del siglo XX en que situaciones económicas y políticas en los países de origen impulsaron a muchos a salir en busca de un horizonte nuevo. El español es hoy la lengua más hablada en los Estados Unidos después del inglés, y la necesidad de su estudio por parte de los no hispanos crece día a día. La población hispana de procedencia mexicana constituye en muchas grandes ciudades como Los Ángeles, San Diego y Phoenix la minoría más numerosa. Lo mismo ocurre con los puertorriqueños en Nueva York y los cubanos en Miami. Miami constituye, además, un fenómeno totalmente nuevo ya que la vida económica, política y cultural de esa gran ciudad debe su auge y su vitalidad al reciente aporte de la población hispana. En California, donde se han restaurado todas las misiones españolas del siglo XVIII, lo hispánico forma parte tan indisoluble de la historia, la geografía, la toponimia y las costumbres que en gran parte caracteriza y distingue esa región de otras regiones de Norteamérica.

Muchos otros grupos nacionales se han incorporado a los Estados Unidos en tiempos recientes: coreanos, vietnameses, árabes, iraníes, etc., y es muy temprano para evaluar sus contribuciones importantes al país. Por otras razones no hablamos tampoco detalladamente de los judíos, de tan marcada presencia en la vida americana; en este caso, por no tratarse de un grupo racial o de una nacionalidad, sino de una creencia religiosa que comprende grupos diferentes. Sin embargo, no podemos dejar de mencionar la contribución que han hecho los judíos desde la época colonial hasta hoy, a las ciencias, las artes y al desarrollo económico del país.

Como hemos visto, la inmigración es un flujo constante. Lo mismo que en el pasado los Estados Unidos se ha beneficiado del aporte inmigratorio, parece seguro que en el futuro nuevos inmigrantes, impulsados por parecidos sueños, enriquecerán aún más con su variedad de ideas y culturas la siempre cambiante realidad norteamericana.

*E*xpansión de vocabulario

1

lesionar	to injure, to damage
dañar	to damage

Lesionar (like its English cognate *lesion*) usually indicates bodily injury from any kind of accident. It is sometimes used, as in the text illustration above, to indicate injury or damage to a person's, institution's, or nation's integrity, reputation, or interests. **Lesionar** is never used, however, to indicate physical damage to things, for which **dañar** is commonly used.

El domingo hubo numerosas personas **lesionadas** en accidentes de tránsito.	*On Sunday there were many persons injured in traffic accidents.*
La investigación del Senado **lesionó** la reputación del Presidente.	*The Senate's investigation damaged the president's reputation.*
El alcohol **lesionó** seriamente su hígado.	*Alcohol seriously damaged his liver.*
La tormenta **dañó** nuestra casa.	*The storm damaged our house.*

2

extranjero	foreign(er)
en el (al)extranjero	abroad
forastero	stranger
exterior	exterior, foreign

Extranjero is a false cognate of English *stranger,* for it actually means *foreigner.* **Forastero** is English *stranger.* In the context of international, as opposed to domestic trade, politics, banking, etc., *foreign* is rendered in Spanish by **exterior,** not **extranjero.**

María habla bien pero con acento **extranjero.**	*María speaks well but with a foreign accent.*
Su hermano prefiere vivir en el **extranjero.**	*His brother prefers to live abroad.*
Me siento como **forastero** en mi ciudad natal.	*I feel like a stranger in my native city.*
No cambiará mucho la política **exterior** de los Estados Unidos.	*The foreign policy of the United States will not change much.*

3

el lenguaje	language
la lengua	tongue, language
el idioma	language

El lenguaje is used to indicate the specific, peculiar, or characteristic way in which a person or group of persons uses its native language. **La lengua** and its close synonym **el idioma,** however, refer to a recognized or official language, that is, the linguistic system of communication used by a people or by one or more nations. These words are rarely used as synonyms of **lenguaje.**

Juan usa el **lenguaje** típico de los abogados.	*Juan uses language that is typical of lawyers.*
Él todavía usa un **lenguaje** muy infantil.	*He still uses a very childish language.*
Ella ha escrito un artículo sobre el **lenguaje** de los monos.	*She has written an article on the language of monkeys.*
La **lengua** francesa (el **idioma** francés) se estudia menos ahora que antes.	*The French language is studied less now than before.*

4

cocer(se)	to cook
cocinar	to cook
el cocinero	cook, chef
coser	to sew

Cocer means *to cook* in the sense of applying heat to prepare something specific for eating. It is especially common when referring to food boiled in a liquid. **Cocinar** also means *to cook* but with the broader meaning of a person's preparing a meal or food in general. Its methods may include frying, grilling, baking, boiling, etc. Do not confuse **cocer** with **coser,** *to sew,* homonyms in Spanish America.

No sé cómo **cocer** estas verduras.	*I don't know how to cook these vegetables.*
Los huevos fritos son más sabrosos que los huevos **cocidos.**	*Fried eggs are tastier than boiled eggs.*
Ella estudió en Francia y sabe **cocinar** muy bien.	*She studied in France and knows how to cook very well.*
¿Quién va a **cocinar** (preparar) la cena hoy?	*Who is going to cook (prepare) dinner today?*
Tenía la camisa rota pero la **cosí.**	*My shirt was torn, but I sewed it.*

5

la discriminación	discrimination; distinction
discriminar	to discriminate; to differentiate

In the text illustration, **discriminación** is used, as is its English cognate, with the meaning of *unfair treatment caused by prejudice toward a specific group or type of people.* In Spanish, **segregación** (adj. **segregado**) is sometimes still used with this meaning. However, the verb **discriminar,** unlike English to *discriminate,* is most often a common synonym of **distinguir** and thus has the meaning of *to differentiate* or *to distinguish* between or among intangible objects or ideas.

Siempre me he sentido **discriminado** en este pueblo.	*I have always felt discriminated against in this town.*
Los niños no pueden **discriminar** entre la realidad y la fantasía.	*Children can't distinguish (differentiate) between reality and fantasy.*

6

acudir   to go; to come

Acudir, a high-frequency verb in Spanish, has no single translation equivalent in English. Its basic meaning is *to go* or *to come,* usually with some sense of urgency, in response to a summons, need, opportunity, etc.

Llámame y **acudiré** en seguida.	*Call me and I'll come immediately.*
A la luz **acudían** maripositas, polillas y otros insectos.	*Butterflies, moths, and other insects were atracted by the light.*
Ellos **acudieron** al sitio atraídos por el ruido.	*They went (off) to that place, drawn (attracted) by the noise.*

7

ajeno   another's, belonging to someone else, alien

propio   own, one's own

In addition to translating *someone else's* or *another's* by **de otro(s)** or **de otra(s) persona(s),** Spanish often uses the adjective **ajeno.**

Mi vecino siempre se mete en los asuntos **ajenos.**	*My neighbor is always meddling (sticking his nose) in other people's business.*
Es más fácil ver los vicios **ajenos** que los **propios.**	*It's easier to see other people's defects than our own.*

8

explotar   to exploit; to explode

la explotación   exploitation

la explosión   explosion

As seen in the text illustration, **explotar** (noun **explotación**) conveys the idea of *to develop* or *to exploit* natural resources such as mineral deposits, forests, land, etc. There is no good one-word English translation equivalent for **explotar** used in this context. **Explotar,** like its English cognate, also means *abusively to take* *advantage of other people's labor.* In addition, **explotar** (noun **explosión),** used intransitively means *to explode* or *to blow up.* It can also be used transitively, often in combination with **hacer,** in which case it means to deliberately blow something up with explosives.

La economía de Chile depende de la **explotación** del cobre.	*The economy of Chile depends on the mining and processing of copper.*
La ley debe prohibir la **explotación** del hombre por el hombre.	*The law should prohibit man's exploitation of man.*
El buque **explotó** en el puerto.	*The ship exploded (blew up) in the harbor.*
Los guerrilleros hicieron **explotar** el puente.	*The guerrillas blew up the bridge.*

9

indígena	indigenous, native, Indian
indio	Indian
natural	native
hindú	Indian; Hindu

Unlike its more learned English cognate, *indigenous,* **indígena** is a commonly used word in Spanish. It often replaces **indio** in some parts of Spanish America where that word has acquired certain negative connotations. However, to indicate that a person is a *native of* (born in) a particular city or region, Spanish uses the expression **ser natural de** instead of **nativo,** which may be used for most other translations of *native.* Finally, inhabitants of the country of India are not referred to as **indios** in Spanish, but as **hindúes.**

Los frailes enseñaron la religión católica a los **indígenas.**	*The priests taught the Catholic faith to the natives (Indians).*
Luisa es **natural** de la Florida.	*Luisa is a native of Florida.*
Creo que su marido es **hindú** y que nació en Calcuta.	*I believe her husband is Indian and that he was born in Calcutta.*

I O

volcar(se) — to dump, to upset, to overturn, to pour out

In addition to its use as a transitive verb, **volcar** can also be used intransitively (with no direct object), as illustrated in the second example below.

El camión **volcó** la carga de arena en la calle.	*The truck dumped the load of sand in the street.*
El coche se salió de la carretera y **volcó.**	*The car went off the highway and overturned.*

I I

educar — to educate; to bring up, to rear

instruir — to educate, to instruct

In general, the meanings of **educar** coincide with those of its cognate *to educate.* Both emphasize training for some specific purpose, often through formal instruction. Spanish **educar,** however, often is used to refer to a person's manners or standard of social behavior, separate from formal learning. Context alone indicates when **educar** is being used in this latter sense. **Instruir** is sometimes a synonym of educar in the narrow sense of acquiring or providing knowledge through formal education or self-education in some very specific area.

Miguel **será educado** en la fe de su padre.	*Miguel will be brought up (reared) in his father's faith.*
Su hijo menor no está muy bien **educado.**	*Their youngest child isn't very well-mannered.*
Compré el manual para **instruirme** en el manejo de la computadora.	*I bought the manual to teach (educate, instruct, train) myself how to use the computer.*

12

la aportación	contribution
aportar	to contribute
el aporte	contribution
la contribución	contribution; tax
contribuir	to contribute

Perhaps in part because **contribución** also means *tax*, **aportación** is the more common noun for *contribution* in Spanish. To a lesser extent, the same is true for the verbs **aportar** and **contribuir.** There also exists in Spanish a slight preference for **aportación** and **aportar** when referring to intangible objects or ideas. Finally, in some Spanish-American countries the noun form **el aporte** is favored over **aportación.**

Al jubilarse Aníbal, el gerente le agradeció sus muchas **aportaciones** a la compañía.	*When Aníbal retired, the manager thanked him for his many contributions to the company.*
La Revolución Americana **aportó** muchas ideas a la Revolución Francesa.	*The American Revolution contributed many ideas to the French Revolution.*
La humedad ha **contribuido** al crecimiento del musgo en el jardín.	*The humidity has contributed to the growth of the moss in the garden.*

13

la danza	dance
danzar	to dance
el baile	dance
bailar	to dance
el bailarín	dancer
la bailarina	dancer
el bailador	dancer
la bailadora	dancer

Baile is the standard word for *dance* and **bailar** for *to dance* When synonyms are needed for these words, **danza** and **danzar** are often used, especially in written Spanish. In more precise usage, however, they refer to a more formal or stylized activity than **baile (bailar).**

Because **bailarín** and **bailarina** imply a certain higher level of skill, they are replaced, when appropriate to render English *dancer,* by some circumlocution such as **los que bailan.** The nouns **bailador, bailadora** are used only to refer to flamenco dancers.

En el teatro griego había **danzas** ceremoniales.	*In the Greek theater there were ceremonial dances.*
En Italia presenciamos una representación de la **danza** medieval de la muerte.	*In Italy we witnessed a performance of the medieval dance of death.*
El tango es un famoso **baile** argentino.	*The tango is a famous Argentine dance.*
Esos **bailarines** son muy buenos.	*Those dancers are very good.*
La **bailadora** tocaba las castañuelas.	*The flamenco dancer was playing the castanets.*

14

ingresar	to enter, to join
entrar	to enter
el ingreso	entrance
la entrada	entrance

Ingresar and **entrar** are often used interchangeably with no appreciable difference in meaning. However, in careful usage, **ingresar** is preferred to **entrar** when the context is that of joining an organization or institution, especially one for which there is some entrance procedure or requirement.

El circo **entró** en el pueblo esa tarde.	*The circus entered the town that afternoon.*
Eva quiere **ingresar** en nuestro club.	*Eva wants to join our club.*
Él murió poco después de **ingresar (entrar)** en el hospital.	*He died shortly after entering the hospital.*
Él aprobó el examen de **ingreso.**	*He passed the entrance exam.*

15

injurioso	insulting, offensive
injuriar	to insult
la injuria	insult
insultante	insulting
insultar	to insult
el insulto	insult

Notice that **injurioso, injuriar,** and **injuria** are false cognates of English *injurious, to injure,* and *injury;* instead they mean *insulting, to insult,* and *insult.* They are thus synonyms of Spanish **insultante, insultar, insulto,** but indicate insults that are especially or abusively offensive.

Los políticos llegaron a **injuriarse** durante la campaña.	*The politicians got to the point of insulting each other [abusively] during the campaign.*
Insultarás a Enrique si lo llamas tonto.	*You will insult Enrique if you call him foolish.*

16

aprovechar	to take advantage of, to make use of
aprovecharse de	to take advantage of

Aprovechar is *to take advantage of* in a positive way, that is, *to make good use of something.* **Aprovecharse de,** however, is *to take advantage of something or someone* in an exploitative, selfish, or ruthless way. It is an expression with strongly negative connotations in Spanish.

Aproveche Ud. esta magnífica ocasión.	*Take advantage of this wonderful opportunity.*
¿Por qué no **aprovechas** mejor tu tiempo, María?	*Why don't you make better use of your time, María?*
Ese tipo se **aprovecha de** tu amistad.	*That guy is taking advantage of your friendship.*

17

romper	to break
quebrar	to break
quebrantar	to break
la rotura	break, breakage
la ruptura	break
la quebradura	break

Romper is the standard Spanish verb for *to break* in all physical or figurative meanings. However, **quebrar** often replaces **romper** to indicate the breaking of something hard, fragile, or brittle such as bone, glass, or pottery. **Quebrantar** may also replace **romper,** but only to indicate a deliberate, as opposed to accidental, breaking of something hard, through blows. **Quebrantar** often suggests breaking that does not result in the spatial separation of the broken pieces. Figuratively, **quebrantar** sometimes replaces **romper** to signify a type of moral or spiritual breaking of things such as promises, oaths, resistance, will power, health, etc.

Two common nouns for *break*, **rotura** and **ruptura,** both come from the same Latin word. **Rotura** is the more popular word and is used for all kinds of physical breaking. **Ruptura** normally indicates the breaking of things that are less material or tangible, such as relationships.

Él fue el primero en **romper** el silencio.	*He was the first to break the silence.*
La cuerda **se rompió** al no poder resistir el peso.	*The rope broke because it couldn't support the weight.*
Al caer, ella **se quebró (rompió)** el brazo izquierdo.	*When she fell, she broke her left arm.*
La pelota **quebró** el vidrio de la ventana.	*The ball broke (shattered) the windowpane.*
Tú me haces **quebrantar** mis más firmes propósitos.	*You make me break my firmest resolutions.*
Él tiene la salud completamente **quebrantada.**	*His health is completely diminished.*
La **rotura** de la presa causó más de 200 muertes.	*The breaking of the dam caused more than 200 deaths.*
La **ruptura** de las relaciones diplomáticas nos ha sorprendido.	*The breaking of diplomatic relations surprised us.*

Ejercicios

Comprensión de la lectura

De las cuatro respuestas que se indican para cada pregunta, seleccione Ud. la correcta, de acuerdo con el ensayo. También indique brevemente por qué las otras opciones son incorrectas.

1. La composición étnica de los Estados Unidos se caracteriza fundamentalmente por _____.
   a. lesionar la unidad nacional
   b. la total asimilación del inmigrante
   c. la fusión de distintas razas
   d. mantener la variedad cultural

2. La contribución principal de los indígenas a la cultura norteamericana _____.
   a. queda limitada a los nombres geográficos
   b. se evidencia en el área de la agricultura
   c. fue borrada por la inmigración de otros grupos
   d. consiste en los instrumentos que inventaron

3. La máxima influencia cultural negra en los Estados Unidos se manifiesta en _____.
   a. el Jazz
   b. la danza
   c. las canciones llamadas «spirituals»
   d. las invenciones de George Washington Carver

4. Los irlandeses superaron al fin las condiciones producidas por la discriminación debido a su _____.
   a. religión católica
   b. espíritu indomable
   c. excelente trabajo manual
   d. apoyo a la policía local

5. La población asiática emigrada a los Estados Unidos fue en general más discriminada que la europea a causa de _____.
   a. las lenguas que hablaba
   b. el tipo de trabajo que hacía
   c. las leyes especiales de inmigración
   d. el contrabando humano organizado

6. La población hispana en los Estados Unidos se caracteriza por _____.
   a. proceder principalmente del Caribe
   b. mantener las misiones españolas
   c. concentrarse más en las grandes ciudades
   d. hablar solamente el español

La palabra adecuada

A. Para cada frase que sigue, elija Ud. la palabra o expresión que complete mejor el sentido.

1. Es un hombre grosero y vulgar y su _____ deja mucho que desear.
   a. lengua
   b. aportación
   c. lenguaje

2. En el accidente de anoche un amigo mío resultó gravemente _____.
   a. injuriado
   b. lesionado
   c. volcado

3. El asunto de las bases militares en aquel país se va a discutir en el comité de relaciones _____ del Senado.
   a. indígenas
   b. exteriores
   c. extranjeras

4. Ella ha estudiado en colegios privados excelentes, pero por su comportamiento social se ve que es poco _____.
   a. instruida
   b. educada
   c. informada

5. El estudiante universitario tiene que _____ todas las oportunidades que la universidad ofrece.
   a. aportar
   b. explotar
   c. aprovechar

6. Las verduras _____ con demasiada agua pierden valor nutritivo.
   a. volcadas
   b. cocidas
   c. cocinadas

B. De acuerdo con las notas de *Expansión de vocabulario* utilice la palabra o expresión que complete mejor el sentido de cada frase. En algunos casos puede haber más de una palabra apropiada.

1. La prensa _____ la catástrofe para atacar al Presidente.

2. El país es pobre y tendrá que _____ mejor sus minas y recursos forestales.

3. Él cree que en un colegio privado los niños _____ mejor que en un colegio público.

4. Carlos habla mucho pero _____ poco a la resolución de nuestros problemas.

5. Era descuidada y se le _____ el café sobre la falda.

6. El jugador de fútbol _____ la pierna durante el campeonato.

C. Complete las frases que siguen, escogiendo las palabras que mejor correspondan al sentido, modificándolas gramaticalmente siempre que sea necesario. No use ninguna palabra más de una vez.

ajeno	injuriar	coser	explotar
natural	lenguaje	volcar	cocinar
insultar	acudir	aportar	forastero
quebrantar	aprovechar	lengua	lesionar

1. Los individuos _____ de una región reconocen generalmente a los _____ por su manera de vestir.

2. El idioma árabe _____ un gran número de palabras a la _____ de los españoles.

3. Luis se sintió _____ por el capitán, cuyas palabras _____ su honor, y lo retó a duelo.

4. Tu trabajo mejorará mucho si _____ la experiencia _____.

5. Durante la tarde mi padre _____ la cena y se dedica a _____ la ropa.

6. Cuando el camión _____ en la carretera, _____ el tanque de gasolina.

Preguntas textuales

1. ¿Cuál es el problema principal que la diversidad étnica presenta a los Estados Unidos?

2. ¿En qué se diferencian los grupos inmigratorios nacionales de los grupos raciales?

3. ¿Por qué no es América un país enteramente anglosajón?

4. ¿En qué áreas las culturas africanas han contribuido más a la cultura norteamericana?

5. ¿En qué trabajaron y cómo vivieron los primeros inmigrantes irlandeses?

6. ¿Cuál fue la experiencia de los primeros inmigrantes chinos?

7. ¿Qué cualidades especiales han contribuido al éxito de la población japonesa en los Estados Unidos?

8. ¿En qué se advierte la presencia hispana en California y en otros estados?

Preguntas de interpretación y opinión

1. ¿Cuál de las dos imágenes «crisol» u «olla» le parece a Ud. mejor para describir la sociedad norteamericana y por qué?

2. ¿Por qué causas cree Ud. que los grupos inmigratorios nuevos padecen casi siempre discriminación?

3. ¿Cree Ud. que existe todavía hoy en los Estados Unidos un problema especial en cuanto a la población indígena? ¿Cuál es?

4. ¿Por qué razones se consideran injustificables la inmigración involuntaria y la esclavitud? ¿Comparte Ud. estas ideas?

5. ¿Cree Ud. que todos los inmigrantes que entran hoy en los Estados Unidos reciben igual trato de la sociedad? Explique por qué opina así.

6. En su opinión, y de acuerdo con sus observaciones, ¿en qué han contribuido más los irlandeses a la vida y a la cultura norteamericanas?

7. ¿Qué características psicológicas del inmigrante japonés cree Ud. le han facilitado su rápida adaptación a la vida norteamericana?

8. En su propia opinión, ¿de qué manera la inmigración hispana ha beneficiado más a los Estados Unidos?

9. ¿En que aspectos concretos de la vida norteamericana, percibe Ud. todavía rasgos de discriminación racial o étnica?

10. ¿Qué significa para Ud. ser un(a) norteamericano(a)?

III Naturaleza y ecología

La extinción de especies animales

El ser humano y los desastres naturales

La destrucción del medio ambiente

7 La extinción de especies animales

La desaparición de **especies**[1] animales, aun de aquellas que parecían más fuertes y resistentes a los cambios de ambiente, es un fenómeno muy antiguo pero del que sólo hoy empezamos a darnos cuenta con cierta claridad. En los museos de ciencias naturales vemos esqueletos de animales prehistóricos como mamuts°, *mammoths* plesiosaurios o dinosaurios, que por evolución de la especie misma, por el cambio de condiciones ambientales° o por la aparición de riva- *environmental* les más feroces, **han dejado de**[2] existir en los lugares que parecían ser su «habitat» ideal.

De los dinosaurios han quedado magníficos exponentes en el *Dinosaur National Monument de Tejas,* el mejor depósito de fósiles de este tipo. Allí los paleontólogos han encontrado restos° de catorce *remains* especies de dinosaurios, algunos de los cuales alcanzaban sólo el **tamaño**[3] de una gallina, mientras que otros excedían en extensión y altura a todos los animales conocidos. Pero no hace falta visitar Tejas para ver restos similares. De allí se han sacado más de treinta esqueletos completos que se encuentran ahora en diferentes museos del mundo.

Muchos animales prehistóricos dejaron de existir debido a un cambio radical en la estructura de la tierra. Los desbordamientos° de *overflowing* mares, la solidificación de tierras húmedas y las terribles alteraciones de la temperatura modificaron el ambiente y eliminaron las fuentes° *sources* de alimentación de ciertas especies. Después de muchas eras geológicas, apareció el ser humano, una nueva y seria amenaza para muchas especies animales.

En poco tiempo el hombre ha llegado a ser el animal grande más numeroso de la tierra. Hace 10.000 años había sólo 10.000.000 de individuos en el mundo entero. Hace 2000 años esa población aumentó a 300.000.000. En el año 1980 se contaban unos 4.000.000.000 de seres y para fines del siglo esta cifra habrá aumentado otro 50%. El efecto de esta superpoblación humana sobre la vida animal es cada vez más **profundo**[4] y grave.

Todos los animales necesitan, para mantenerse, alimento, agua y un lugar dónde vivir. Cada especie tiene un diferente habitat ideal, pero puede adaptarse a ligeras variaciones del ambiente. Sin embargo, hay animales que por su evolución sólo pueden comer cierta clase de **frutas**[5] o las hojas de un tipo especial de árbol. Por eso **quitarles**[6] de repente ese alimento o modificarles radicalmente su habitat especial, como se ha hecho muchas veces, es lo mismo que exterminarlos. El ser humano, por su superior inteligencia, constituye la única especie animal que ha podido adaptarse a toda clase de ambientes. Pero al extenderse por toda la tierra, ha ejercido una negativa influencia sobre la vida preexistente en esas regiones.

La destrucción moderna del habitat animal ha sido en gran parte el resultado de la expansión territorial de la especie humana. Se ha aprovechado cada comarca° o **rincón**[7] habitable de la superficie de la tierra para el cultivo, para la construcción de ciudades, para el establecimiento de fábricas, minas, vías de transporte, etc., todo en perjuicio de los animales que usufructuaban° antes esa tierra.

region

had the use of

La perturbación de la vida animal tiene en este sentido una justificación: la necesidad del género humano de vivir. Pero hay otras acciones humanas no tan justificadas que causan también la pérdida de especies animales. Es lamentable, por ejemplo, la costumbre de vestirse con **pieles**[8] animales cuando ya no hay necesidad de hacerlo. Los ejemplares más hermosos y más sanos son precisamente las víctimas del comercio de pieles que ha reducido enormemente la existencia del leopardo blanco, del ocelote, del jaguar y del puma, y ha puesto en inminente peligro la del tigre. Hoy, hay varias especies animales que son más numerosas en los jardines zoológicos° que en su habitat natural. La vicuña de los Andes, que alguna vez poblaba grandes extensiones montañosas en Perú y Bolivia, ha sido diezmada° por el incontrolado comercio de cueros, hasta reducirse su población a una mínima parte de lo que era. Y el elefante africano, a pesar de las leyes aprobadas para protegerlo, sigue siendo cazado furtivamente° no por su piel sino por sus **colmillos**[9] de marfil.

zoos

decimated

poached, hunted illegally

Pero falta todavía lo peor. El hombre mata también por juego y por el placer de cazar. El oso blanco°, el reno° blanco de Alaska, el león asiático, el oryx de Arabia, se encuentran entre las especies más amenazadas por la caza. El instinto humano de cazador se **oculta**[10] a veces bajo el pretexto de que ciertos animales constituyen peligrosas plagas. El oso, el zorro, el lobo, el coyote, y hasta el águila han sido objeto de indiscriminadas matanzas por constituir un peligro para los animales domésticos.

polar bear / reindeer

Es casi imposible que el hombre **actúe**[11] en cualquier sentido sin que su acción repercuta sobre el mundo animal. Si se desencadenan° guerras, los animales también son víctimas, pero nunca enumeradas en las estadísticas. La «defoliación» y el incendio de bosques por el hombre, el bombardeo y las formas crueles de guerra química han causado pérdidas cuantiosas entre los animales salvajes de Vietnam y Afganistán. El uso de animales para la experimentación científica que

are unleashed

despierta tantas protestas hoy en Estados Unidos tiene, al menos en muchos casos un fin humanitario. Sin embargo, no podemos menos que **exigir**[12] el uso más cuidadoso de estos medios de investigación y la reducción al máximo del número de monos, perros, gatos, conejos y hasta de ratas que se utilizan en la experimentación.

Hay también otro factor que afecta en menor medida a las especies animales: la polución o contaminación del aire, de la tierra y del agua que la civilización causa. La polución del aire, por ejemplo, mata a muchos insectos y pájaros. Un artículo en *The Los Angeles Times* (febrero, 1984) informa sobre la desaparición, causada por el uso de insecticidas contra la mosca mediterránea°, de la especie de maripo- *Mediterranean* sas azules que solamente existía en la península de Palos Verdes, en *fruit fly* el sur de California.

También se ha puesto en peligro la existencia del **mamífero**[13] más grande, la ballena°, del cual cinco especies han estado a punto de *whale* desaparecer. Debido a la campaña de los ecologistas por preservar a las ballenas y la ayuda de los medios informativos, la mayoría de las naciones con flota pesquera han dejado de matar a estos magníficos animales marinos. Sin embargo, un par de naciones, indiferentes a la opinión mundial, siguen con la matanza de ballenas, aunque su carne, su aceite y su esperma ya no son indispensables en ninguna parte.

Por último, volvamos los ojos a dos ejemplos de exterminio que han ocurrido en nuestro propio país. El bisonte, comúnmente lla- mado el «búfalo norteamericano» o «búfalo de las praderas», era tan numeroso a la llegada del hombre blanco a Norteamérica que se calcula su número en 60.000.000 de animales. En el siglo XVIII, distintas variedades de este bisonte se encontraban desde Nueva York hasta las Rocosas, y desde el Canadá hasta el Golfo de México. Pero donde más abundaban era en los anchos valles de la cuenca del Misisipí, donde siempre había mucha agua y ricas hier- bas para pastar.

Los pioneros°, a diferencia de los indios, que sólo mataban bison- *pioneers* tes para comer la carne y para utilizar la piel, raras veces aprovecha- ban carne o piel de los animales muertos. Cuando las manadas de bisontes se acercaban a las vías férreas, los empleados del ferrocarril los aniquilaban para que no estorbaran° el paso de los trenes. *so they wouldn't* Además, se los cazaba por placer. A veces un solo hombre mataba *hinder* centenares de bisontes en un día, y sus **cadáveres**[14] se pudrían° des- *rotted* pués en la pradera. Parece increíble que en el año 1900 la población de bisontes quedara reducida a 300 cabezas. La intervención, aunque tardía, del gobierno federal impidió la desaparición total de la espe- cie. Hoy, la población de bisontes ha crecido porque vive protegida en el Parque Nacional de Yellowstone y en algunos otros centros o refu- gios naturales.

Menos suerte tuvo otra especie que no logró **salvarse**[15]. La «paloma pasajera» norteamericana era un hermoso **pájaro**[16], de **cola**[17] larga y plumaje gris-rosáceo. Hasta fines del siglo XIX se encontraba en enormes cantidades en Norteamérica. En 1808, un conocido naturalista vio una enorme bandada que comprendía°, según su cálculo, unos 2.000.000 de palomas pasajeras. El famoso pintor de aves, John James Audubon, observó una vez una bandada de tanta extensión que necesitó casi tres días para verla pasar; la bandada era tan densa que a veces oscurecía el sol. Pero la paloma fue presa° favorita no sólo de los que la cazaban por deporte sino también de los que lo hacían por razones comerciales. Éstos las mataban en sus nidos, donde eran más fáciles de **tomar**[18], **destrozando**[19] a la vez sus crías° y sus huevos. En los mercados de Chicago y de Nueva York se vendían millones de palomas a uno o dos centavos la pieza. La última paloma pasajera murió en el zoológico de Cincinnati en 1914.

comprised, included

prey

young (n.), fledglings

La pérdida de cualquier especie animal debe llenarnos a todos de tristeza y de horror porque es una pérdida irreparable. Pero debe también hacernos reflexionar sobre nuestra relación con los animales con los que compartimos la vida en este pequeño planeta. Además, el conocimiento claro de las causas que han producido la desaparición de especies animales puede ayudarnos a prevenir la extinción de otra especie: el género humano.

*E*xpansión de vocabulario

I

la especie	species; kind, type
la especia	spice

La especie is used here as *species, a group of animals that is capable of interbreeding.* However, the word is much more common in Spanish as *kind, type* or *sort,* and it is thus a synonym of **tipo** and **clase.** Do not confuse **especie** with **especia,** *spice.*

Ese pájaro está clasificado como una **especie** amenazada.	*That bird is classified as an endangered (a threatened) species.*
Él creía que su médico era una **especie** de Dios.	*He believed his doctor was a kind of God.*
La pimienta es mi **especia** favorita.	*Pepper is my favorite spice.*

2

dejar de + infinitivo	to stop + gerund; to fail + infinitive
cesar de + infinitivo	to cease (stop) + gerund
cesar	to cease, to stop

To stop in the sense of *to discontinue doing something* is either **dejar de** + infinitive or **cesar de** + infinitive in Spanish. **Cesar** when used alone (but not **dejar**) means *to cease* or *to stop* and is a synonym of **terminar** and **acabar.** Notice, too, that **dejar de** + infinitive (but not **cesar de** + infinitive) also renders English *to fail to do something.*

Varios países han prometido **dejar de** realizar pruebas nucleares.	*Several countries have promised to stop carrying out nuclear tests.*
El cardiólogo sostiene que una persona muere cuando el corazón **deja (cesa) de** latir.	*The cardiologist maintains that a person dies when his or her heart stops beating.*
No **dejes de** escribir a tu papá.	*Don't fail to write to your father.*
Cuando **cesó (acabó)** la lluvia, decidimos volver a casa.	*When the rain stopped (ended), we decided to return home.*

3

el tamaño	size
la dimensión	size, dimension
la talla	size, height
el número	size

English *size*, indicating the magnitude or extent of something, is most often **tamaño** in Spanish. However, **dimensión(es)** is also used in situations where *dimension(s)* would also be appropriate for *size* in English. Since **talla** refers to a person's height or size, **talla** also indicates *size* when referring to certain articles of clothing that closely reflect body size, such as suits, dresses, shirts, and trousers. Likewise, when *size* refers to the standard measurement in which shoes, hats, or gloves are sold, **número** is the preferred word. It should be pointed out, however, that usage of the words for English *size* does vary regionally in the Spanish-speaking world.

Las estatuas del parque son de **tamaño** natural.	*The statues in the park are life-size (of natural size).*
Ellos tenían una cama de gran **tamaño** en un cuarto de poca **dimensión.**	*They had a large (-size) bed in a small room.*
El crucero estaba al lado de otro buque de parecidas **dimensiones.**	*The cruiser was next to another ship of similar size (dimensions).*
La joven usa la misma **talla** de blusa que su madre.	*The young woman wears the same size blouse as her mother.*
Ese **número** de calzado lo hallará Ud. en la sección de niños.	*You'll find that size shoe in the children's department.*

4

profundo	profound, deep
hondo	deep
poco profundo (hondo)	shallow; superficial

Profundo and **hondo** derive from the same Latin root, but in Spanish **profundo** is the word more widely used by educated persons to indicate *profound* or *deep* in both physical and nonmaterial contexts. **Hondo** may replace **profundo** in material contexts; however, its meaning of *profound* appears only in literary texts.

¿Cuál es la parte más **profunda (honda)** del Océano Pacífico?	*What is the deepest part of the Pacific Ocean?*
El naranjo es un árbol cuyas raíces no son muy **profundas (hondas).**	*The orange tree is a tree whose roots aren't very deep.*
Mi colega tiene **profundos** conocimientos del asunto.	*My colleague has profound (deep) knowledge of (about) the matter.*
En este lado de la piscina el agua es **poco profunda.**	*On this side of the swimming pool the water is shallow.*

5

la fruta   fruit

el fruto   fruit, reward, result

Both words may be used in the singular or plural. **Fruta** refers to the part of certain plants that replaces the blossom or flower and which may be eaten whole in its natural form, such as apples, peaches, bananas, plums, and strawberries. **Fruto** renders English *fruit* in most other contexts, most notably in the language of botany. It indicates what a plant or tree produces, and its meaning subsumes that of **fruta. Fruto** also refers to what is produced by things other than plants and in this context is often translated as *products or produce.* In metaphorical usage, to indicate what is produced by human labor or mental activity, **fruto(s)** may be translated as *result, reward, fruit(s),* etc. Observe, too, the Latin segment **-fruct-,** *fruit,* in the verb **usufructuar,** glossed in the margin of the narrative.

La **fruta** es un alimento muy sano.	*Fruit is a very healthy food.*
Ella misma solía elegir la **fruta (las frutas)** en el mercado.	*She used to pick out the fruit herself in the market.*
El **fruto** del nogal es la nuez.	*The fruit of the walnut tree (what the walnut tree produces) is the walnut.*
Los seres humanos se alimentan con los **frutos** de la tierra (del mar).	*Human beings feed themselves with what the earth (sea) produces (with the fruit of the earth).*
Nuestros esfuerzos no dieron **frutos.**	*Our efforts didn't bear fruit (yield any result).*

6

quitar   to take away, to remove

sacar   to take out, to remove

meter   to put [in]

Quitar, *to take away [from]* is the antonym of **dar,** *to give [to].* When one takes something away from another person, Spanish requires the **a** of separation, not the preposition **de** as suggested by the English translation. This **a** indicates the person from whom the object is removed or separated. **Quitar** should not be confused with **sacar,** which always conveys the notion of removing, extracting, or taking something out from inside the place where it is located or being kept. **Sacar** is the lexical opposite of **meter,** which means *to put* or *to place* something within or inside of something else.

Federico le **quitó** la pistola al ladrón.	*Federico took (removed) the pistol from the thief.*
El niño dio el juguete a su hermana y luego se lo **quitó.**	*The child gave the toy to his sister and then took it (away) from her.*
No puedes **sacar** el libro de la biblioteca.	*You can't remove (take) the book from the library.*
El cirujano le **sacó** el apéndice a Leticia.	*The surgeon took out (removed) Leticia's appendix.*
Paco **metió** la mano en el bolsillo y la **sacó** luego llena de monedas.	*Paco put his hand in his pocket and then took it out full of coins.*

7

el rincón	corner; bit (small piece) of land
la esquina	corner
el ángulo	angle, corner
la comisura	corner

English *corner* may refer to an inner or exterior space between two lines that meet. When it is interior, such as inside a building, **rincón** is used. **Ángulo** is sometimes used as a synonym of **rincón** in this sense. Just as English *corner* may be used to indicate a small piece of land, or some hidden or remote spot away from the center of things (as in *the four corners of the earth*), so too can Spanish **rincón** be used, as in the essay example. When the exterior, or outer corner of something is referred to, **esquina** is the appropriate word. Finally, when referring to the *corner* of the mouth, eyes, etc., Spanish uses **comisura.**

David pasa la aspiradora por los cuatro **rincones** de la sala.	*David will vacuum every corner of the living room.*
Hemos encontrado un tranquilo **rincón** de Nueva Inglaterra donde pensamos pasar el verano.	*We have found a peaceful spot (corner) in New England where we intend to spend the summer.*

Él vio a Teresa al volver la **esquina** de la calle.	*He saw Teresa as he was going around the corner on (of) the street.*
Ella colocó la taza en la **esquina** de la mesa.	*She placed the cup on the corner of the table.*
Los bigotes ocultan las **comisuras** de sus labios.	*The mustache hides the corners of his lips.*

8

la piel	skin; hide, fur, leather
el cuero	leather
en cueros	with no clothes on, bare
el cutis	skin
el pellejo	skin, hide

   La piel translates English *skin,* the external covering of the body of people and animals. In Spain and parts of Spanish America, it also translates *leather,* when referring to the softer, tanned leather used in making gloves, wallets, handbags, etc. But when *leather* indicates thicker, tougher, less supple materials, used in shoes, suitcases, etc., **cuero** is preferred. In some parts of Spanish America, **cuero** alone is used for *all kinds of leather,* and **piel** is seldom used with this meaning. Although **piel** is the standard word for human skin, **el cutis** sometimes replaces it when referring to the face or complexion. Finally, **pellejo,** with the somewhat pejorative suffix **-ejo,** indicates a rougher, untreated leather or rawhide. It can also refer to human skin, when weatherbeaten. It is also frequent in metaphorical and idiomatic usage, where it sometimes means *life.*

En la selva contrajo una enfermedad de la **piel** muy difícil de curar.	*In the jungle she caught a skin disease that is very difficult to cure.*
En invierno algunas mujeres visten todavía costosos abrigos de **pieles.**	*In the winter some women still wear expensive fur coats.*
Él se sentó en un viejo sillón de **cuero.**	*He sat down in an old leather armchair.*
Estos zapatos tienen suelas de **cuero,** no de goma.	*These shoes have leather, not rubber, soles.*

En algunas playas es aceptable que la gente ande **en cueros.**	*Some beaches allow people to go about without any clothes on.*
Yo no quisiera estar en el **pellejo** de ese muchacho.	*I wouldn't want to be in that boy's shoes.*
Con la acción del sol, la **piel** de la cara se le convirtió en **pellejo.**	*From (because of) the sun, the skin on his face became like rawhide.*

9

el colmillo	tusk; fang; eye or canine tooth
el diente	tooth
la muela	tooth, molar
la muela del juicio	wisdom tooth
la dentadura	set of teeth, teeth

Unlike English, where the generic term *tooth* is normally used without further qualification, Spanish always distinguishes between the front teeth, **los dientes,** and the back teeth or molars, **las muelas.** Thus, expressions such as *toothache* **(dolor de muelas)** or *wisdom tooth* are always rendered with **muela** in Spanish. **El colmillo** refers to the *eyeteeth*, or *canine teeth*, in human beings. **Colmillos** is also the word for the fangs of carnivores and wild animals. When referring to an elephant or sea lion, as in the essay example, **colmillo** means *tusk*. Finally, to refer to all of a person's teeth or to a set of teeth, whether natural or artificial **(postiza), dentadura** is used.

Drácula se caracteriza por sus largos **colmillos.**	*Dracula is known for his long fangs.*
Un lobo sin **colmillos** es un animal indefenso.	*A wolf without fangs is a defenseless animal.*
A pesar de sus noventa años, Petra conserva la **dentadura** perfecta.	*In spite of her being ninety years old, Petra has perfect (a perfect set of) teeth.*
Los **dientes** despedazan la carne y las **muelas** la trituran.	*The front teeth break the meat into pieces, and the back teeth grind it up.*

I O

ocultar	to hide, to conceal
oculto	hidden, concealed
esconder	to hide
encubrir	to hide, to conceal

Ocultar has the broadest meaning of the verbs above, for it is applicable to that which is tangible and intangible. Its meaning thus includes those of both **esconder** and **encubrir.** While **ocultar** is more common in written Spanish, **esconder** is especially common in spoken Spanish and implies the hiding or keeping from view of physical objects or persons. **Encubrir** indicates a more passive type of action. As its root *to cover* suggests, it most often implies preventing something from becoming known (such as a name, the truth, a crime). Note, too, that the adjective corresponding to **ocultar** is **oculto,** rather than the expected **ocultado.**

María Elena no pudo **ocultar** su asombro.	*María Elena couldn't hide (conceal) her astonishment.*
Los guerrilleros **se ocultaron (escondieron)** para que los soldados no los vieran.	*The guerrillas hid (concealed themselves) so that the soldiers wouldn't see them.*
Lo importante es el mensaje **oculto** en su poema.	*The important thing is the hidden message in his poem.*
Leonora **ha escondido** la pelota y nadie la puede encontrar.	*Leonora has hidden the ball and no one can find it.*
En nuestra sociedad, se suele **encubrir** toda referencia a la muerte.	*In our society we usually hide (conceal) all reference to death.*
Supongo que Pedro mentía, que trataba de **encubrir** algo.	*I suppose that Pedro was lying, that he was trying to hide something.*

I I

actuar	to act, to function
obrar	to act
portarse	to act, to behave

The English verb *to act* has several different meanings, which are often rendered with different verbs in Spanish. Three common equivalents of *to act* indicated above overlap in certain of these meanings. For instance, **actuar, obrar,** and **portarse,** can all mean *to behave* or *to comport oneself* in a particular way. More specifically, however, **actuar** is *to carry out a function that is a person's or an object's normal function or role.* **Obrar** is *to act* in the sense of doing something, or carrying out an action or actions, especially when there is an implication of doing something that is morally good or bad. **Portarse** (which has almost totally replaced its synonym **comportarse**) refers to human behavior, especially in its external manifestations. **Portarse** is used most to refer to the behavior of children and young people.

El famoso abogado **actuó** como defensor en el juicio.	*The famous lawyer acted as the defender [defense lawyer] at the trial.*
En una tormenta eléctrica, cualquier objeto de metal puede **actuar** como pararrayos.	*In an electrical storm, any metal object can act as a lightning rod.*
Has actuado (obrado) de un modo muy inteligente.	*You have acted in a very intelligent way.*
«Nosotros debemos **obrar** en beneficio de los demás», dijo el cura.	*"We should act to benefit other people," said the priest.*
Alicia siempre **obra** con mucha prudencia y corrección.	*Alicia always acts very prudently and correctly.*
Tus niños **se han portado** muy bien esta tarde.	*Your children have acted (behaved) very well this afternoon.*

12

exigir	to demand
reclamar	to demand, to call (ask) for
requerir	to demand, to require
demandar	to file suit against

English *to demand* may indicate to request or ask for something in an imperious way, or because it is one's right or is just. The first English meaning is most often rendered in Spanish by **exigir** and the second by **reclamar. Exigir** is thus used when one tries to order or obligate someone to do something; it may be followed by a verb or a noun. **Reclamar,** however, is always followed by a noun, which is the object of what one is demanding or asking for. **Requerir** means *to demand* in the sense of *to require* or *to need.* Notice that **demandar** is a false cognate of *to demand,* for it means *to sue.*

La profesora **exige** que leamos una novela por semana.	*The professor demands that we read a novel a week.*
Para trabajar en el laboratorio nuclear, **se exige** el título de doctor en física.	*To work in the nuclear laboratory, a Ph.D. is required.*
Los profesores y estudiantes **reclaman** la dimisión del rector de la universidad.	*The professors and students are demanding (calling for) the resignation of the president of the university.*
España **reclamaba** ante las Naciones Unidas la devolución de Gibraltar.	*At the United Nations, Spain was demanding the return of Gibraltar.*
Esta maniobra **requiere (exige)** mucho tacto.	*This maneuver demands (requires) great tact.*
El dueño de la casa **demandó** a los inquilinos por falta de pago.	*The owner of the house sued the tenants for not paying [the rent].*

13

mamífero	mammal
aurífero	gold bearing
mortífero	deadly
petrolífero	oil producing

Spanish has a number of adjectives which end in **-[í] fero.** This suffix with the Latin form **-fer-,** meaning *to carry* or *to bear,* indicates that the animal, person, or thing referred to bears, possesses, or produces the thing indicated in the word's lexical root. In **mamíferos,** for instance, it is the *mammary,* or *milk-producing, glands;* in **aurífero,** it is *gold* (**aurum** is the Latin word for *gold).*

Ellos encontraron arenas **auríferas** en el río.	*They found gold-bearing sands in the river.*
Los terroristas llevaban armas **mortíferas.**	*The terrorists carried deadly weapons.*
En esta zona hay grandes depósitos **petrolíferos.**	*In this area there are large oil-bearing deposits.*

14

el cadáver	[dead] body, corpse, carcass, cadaver
el cuerpo	body
la carrocería	body (of a vehicle)

In Spanish, the fundamental distinction with regard to a *body* is whether it is alive, **cuerpo,** or dead, **cadáver.** Both words refer to either persons or animals. English has a number of special words for *dead body: cadaver,* when dissection or autopsy is suggested; *corpse* in legal language or police jargon; *carcass,* when referring to the body of an animal, especially when slaughtered or mutilated, etc. All of these are rendered by **cadáver** in Spanish. Finally, the *body* of a car or other motor vehicle is **carrocería** in Spanish.

El **cuerpo** del paciente se sacudió con el impulso eléctrico.	*The patient's body shook from the electric shock.*
Ellos descubrieron el **cadáver** de una muchacha en la playa.	*They discovered the body of a girl on the beach.*
Nosotros vimos flotando en el río los **cadáveres** de muchos animales.	*We saw the bodies (carcasses) of many animals floating in the river.*
Se veían en el depósito de basura las **carrocerías** de muchos coches viejos.	*In the junkyard we saw the bodies of many old cars.*

15

salvar	to save; to overcome
ahorrar	to save; to avoid
guardar	to save, to keep

Salvar is *to free or to rescue someone or something from danger,* or *to prevent the loss of something.* **Salvar** is also commonly used with the meaning of *to overcome* an obstacle or difficulty. **Ahorrar** is *to put away money for future use.* It also means *to save* in the sense of *to avoid doing something in an inefficient way.* **Guardar,** which means *to keep,* also means *to save* in the sense of putting something away other than money for future use.

Sus conocimientos médicos le ayudaron a ella a **salvar** a la víctima.	*Her medical knowledge helped her to save the victim.*
Los bomberos lograron **salvar** la casa.	*The firefighters managed to save the house.*
La pobre vida de él se reduce a ganar dinero y **ahorrarlo.**	*His poor life is reduced to earning money and saving it.*
De ese modo te **ahorrarás** muchas molestias.	*In that way you will save yourself a lot of bother.*
Vamos a **guardar** esta lata de pintura que sobra.	*Let's save this can of paint that is left over.*

16

el pájaro	bird
el ave *fem.*	bird, fowl

Ave is the generic term that refers to the class of all feathered bipeds, and thus its meaning is broader than and includes that of **pájaro.** More specifically, **pájaro** refers to smaller birds (such as songbirds), whereas **ave** is used for larger birds, such as most birds of prey, game birds, or domestic fowls. Moreover, domestic fowl or poultry are often referred to as **aves de corral** in Spanish.

La golondrina es un **pájaro** hermoso.	*The swallow is a beautiful bird.*
Esos **pájaros** son perjudiciales porque se comen las fresas.	*Those birds are harmful because they eat the strawberries.*
Él tiene las **aves de corral** en el gallinero.	*He keeps the poultry in the chicken coop.*
Ellos han ido al lago a cazar patos y otras **aves** silvestres.	*They have gone to the lake to hunt ducks and other wildfowl.*
El cóndor es el **ave** típica de los Andes.	*The condor is the typical bird of the Andes.*

17

la cola   tail; line

hacer cola   to wait in line

el rabo   tail

Cola is the standard word for the tail of an animal or bird. It has become the word for *line* in the sense of a *queue*. **Rabo** sometimes replaces **cola** to indicate an animal's tail in a humorous context or to indicate that the tail is unusually short, crooked, unattractive, etc.

La gente **hacía cola** ante todas las panaderías.	*People were waiting in line in front of all the bakeries.*
Nuestros asientos estaban en la **cola** del avión.	*Our seats were in the tail (section) of the plane.*
Las ardillas tienen una **cola** larga y hermosa.	*Squirrels have a long and beautiful tail.*
Los *bulldogs* suelen tener **rabo** en vez de **cola.**	*Bulldogs tend to have a short, stubby tail instead of a regular-sized one.*

18

tomar   to take; to seize; to catch

coger   to take, to seize; to pick; to catch

recoger   to gather (up), to pick up, to collect

pillar   to catch

agarrar   to grasp, to grab, to take

Although **coger** is the standard word for *to take, to seize,* or *to take hold of* in Spain and in several Spanish-American countries, it is avoided in others. In areas such as Mexico and the River Plate Region, for example, **coger** has acquired sexual connotations that cause it to be avoided in normal conversation. It is often replaced by **tomar** or even by **agarrar,** the primary meaning of which is *to grasp* [as with the claws, **garras,** of an animal or bird]. The meanings of **coger,** where it is used, include those of *to take* public transportation or *to catch* something that is thrown or kicked. **Coger** should not be confused with **recoger,** which implies, among other things, a gentler type of *gathering* or *picking,* such as flowers, or *picking up* something that has fallen or is lying about. Notice too that the broader range of meanings of **coger** includes those of **tomar,** which in the first instance means to take something in one's hands or arms. Finally, **pillar** is a common replacement for **tomar** and **coger** when the meaning is *to catch* someone doing what he or she shouldn't be doing.

Tome (agarre, coja) los toma-tes cuando estén maduros.	*Pick the tomatoes when they are ripe.*
El portero **tomó (cogió)** la pelota en el aire.	*The goalie caught the ball in the air.*
Él **recogió** las manzanas que estaban en el suelo.	*He picked up the apples that were on the ground.*
Ella **agarró (tomó, cogió)** el micrófono para anunciar que habíamos ganado.	*She seized (took) the micro-phone to announce that we had won.*
Ellos **pillaron** al ladrón roban-do la tienda.	*They caught the thief robbing the store.*
Esta tarde nos **pilló (cogió)** un aguacero en el parque.	*This afternoon, we were caught in the park during a thunder-shower.*

19

destrozar	to destroy
destruir	to destroy

In Spanish, two verbs may render English *to destroy, to reduce something to uselessness or ruin*. **Destruir** is the more common verb and can be used in any context. However, if the idea of *to destroy* is accompanied by the idea of something's being broken up or smashed into many pieces, then **destrozar** replaces **destruir**. This same dis-tinction holds for the nouns **la destrucción** and **el destrozo.**

Él puso en marcha el motor y la explosión de la bomba **des-trozó** el automóvil.	*He started the engine and the explosion of the bomb destroyed the car.*
Los caminos mal empedrados **destrozaron** las sandalias de ella.	*The badly paved roads destroyed (tore up) her sandals.*
La riada **destruyó** el puente.	*The flood destroyed the bridge.*
En la guerra, fue **destruido** el centro de la ciudad.	*In the war, the center of the city was destroyed.*

Ejercicios

Comprensión de la lectura

De las cuatro respuestas que se indican para cada pregunta, seleccione Ud. la correcta, de acuerdo con el ensayo. También indique brevemente por qué las otras opciones son incorrectas.

1. La desaparición de los dinosaurios se puede atribuir a _____.
   a. la temprana presencia del hombre en la tierra
   b. la conjunción de cambios climáticos y ambientales
   c. el gran número de dinosaurios existentes
   d. el pequeño tamaño de ciertos dinosaurios

2. El hombre moderno perturba la vida animal principalmente porque _____.
   a. tiene mayor poder de adaptación al ambiente
   b. come una gran variedad de alimentos
   c. es mucho más inteligente que los animales
   d. necesita cada vez más terreno para vivir

3. Ciertos animales salvajes de piel valiosa deben _____.
   a. estar en los jardines zoológicos
   b. ser matados para proteger a los animales domésticos
   c. estar bajo leyes que impidan su matanza
   d. ser cazados para aprovechar bien sus pieles

4. Ciertas especies de ballenas están menos amenazadas ahora que antes porque _____.
   a. hay menos guerras marinas que antes
   b. el aceite de ballena ya no tiene valor
   c. los ecologistas han cambiado la opinión pública
   d. hay pocas flotas pesqueras en el mundo hoy en día

5. El bisonte norteamericano llegó casi a la extinción porque _____.
   a. los animales estorbaban el avance de los ferrocarriles
   b. la población del país aumentó enormemente
   c. su carne y piel tenían mucho valor para los indios
   d. los cazadores tenían poca consideración por la naturaleza

6. La causa más importante de la extinción de la paloma pasajera norteamericana fue _____.
   a. la falta de alimentos para tantos pájaros
   b. los estragos causados por los cazadores comerciales
   c. la matanza de aves por los cazadores deportivos
   d. el apetito voraz del público norteamericano

La palabra adecuada

A. Para cada frase que sigue, elija Ud. la palabra o expresión que complete mejor el sentido.

1. Para este gran salón, necesitan Uds. un sillón de _____ más grande.
   a. talla
   b. dimensión
   c. tamaño

2. Como iban a tener invitados importantes, decidieron _____ dos botellas de champaña del armario.
   a. sacar
   b. quitar
   c. salvar

3. Prometió esperarme en _____ del Bulevar Roosevelt y la Quinta Avenida.
   a. la comisura
   b. la esquina
   c. el rincón

4. Cuando sonó la alarma la gente salió corriendo y cada persona trató de salvar su _____.
   a. propio cutis
   b. propio pellejo
   c. propio cuero

5. Los habitantes de la colonia inglesa _____ la autonomía de su isla.
   a. requerían
   b. demandaban
   c. reclamaban

6. Se cubrió la boca con una servilleta para _____ la risa.
   a. esconder
   b. descubrir
   c. encubrir

B. De acuerdo con las notas de *Expansión de vocabulario* utilice la palabra o expresión que complete mejor el sentido de cada frase. En algunos casos puede haber más de una palabra apropiada.

1. Nadie esperaba encontrar el _____ del alcalde en un charco de sangre.

2. El águila marina es un _____ que se alimenta de peces y de pequeños animales.

3. El policía lo _____ vendiendo drogas en la calle.

4. Para plantar este árbol bien, tendrás que hacer un hoyo mucho más _____.

5. La Arabia Saudita es un país rico porque tiene enormes áreas _____.

6. Era un país de escasez crónica de alimentos, y siempre se veían grandes _____ ante las carnicerías.

C. Complete las frases que siguen, escogiendo las palabras que mejor correspondan al sentido, modificándolas gramaticalmente siempre que sea necesario. No use ninguna palabra más de una vez.

talla	especia	exigir	muela
comisura	pellejo	usufructuar	destrozar
portarse	cuero	número	colmillo
sacar	salvar	esquina	ahorrar

1. Voy a _____ la pimienta y las otras _____ que necesitamos para preparar este plato.

2. Un hombre de tu _____ no puede usar ese _____ de zapatos.

3. La gitana esperaba en una _____ de Madrid con un clavel en la _____ de sus labios.

4. Si una persona _____ mal, no puede _____ benevolencia.

5. Quien no sabe _____ cuando es joven, no podrá _____ del dinero cuando sea viejo.

6. Al sacarme la _____ el dentista, me _____ la dentadura.

Preguntas textuales

1. ¿Cuántos seres humanos poblaban, aproximadamente, la tierra en 1980 y cuántos habrá para fines del siglo XX? ¿Qué representa este aumento de población para los animales salvajes?

2. ¿Por qué pueden extinguirse algunas especies de animales si se les quita su alimento acostumbrado?

3. ¿Por qué animales como el lobo y el coyote han sufrido grandes matanzas por parte del hombre?

4. ¿De qué maneras afectan las guerras a los animales salvajes?

5. ¿Cómo pueden afectar los insecticidas y la contaminación del ambiente a los pájaros? ¿Cuál era el territorio de Norteamérica habitado por el bisonte a la llegada del hombre blanco?

6. Describa Ud. cómo era la paloma pasajera norteamericana.

7. ¿Qué testimonios tenemos de la enorme cantidad de palomas pasajeras que existían antes en Norteamérica?

Preguntas de interpretación y opinión

1. ¿Compraría Ud. para su uso personal o como regalo para otra persona un abrigo de pieles animales? Cualquiera que sea su respuesta, indique las razones de su actitud.

2. ¿Qué institución conoce Ud. que se dedique a la protección de la naturaleza (inclusive los animales)? ¿Pertenecería Ud. o donaría Ud. dinero a tal grupo? ¿Por qué?

3. ¿Participaría Ud. en un safari o en una partida de caza de animales grandes o pequeños? Explique por qué sí o no.

4. ¿Cree Ud. justificada la matanza de animales como focas o ballenas para satisfacer necesidades humanas en ciertas sociedades aún primitivas? Explique por qué.

5. ¿Cree Ud. que es una crueldad mantener a los animales salvajes en el jardín zoológico? ¿Qué funciones positivas y negativas cumple el zoológico con respecto a los animales?

6. ¿Qué animal, grande o pequeño, inclusive reptiles, pájaros e insectos, merece, a su juicio, la extinción definitiva y por qué?

7. ¿Quiénes tienen, en su opinión, una mayor responsabilidad en la conservación de especies animales: los gobiernos, las instituciones privadas o los individuos? Explique por qué lo cree así.

8. Si un oso, zorro, lobo, coyote o águila pusiera en peligro la vida de sus animales domésticos, ¿cuál sería su propia actitud o reacción ante esta amenaza? ¿Por qué?

9. ¿Cuál es su actitud personal con respecto al uso de animales domésticos o salvajes en la investigación científica?

10. ¿Cree Ud. posible y probable la extinción de la especie humana? ¿Por qué?

8 El ser humano y los desastres naturales

El hombre suele denominar° «desastres naturales» a ciertas manifestaciones de la naturaleza que son completamente normales, pero que a él le causan gran daño. Desde la perspectiva de lo que pasa a la tierra misma, esos fenómenos ni son desgracias° ni son lamentables. Forman parte de la gran variedad de fenómenos geológicos, meteorológicos y climáticos que durante millones de años han venido afectando la fisonomía° de la tierra.

to call, to name

misfortunes

face, physiognomy

El hombre olvida que la vida humana sólo constituye una mínima parte de la vida en su totalidad. Olvida también que sólo debido a los azares° de su evolución cerebral ha llegado a dominar las otras formas de vida y a controlar gran parte de su medio ambiente. Pero de vez en cuando, las fuerzas de la naturaleza, al desencadenarse° violentamente, le recuerdan° su pequeñez y los límites de su poder.

accidents

breaking loose, unchaining themselves / remind

La población del mundo se ha multiplicado enormemente en los últimos dos siglos y ciertas áreas del globo están ya **superpobladas**[1]. Los seres humanos ocupan además muchas zonas en las que los desastres naturales ocurren con frecuencia. Al habitar tales lugares, muchas veces por necesidad pero otras no, se han expuesto a° nuevos riesgos ambientales.

have exposed themselves to

Ninguna área del mundo se ve° afectada por todos los fenómenos que suelen ser desastrosos para el ser humano. Ninguna zona está tampoco completamente **exenta**[2] de todo riesgo. Pero estos sucesos, de ocurrir en lugares deshabitados, importarían muy poco.

is

Entre los fenómenos geológicos y meteorológicos que ejercen su acción sobre la superficie de la tierra, y que, según su intensidad, duración y proximidad a los centros de población, pueden constituir desastres, figuran las avalanchas, los **derrumbamientos**[3] de tierra, las nevadas, las erupciones de volcanes, las **inundaciones**[4], los tornados y los **terremotos**[5].

Vamos a considerar aquí sólo los tres últimos de estos fenómenos, por ser bien conocidos en los Estados Unidos. Mencionaremos algunos de sus efectos y algunas medidas que en ciertos casos el hombre puede tomar para disminuir sus consecuencias.

Las inundaciones más **comunes**[6] son las producidas cuando los ríos se **salen de**[7] sus **cauces**[8]. Cuando la precipitación pluvial° produce tanta agua que el cauce del río no la puede contener, éste se

rain

desborda° y va cubriendo el terreno circundante°. Si las aguas sólo encuentran una vía estrecha por la que **derramarse**[9], formarán torrentes, cuyo ímpetu y el choque de las rocas que arrastran°, pueden destruir en su camino edificios, puentes y carreteras. Pero si el río se desborda por campos llanos y extensos, las aguas suelen correr con menos velocidad, causando menos daño y dando tiempo a la gente para escapar de sus estragos°.

    overflows / surrounding

    drag, pull along

    damage, havoc

Esta clase de inundación suele ocurrir a comienzos de la primavera en la inmensa **cuenca**[10] del Misisipí. Se debe al rápido deshielo° de las nieves invernales, cuyas aguas se suman° a las de las lluvias primaverales. Los campos se convierten entonces en vastos lagos que abarcan millones de hectáreas° de terreno.

    thawing

    are added

    hectares (1 hectare = 2.47 acres)

El peor desastre causado en los Estados Unidos por una inundación, y ya de fama proverbial, fue el de Johnstown, Pensilvania, en mayo de 1889. No se debió a la excesiva lluvia, sino al derrumbamiento de una presa°, cuyas aguas se precipitaron con terrible fuerza sobre la ciudad, destrozando sus edificios y **ahogando**[11] a más de 2000 habitantes.

    dam

Por lo general, ha sido en los países de Asia donde se han perdido más vidas humanas por las inundaciones. Se trata de países superpoblados, en los que siempre ha sido necesario cultivar cada pie cuadrado° de tierra, especialmente la tierra adyacente a los ríos, por ser ésta generalmente la más fértil. Y al inundarse las zonas ribereñas°, siempre han faltado en esas zonas pobres los recursos para evacuar a la población campesina. No es extraño, pues, que la inundación que más muertes ha causado en la historia del mundo haya sido la de Hwan Ho, en China, en 1931, en la cual murieron más de tres millones de personas.

    square

    riverside (adj.)

Hay, además, inundaciones que han causado relativamente pocas muertes pero que se han hecho tristemente célebres por otros motivos. En noviembre de 1966, la Toscana, región italiana en que está situada la ciudad de Florencia, experimentó en un día la precipitación pluvial de un año entero. El río Arno, que atraviesa Florencia, acrecentó° su nivel con las aguas que bajaban de las colinas circundantes. Al salirse de sus cauces, se desbordó por las estrechas calles con una velocidad de hasta 80 millas por hora. Las aguas, mezcladas con grandes cantidades de tierra, y con el petróleo de los tanques rotos por la fuerza de la riada, al volver a su lecho normal, dejaron todo cubierto de una capa° de lodo aceitoso°. Fue esta capa de barro, más que el agua misma, lo que causó daño permanente a muchos tesoros artísticos. En total, murieron en el desastre unas 113 personas, número bajo comparado con el de muchas otras inundaciones. Pero Florencia, ciudad-museo, depósito de algunas de las más preciadas° creaciones del arte renacentista, sufrió una pérdida incalculable. En los años siguientes se lograron restaurar algunos de los tesoros dañados, pero otros se perdieron para siempre.

    increased

    layer / oily

    valuable

Un efecto tan destructor como el de las inundaciones, pero más terrorífico° por lo inesperado, es el provocado por los grandes vientos. Casi todos hemos visto cómo el aire, al girar° rápidamente, puede formar pequeños remolinos° o vórtices° que luego van subiendo y que llevan en su seno° polvo, hojas y otros objetos ligeros. Ese fenómeno es una versión pequeña de los torbellinos° conocidos en los Estados Unidos como «tornados». Esos gigantescos remolinos descienden del cielo como si fueran oscuros brazos desprendidos° de nubes cargadas de **tormentas**[12] eléctricas. Sólo hay teorías, todas muy complejas, para explicar el origen de los tornados. Pero lo que importa destacar ahora son sus características y consecuencias, y no sus causas.

 terrifying
 rotating
 eddies / whirl-
  winds / inside
 whirlwinds

 detached

Los tornados producen los vientos más fuertes que se conocen en la **faz**[13] de la tierra. Alcanzan en su centro una velocidad de hasta 300 millas por hora, y la energía generada en el vacío° de ese centro succiona° todo lo que a su paso encuentra. En pocos segundos pueden convertir pueblos enteros en escombros°. En algunos casos los tornados han hecho volar vagones° de ferrocarril hasta una altura de 75 pies sobre la tierra.

 vacuum
 sucks up
 rubble, debris
 [railroad] cars

En la zona en que el brazo o la columna del tornado toca la tierra, la destrucción puede ser total en un área desde 300 hasta 3000 pies de anchura. Los tornados suelen moverse azarosamente°, lo cual hace difícil predecir su ruta para prevenir° al público con tiempo. Sin embargo, pueden caer sobre gente, animales y cosas con una precisión casi quirúrgica°. Algunos tornados han desplumado gallinas y esquilado° ovejas, dejando vivos a los aterrorizados animales.

 randomly
 to warn

 surgical
 sheared

Un fenómeno parecido al tornado se ha observado en Europa y en Australia, pero los tornados violentos y destructivos que estamos comentando aquí ocurren sólo en los Estados Unidos y en el Canadá, donde matan un promedio° de 200 personas por año. Nunca ocurren al oeste de las **Montañas**[14] Rocosas y son más frecuentes en el medio oeste y el sur del país. Los estados más afectados por los tornados son Kansas, Oklahoma y Tejas. La temporada° principal de los tornados es de abril hasta julio; son más frecuentes por la tarde, aunque pueden ocurrir a cualquier hora, y los nocturnos son los más inesperados y terribles.

 average

 season

El peor tornado en los Estados Unidos ocurrió en mayo de 1925 y su fuerza destructora arrasó° grandes zonas de Missouri, Illinois e Indiana. En total, duró tres horas y mató a 690 personas. En 1984, una serie de tornados mató a 59 personas en un sólo día en las dos Carolinas. En 1985, otro tornado mató a más de 90 personas en los estados adyacentes de Ohio y Pensilvania. Los que han sobrevivido° la experiencia de un tornado recuerdan sobre todo una especial característica: el estruendo° que provoca, más propio de una explosión que de una tormenta.

 leveled, demol-
  ished

 survived

 great or loud
  noise

Algunos científicos están intentando perfeccionar un radar que permita detectar más tempranamente, y con mayor precisión, la formación de tornados. Se podría así declarar con mayor anticipación un estado de alerta para avisar a la población de la proximidad del tornado y aconsejarle el refugio° en lugar seguro, como en un sótano°, por ejemplo. *refuge, shelter / cellar, basement*

Otra experiencia aterradora es la de sentir que la tierra en que descansa nuestra seguridad **se sacude**[15] o tiembla bajo nuestros pies. Cuando la tierra se mueve con bastante fuerza, puede provocar no sólo la destrucción de muchos edificios, sino también la muerte de miles de personas **sepultadas**[16] entre los escombros.

Según la explicación más aceptada, los terremotos más grandes son el resultado del movimiento de bloques tectónicos o placas° tectónicas en la estructura interior de la tierra, debido al giro orbital de la tierra alrededor del sol. Tanto el fondo del suelo terráqueo como el fondo de los mares, está comprendido° en uno de esos bloques. Encima de esos enormes bloques de piedra, que tienen una profundidad de entre 30 y 50 millas, existe una delgada corteza° que suele tener sólo unas 10 millas de espesor y que constituye la frágil costra habitada por los seres humanos. *plates* · *included* · *crust*

Los bloques o placas **se desplazan**[17] continuamente sobre el inmenso centro candente° y poco sólido que constituye el interior de nuestro globo. Los terremotos son los efectos que la colisión de bloques transmite hasta la superficie de la tierra. Es en las zonas costeras del Océano Pacífico donde estos desplazamientos se producen con mayor frecuencia. *red-hot*

La larga cordillera° que se extiende desde Chile hasta Alaska y que adquiere en su trayecto nombres como los Andes, la Sierra Madre y las Rocosas, es el resultado de colisiones similares entre las placas continentales y las del Pacífico que han producido como una contracción o arrugamiento° de las masas continentales. Las fallas° sísmicas no son más que las grietas° entre bloques tectónicos, es decir, la línea de contacto entre estas enormes placas. A lo largo de° esas fisuras se producen grandes presiones que buscan liberarse°. Cuando esos bloques se mueven con violencia, y no con los pequeños movimientos de los ajustes periódicos, estalla° una energía tremenda que se transmite a la superficie, donde se experimenta como terremoto o temblor de tierra. *range, chain (of mountains)* · *crumpling, wrinkling / faults / cracks, crevices / along / seek to be released / explodes*

A veces la línea divisoria entre los bloques es visible en la superficie de la tierra. Tal es el caso de la famosa falla de «San Andreas» en California, que pasa por San Francisco, por el centro del estado y por el área al este de Los Ángeles. Esta falla separa la zona costera de California, que pertenece al bloque oceánico del Pacífico, del bloque continental en el que están asentados° la otra parte de California y el resto de los Estados Unidos. Es inevitable que se produzca algún día un violento desplazamiento en algún sitio a lo largo de esta grieta. Se puede esperar entonces un terremoto terriblemente destructor si el epicentro coincide con una zona poblada cercana a la falla. *placed, fixed*

Si eso ocurre en la ciudad de San Francisco, por ejemplo, sus consecuencias pueden ser catastróficas. En el famoso terremoto de 1906 murieron 700 personas en San Francisco, muchas como resultado de los **incendios**[18] causados por el sismo. Hoy, el peligro de fuego es menor, salvo° en ciertas zonas como el barrio chino°. Pero la población de la ciudad es mucho más numerosa que entonces, y morirían muchas más personas, atrapadas en edificios o por el colapso de puentes y autopistas. La construcción moderna de edificios ha seguido en general las normas establecidas para prevenir derrumbes, pero el estilo arquitectónico preferido en los rascacielos° es el que utiliza profusión de ventanas de **vidrio**[19]. Si ese terremoto fuerte ocurriera de día, los cristales lanzados° desde tan grandes alturas por la violenta sacudida, caerían sobre los peatones° de San Francisco con terribles consecuencias. Hemos experimentado una muestra reciente en esos daños en los últimos terremotos de San Francisco y de Los Ángeles.

except /
Chinatown

skyscrapers

thrown down
pedestrians

¿Qué puede hacer el hombre ante el peligro de los terremotos? Primero, debe evitar que se construyan edificios en las zonas inmediatas a las fallas activas. Debe mejorar la seguridad de los edificios existentes para que resistan mejor los temblores. Pero lo que es más importante aún, el gobierno debe crear una conciencia pública sobre el peligro que el terremoto representa. El ciudadano medio tiene que abandonar su actitud de indiferencia o de fatalismo ante el gran riesgo que corre en estados como California y prepararse, en su casa y en el trabajo, para poder sobrevivir las 48 horas que siguen a un temblor fuerte.

En muchos casos, los gobiernos locales informan al ciudadano sobre cómo prepararse de antemano para esas emergencias y cómo actuar durante el terremoto y después de él. Pero como medida de mayor alcance futuro, los científicos intentan desarrollar un sistema para pronosticar a tiempo los terremotos grandes. Los científicos chinos, por ejemplo, pudieron pronosticar el importante° terremoto que ocurrió en 1975 y el gobierno logró así evacuar la ciudad que iba a ser afectada, unas horas antes de su destrucción. Sin embargo, otros intentos posteriores de los mismos chinos fracasaron. En 1976, no lograron predecir un gran terremoto que mató a centenares de miles de personas.

major, large

Parece probable que en el futuro las poblaciones que sufren más inundaciones, tornados y terremotos contarán con° mejores medios para pronosticarlos y mitigar sus peores efectos. Mientras tanto, quizá convenga aceptar la idea de que los seres humanos representamos sólo una pequeña parte de la naturaleza, y que los «desastres naturales» son sencillamente uno de los muchos riesgos que siempre acompañarán a la vida humana. Y entre esos riesgos, los más grandes no son los que la naturaleza crea, bastante limitados en sus alcances destructores y la duración de sus efectos, sino los más devastadores y permanentes que el ser humano genera con su destrucción del medio ambiente o que causará con sus posibles conflictos nucleares.

will have

*E*xpansión de vocabulario

1

superpoblado	overpopulated
sobrecargado	overloaded
supersónico	supersonic

For a limited number of words, which are sometimes loan translations from other languages, Spanish uses the prefix **super-** corresponding to the English prefix *over-,* meaning *in excess* or *too much.* Somewhat more frequently, however, *over-* is rendered by the more traditional form **sobre-,** which also derives from and means the same as Latin **super-.** Both prefixes also have other common meanings in Spanish, as illustrated by the last three examples below.

La población de este país está **superalimentada.**	*The population of this country is overfed.*
El camión está **sobrecargado.**	*The truck is overloaded.*
Las emociones del viaje me **han sobreexcitado.**	*The emotions of the trip have overjoyed me.*
La Unión Soviética y los Estados Unidos son dos **superpotencias.**	*Russia and the United States are two superpowers.*
Nosotros volamos en un avión **supersónico.**	*We flew in a supersonic jet.*
La enferma va a **sobrevivir.**	*The patient is going to survive.*

2

exento	exempt, free
libre	free
gratuito *adj.*	free
gratis *adv.*	free
liberar	to free
librar	to free
libertar	to liberate, to free

Spanish **exento,** like English *exempt,* means *released* or *excused from some obligation required of others.* It is also a synonym for **libre.** English *free* meaning *unrestricted* or *independent,* is most often **libre.**

But, English *free,* in the sense of *without cost or payment,* or *gratuitous,* is **gratuito** (adj.) or **gratis** (adv.) in Spanish. Of the three verbs meaning *to free,* **liberar** and **librar** are close synonyms. **Liberar** has a broader meaning but is less commonly used than **librar.** The latter is preferred to indicate *freeing, saving, or releasing someone from an obligation, worry, or danger.* **Libertar** is used in the context of giving freedom or liberty to a captive, prisoner, slave, or to a nation dominated by another.

Quiero vivir solo, **libre (exento)** de responsabilidades.	*I want to live alone, free of responsibilities.*
El hijo del general no está **exento (libre)** del servicio militar.	*The general's son isn't exempt from military service.*
El prisionero soñaba con ser un hombre **libre.**	*The prisoner dreamed of being a free man.*
El cura daba clases **gratuitas** a los niños.	*The priest gave free classes to the children.*
Mi esposa trabaja para la línea aérea y viaja **gratis** en ciertos vuelos.	*My wife works for an airline and travels free on certain flights.*
La policía **liberó** a los rehenes que estaban en manos del atracador.	*The police freed the hostages who were being held by the thief.*
Nunca pude **librarme** de las obligaciones familiares.	*I was never able to free myself from family obligations.*
¿En qué año **se libertaron** los esclavos en los Estados Unidos?	*In what year were the slaves freed in the United States?*

3

el derrumbamiento de tierra	landslide
el derrumbamiento	cave-in, collapse
el derrumbe	cave-in, collapse
derrumbar	to throw (hurl) down; to knock down, to demolish
derrumbarse	to collapse, to cave in

El derrumbe is preferred in some Spanish-speaking areas to its synonym **el derrumbamiento.** The verb **derrumbar** has two basic meanings. In its first meaning, *to throw* or *drop something from a high* *place,* the verb is infrequently used. The second meaning of **derrumbar,** *to demolish* or *wreck a structure or building,* is common, and especially so in its reflexive form, which means *to collapse, to cave in,* or *to crumble.*

Elllos **derrumbaron** unas rocas por la pendiente del precipicio.	*They pushed some rocks down the incline of the cliff.*
Los obreros **derrumbaron** la escuela para construir un hotel.	*The workers wrecked (razed) the school to build a hotel.*
Un **derrumbe (derrumbamiento)** de tierra ha causado el cierre de la carretera.	*A landslide has caused the closing of the highway.*
Los mineros han quedado atrapados por el **derrumbe.**	*The miners have been trapped by the cave-in.*
Se ha **derrumbado** la cuesta donde teníamos la casa.	*The hill where we had our house gave way.*
Se **derrumbó** el puente.	*The bridge collapsed.*

4

la inundación	flood
inundar	to flood
el desbordamiento	(the) overflowing
desbordarse	to overflow
la crecida	flood, spate
la riada	flood

The basic word for *flood,* the inundation of a normally dry area with water, is **inundación.** Occasionally, other words with related meanings are substituted. **El desbordamiento** literally means *the overflow(ing) that causes the flood.* **La crecida** (from **crecer,** *to grow*), means the *sudden rising of a river* that leads to the flood. **La riada** also means *flood,* but refers to a more violent, rapidly moving type of flood than that which is usually associated with the more generic term **inundación.**

Con la última lluvia, se nos **ha inundado** la casa.	*Our house was flooded by the last rain storm.*

Los lectores **inundaron** con cartas de protesta la redacción del diario.

The readers flooded the paper's editorial office with letters of protest.

Este arroyo **se desborda** sólo en primavera.

This stream floods (overflows its banks) only in the spring.

Debido a la tempestad, el río ha experimentado una **crecida** de veinte pies sobre el nivel normal.

Because of the storm, the river has experienced a rise (flood) of twenty feet above its normal level.

La fuerza de la **riada** arrasó las casas en la ribera del río.

The force of the flood demolished the houses on the riverbank.

5

el terremoto	earthquake
el temblor	temblor, earthquake
el sismo	earthquake
el seísmo	earthquake
sísmico	seismic

Spanish **terremoto,** etymologically *earth movement,* has among its synonyms **temblor,** which is used much more than its English cognate *temblor.* When the context is unclear, **temblor de tierra** is used to avoid confusion with other meanings of **temblor,** such as *quivering, shaking,* or *trembling.* Other common synonyms of **terremoto** are **sismo** in Spanish America, and **seísmo** in Spain. The adjective **sísmico** means *seismic, or pertaining to earthquakes.*

Se registró un **temblor** de seis puntos de intensidad en la escala de Richter.

An earthquake of six points on the Richter scale was recorded.

El **sismo (seísmo)** provocó daños en los edificios viejos.

The earthquake caused damage to the old buildings.

Los Ángeles está ubicado en una zona de constante actividad **sísmica.**

Los Angeles is located in a zone of constant seismic (earthquake) activity.

común	common
corriente	common, ordinary
ordinario	ordinary, common
vulgar	common; popular; vulgar
grosero	coarse, crude, common

Care should be exercised in translating *common* and some of its synonyms into Spanish. In the sense of *customary, widespread, general,* or *of frequent occurrence,* **común** and **corriente** can both be used, usually with little difference in meaning. **Ordinario,** however, unlike its English cognate *ordinary,* almost always has negative or pejorative connotations in Spanish. **Vulgar** can mean *common* in the neutral sense of *usual* or *ordinary,* or in the negative sense of *coarse, unrefined,* or *vulgar.* In this latter context, it is a partial synonym of the even stronger **grosero,** *coarse,* or *crude.* Finally, **vulgar** can mean *common* in the sense of *popular,* as opposed to *genteel.*

La artritis es una enfermedad **común (corriente)** entre las personas mayores.	*Arthritis is a common disease among older people.*
Lo que describes es cada vez más **común (corriente)** en esta ciudad.	*What you describe is more and more common (frequent) in this city.*
Esa película norteamericana se llamaba *Una familia* **corriente.**	*That American film was called* An Ordinary Family.
Él es un hombre **ordinario** que siempre habla a los gritos.	*He's an uncouth (ill-bred) man who is always shouting.*
La verdad es que no soy más que una persona **vulgar.**	*The truth is that I am only a common (ordinary) person.*
En español, «pulmonía» es el nombre **vulgar** de la neumonía.	*In Spanish "pulmonía" is the common name for pneumonia.*
Tendrás que usar un lenguaje más **vulgar** para que el pastor te comprenda.	*You'll have to use more common speech (popular language) so that the pastor (shepherd) can understand you.*

7

salirse de   to overflow, to deviate from

salir de   to leave, to go (come) out

The fundamental meaning of **salir** is *to go out* or *to come out.* Used reflexively, as in the essay illustration, **salir** conveys the idea of something that moves or is moved, often with force, from its normal location. The English translation equivalents of **salirse** vary greatly according to context.

El autobús **se salió de** la carretera.	*The bus was run off the road.*
Con el terremoto, la puerta **se salió del** marco.	*With the earthquake, the door came off (loose from) its frame.*
El café **se salió de** la cafetera cuando David dejó el fuego encendido.	*The coffee boiled over when David left the burner on.*

8

el cauce   riverbed

el lecho   riverbed, roadbed, bed

la cama   bed

El cauce means *bed* in the sense of riverbed. **El lecho** shares this meaning and can also be used as *roadbed.* More commonly, however, **lecho** is a written synonym of **cama,** the piece of furniture people sleep on. **Lecho** normally replaces **cama** to express *bed* in figurative language.

Por falta de lluvia, el **cauce (lecho)** del río está casi seco.	*For lack of rain, the riverbed is almost dry.*
Ellos fortificaron el **lecho** del camino con piedras.	*They strengthened the roadbed with rocks.*
El presidente estaba en su **lecho** de muerte.	*The president was on his deathbed.*
No duermo bien en una **cama** blanda.	*I don't sleep well on a soft bed.*

9

derramarse   to flow, to run, to pour (spill) out

derramar   to spill

verter   to pour, to empty

Used with the reflexive construction, as in the essay example, **derramar** means *to flow, to run* or *to pour out.* Used transitively, as in several examples below, it means *to spill a liquid* and may be contrasted with **verter,** *to pour a liquid.*

Él rompió la botella y el jugo se **derramó** por el suelo.	*He broke the bottle, and the juice spilled (ran) on the floor.*
El que **derrama** sangre, acaba ahogándose en ella.	*He who sheds (spills) blood ends up drowning in it.*
Él **ha derramado** vino en el mantel nuevo.	*He spilled wine on the new tablecloth.*
Carmen **vertió** el vino en la jarra.	*Carmen poured the wine into the pitcher.*

10

la cuenca   basin

el cuenco   bowl

la pesa   weight

el peso   weight

la charca   pool, pond

el charco   pool, puddle

As do many other pairs of words which differ only in the final **-a** and **-o, cuenca** and **cuenco** have different meanings. **Cuenca** is a *river basin (valley)* or *watershed,* and **cuenco,** a *small bowl.* Often, but not always, the word ending in **-a** signifies the larger of two related entities, or the more abstract item of the pair, as seen in **pesa/peso** and **charca/charco.**

Ha llovido en toda la **cuenca** del Duero.	*It has rained in the entire Duero River basin.*
El pastor me ofreció un **cuenco** de leche.	*The pastor (shepherd) offered me a bowl of milk.*

Él levanta **pesas** para desarrollar los músculos.	*He lifts weights to develop his muscles.*
El **peso** del paquete es de tres kilos.	*The weight of the package is three kilograms.*
Los niños se mojaron jugando en una **charca** de agua.	*The children got wet playing in a puddle.*
Ellos lo encontraron en un **charco** de sangre.	*They found him in a pool of blood.*

I I

ahogar	to drown; to suffocate, to choke
sofocar	to lose one's breath, to suffocate
estrangular	to choke, to strangle
atragantarse	to choke, to get something caught in one's throat

Ahogar is *to choke* or *to kill a person or animal by preventing him or it from breathing,* in any way whatsoever. The reflexive form indicates *to choke* or *to die* because one's breathing has stopped. When this is because of water, **ahogarse** translates English *to drown.* Like **ahogar, sofocar** also refers to the process of breathing, but indicates only a temporary, partial, and non-life threatening restriction of normal breathing, most often because of excessive heat and physical exertion. **Estrangular** is *to strangle* or *to choke* in the specific context of squeezing the throat or windpipe in an attempt to kill someone. **Atragantarse** also renders English *to choke,* but points to the physical obstacle that is caught in one's throat or is obstructing it, and not to the restriction of normal breathing.

El niño era tan cruel que **ahogó** al gato.	*The child was so cruel, that he drowned the cat.*
En la inundación **se ahogaron** miles de personas.	*Thousands of persons drowned in the flood.*
Cuando corro mucho, **me sofoco.**	*When I run a lot, I get out of (lose my) breath.*
María Luz viene **sofocada** por haber subido la cuesta a pie.	*María Luz is out of breath from having come up the hill on foot.*
Él **estrangulaba** a sus víctimas con un trozo de soga.	*He strangled (choked) his victims with a piece of rope.*
José Miguel **se atragantó** con una espina de pescado.	*José Miguel choked on a fish bone.*

12

la tormenta	storm
la tempestad	storm
el temporal	storm, storm front

La tormenta, along with **la tempestad** and **el temporal,** means *storm,* defined as a rapid, at times violent, change of weather, with strong winds, and usually accompanied by rain, hail, or snow. There is no absolute difference between or among these words, which are often used interchangeably when a synonym is needed merely to avoid repetition. However, **temporal** is preferred in careful usage for a storm that is of longer duration, often similar to a storm front. Both **tempestad** and the somewhat less common **tormenta** can indicate a violent storm which manifests itself in lightning, thunder, or particularly strong winds. For figurative usage, **tempestad** is the preferred form.

Ayer, durante la **tormenta,** un rayo mató al hombre.	*Yesterday, during the storm, a bolt of lightning killed the man.*
Ellos dicen que este **temporal** va a durar tres días.	*They say this storm will last three days.*
Una violenta **tempestad** nos pilló antes de llegar al puerto.	*A violent storm caught us before we reached the harbor.*
El discurso político de ella ha levantado **una tempestad** tremenda.	*Her political speech has raised a tremendous storm.*

13

la faz	face
la cara	face
el rostro	face

La faz translates English *face* in expressions like *face of the earth.* It is also used as a literary synonym of **cara,** the standard word for *face* in Spanish. **El rostro** is a common synonym for **cara** in written Spanish, and is especially common to indicate *face* when the face expresses some emotion or feeling.

Don Enrique se ha lavado la **cara** antes de venir.	*Don Enrique washed his face before coming.*
El **rostro** de ella se puso serio cuando le anunciamos la decisión.	*Her face became serious when we announced the decision to her.*

14

la montaña	mountain
el monte	mountain; backwoods, brushland
la sierra	mountain range, sierra

Both **la montaña** and **el monte** mean *mountain.* Specific mountain ranges are rendered with either **montañas** or **montes,** understood or occasionally expressed. A single mountain standing out for its elevation or shape is usually translated as **el monte. Monte** is also used frequently to indicate terrain that may be but isn't necessarily elevated, and which constitutes an uncultivated, rather wild area partially covered by trees, underbrush, or both. Finally, certain mountain ranges have acquired the designation **sierra,** *saw,* with or without further geographic specification, because of the similarity between the mountain tops and the teeth of a saw.

Las (montañas) Rocosas se extienden desde Nuevo México hasta Alaska.	*The Rockies (Rocky Mountains) stretch (run) from New Mexico to Alaska.*
Nosotros vamos a **los Alpes** a esquiar.	*We are going to the Alps to ski.*
El monte Everest es el más alto del mundo.	*Mount Everest is the highest [mountain] in the world.*
Casi mil hectáreas de bosque y **monte** bajo fueron destruidos por el incendio forestal.	*Almost one thousand hectares of forest and low brushland were destroyed in the forest fire.*
Después del crimen, huyó al **monte** vecino.	*After the crime, he fled to the nearby backwoods (wild country).*
La revolución cubana empezó en la **Sierra** Maestra.	*The Cuban Revolution began in the Sierra Maestra.*

15

sacudir	to shake
temblar	to shake, to tremble
agitar	to agitate; to shake, to wave

In the sense of moving something or someone to and fro quickly, even violently, *to shake* is **sacudir.** In the sense of causing a person or thing to tremble or quake, *to shake* is **hacer temblar.** Intransitively, **temblar** indicates *to shake* or *to tremble.* **Agitar** can sometimes also replace **sacudir.**

El temblor **sacudió** las ciudades cercanas a Tokio.	*The earthquake shook the cities near Tokyo.*
La catástrofe **sacudió** la conciencia nacional.	*The catastrophe shook the national conscience.*
El bombardeo **hizo temblar (sacudió)** la casa.	*The bombing shook the house.*
El pobre **temblaba** de frío.	*The poor man shook from the cold.*
Los manifestantes **agitaban** los brazos con entusiasmo.	*The protestors were shaking (waving) their arms enthusiastically.*

16

sepultar	to bury
enterrar	to bury

Although both **sepultar** and **enterrar** render English *to bury,* there are some cases in which they are not mutually substitutable. **Enterrar** always means *to put something or someone underground, in the earth itself.* **Sepultar** may share this meaning, but in addition means *to bury above ground,* such as a body in a mausoleum. Also, **sepultar** is used when English *to bury* refers not to the placing of someone or something underground in the earth, but to his or its being *covered* or *hidden from sight* by dirt, rocks, or rubble, as in an accident or bombing.

¿Dónde **enterraron** el tesoro los piratas?	*Where did the pirates bury the treasure?*
Nosotros **enterramos (sepultamos)** a mi abuelo en el cementerio de la iglesia metodista.	*We buried my grandfather in the cemetery of the Methodist church.*
Los esquiadores murieron **sepultados** por una avalancha.	*The skiers died, buried by an avalanche.*

17

desplazarse   to move, to shift
desplazar   to move, to shift; to take the place of

In its reflexive construction, as in the essay illustration, **desplazar** means *to move, to shift,* or *to slide* and is a common partial synonym of **ir.** However, **desplazarse** stresses the changing or shifting of position or location more than do **ir** and other synonyms such as **moverse,** *to move.* In its nonreflexive construction, the verb **desplazar** has two meanings: *to change the position of a thing or person* and *to take someone's place.*

Con el terremoto, **se desplazaron** los muebles del cuarto.	*With the earthquake, the furniture in the room moved around (shifted its location).*
Los glaciares **se desplazan** lentamente.	*Glaciers move very slowly.*
El tigre **se desplazaba** hacia delante y hacia atrás en su jaula.	*The tiger moved back and forth in its cage.*
Vamos a **desplazar** la mesa hacia la ventana.	*Let's move (slide) the table toward the window.*
Nadie puede **desplazar** a nuestro querido jefe.	*No one can take the place of our dear boss.*

18

el incendio   fire
el fuego   fire
quemar   to burn
arder   to burn, to be on fire
incendiar   to burn, to set on fire
encender   to ignite, to light

El incendio implies the destructive burning of buildings, forests, etc. El **fuego** is *fire* in its essential meaning of *chemical combustion that produces heat and light.* However, sometimes **fuego** is used as a synonym of **incendio.** Three verbs in Spanish render English *to burn.* **Quemar** is the basic word and may indicate the deliberate or accidental burning of something or someone. **Arder** is used intransitively to indicate that something is burning or is on fire. It often suggests visible flames or combustion. **Incendiar** can replace **quemar** when the speaker stresses the destructive aspect of burning or arson. Do not confuse **incendiar** with **encender,** *to light, to ignite, to turn on,* etc.

Los bomberos acudieron a extinguir el **incendio (fuego).**	*The firefighters rushed off to put out the fire.*
Mi hija nunca juega con **fuego.**	*My daughter never plays with fire.*
Vamos a **quemar** esta basura.	*Let's burn this trash.*
A la cocinera **se** le **ha quema-do** la carne.	*The cook has burned the meat.*
Juana **se quemó** la mano con la plancha.	*Juana burned her hand with the iron.*
En el puerto, **ardieron** en forma espectacular 200 tone-ladas de petróleo.	*In the harbor, 200 tons of oil burned in a spectacular fashion.*
Se incendió la fábrica de muebles.	*The furniture factory caught fire.*
Él **encendió** otro cigarrillo y se marchó.	*He lit another cigarette and went away.*

19

el vidrio	glass
el cristal	glass, crystal

Common glass is **vidrio** in Spanish. Often **cristal** is used synony-mously with no appreciable difference in meaning. However, in care-ful usage, **cristal,** which also means *crystal,* is preferred for thicker or better quality glass, such as that used in eyeglasses, mirrors, etc. **Cristal** in the plural has two special meanings: *fragments of broken glass* and *the window of an automobile or other vehicle.* In this latter case it is a synonym of the more common **ventanilla.**

En la tienda de licores se vende cerveza en latas de alu-minio o botellas de **vidrio.**	*In the liquor store they sell beer in aluminum cans or in glass bottles.*
El pájaro disecado tiene ojos de **cristal.**	*The stuffed bird has glass eyes.*
Después del accidente, la calle estaba llena de **cristales.**	*After the accident, the street was full of broken glass.*
¿Quieres bajar un poco los **cristales** (las ventanillas)?	*Will you please close the win-dows a bit?*

Ejercicios

Comprensión de la lectura

De las cuatro respuestas que se indican para cada pregunta, seleccione Ud. la correcta, de acuerdo con el ensayo. También indique brevemente por qué las otras opciones son incorrectas.

1. Los desastres naturales ocurren porque _____.
   a. ciertas áreas del globo están superpobladas
   b. el hombre insiste en vivir en zonas peligrosas
   c. la tierra se caracteriza por la violencia geológica y meteorológica
   d. la Naturaleza es siempre indiferente ante la vida humana

2. Las inundaciones que producen mayor número de víctimas ocurren _____.
   a. cuando se rompen presas grandes
   b. en zonas básicamente agrícolas
   c. cuando se deshielan las nieves invernales
   d. en zonas básicamente urbanas

3. Los tornados son terriblemente destructivos por _____.
   a. originarse dentro de grandes tormentas eléctricas
   b. alcanzar sus vientos gran velocidad
   c. hacer volar por el aire vagones de ferrocarril
   d. moverse de un modo azaroso e impredecible

4. Los tornados en los Estados Unidos suelen _____.
   a. ocurrir en cualquier época del año
   b. despellejar vivos a los animales
   c. afectar ciertas regiones más que otras
   d. causar más daños en estados adyacentes

5. Los terremotos _____.
   a. son más fuertes a lo largo de las fallas grandes
   b. se dan si la superficie de la tierra es débil
   c. sólo ocurren donde hay grandes montañas
   d. ocurren más en California que en cualquier otro lugar

6. Ya que los terremotos son inevitables, lo mejor es _____.
   a. resignarse ante su inevitabilidad
   b. construir edificios tan fuertes que los resistan
   c. seguir el sistema chino para predecirlos
   d. organizar a los ciudadanos para protegerse

La palabra adecuada

A. Para cada frase que sigue, elija Ud. la palabra o expresión que complete mejor el sentido.

1. En México, la antorcha olímpica _____ por primera vez en un país de habla hispana.
   a. se quemó
   b. tembló
   c. ardió

2. El hombre _____ no comprende la complicada política económica de este gobierno.
   a. vulgar
   b. ordinario
   c. grosero

3. Los comentarios de María han motivado una _____ de protestas.
   a. tempestad
   b. crecida
   c. montaña

4. El anciano se _____ con un trozo de pan seco.
   a. sofocó
   b. estranguló
   c. atragantó

5. La revolución _____ la imaginación de los estudiantes universitarios.
   a. apagó
   b. sacudió
   c. incendió

6. La ciudad fue destruida en cinco minutos por el _____.
   a. sismo
   b. incendio
   c. temporal

B. De acuerdo con las notas de **Expansión de vocabulario** utilice la palabra o expresión que complete mejor el sentido de cada frase. En algunos casos puede haber más de una palabra apropiada.

1. En Pensilvania, la venta de ropa está _____ de impuestos.

2. Cuando _____ un río, se inunda el terreno adyacente.

3. Según Dante, el alma del conde Ugolino _____ en el infierno.

4. María se compró un fino florero de _____ para poner las rosas que le regalaron.

5. Construyeron el mercado en el mismo lugar donde _____ un hotel durante el terremoto.

6. Muchos animales _____ en la riada.

C. Complete las frases que siguen, escogiendo las palabras que mejor correspondan al sentido, modificándolas gramaticalmente siempre que sea necesario. No use ninguna palabra más de una vez.

incendio	libre	gratis	desplazar
salirse	derramarse	encender	desplazarse
cara	temblar	sepultar	quemar
tormenta	librarse	rostro	enterrar

1. Una gran _____ invernal dejó las casitas casi _____ por la nieve.

2. Si compra una camisa hoy, le daremos otra _____, dijo el tendero con una sonrisa en el (la) _____.

3. Al anciano le _____ tanto el cuerpo que tiene que _____ por la casa en una silla de ruedas.

4. Con tanta lluvia, el río _____ de su cauce y empezó a _____ por el campo.

5. Habían _____ un pequeño fuego para defenderse del frío pero la llama se extendió hasta _____ todo el bosque.

6. Como todos quieren _____ del despotismo del gerente, pronto será necesario _____ lo con alguien más idóneo.

Preguntas textuales

1. ¿Por qué es inexacto llamar desastres naturales a ciertos fenómenos geológicos y meteorológicos que ocurren en la tierra?

2. ¿Por qué causas el ser humano sigue exponiéndose a nuevos riesgos ambientales?

3. ¿De qué modos diferentes puede desbordarse un río?

4. ¿Qué inundación se ha hecho famosa en los Estados Unidos? ¿Qué inundación ocurrida en Italia se ha hecho famosa y por qué?

5. ¿Qué aspecto presenta a la vista la parte más destructiva de un tornado?

6. ¿Cuál ha sido hasta ahora el tornado más destructivo ocurrido en los Estados Unidos?

7. Cuando se desplazan las placas o los bloques tectónicos, ¿qué ocurre en la superficie de la tierra?

8. ¿Cuál es el mayor riesgo de vivir cerca de una gran falla sísmica como la de «San Andreas» en California?

Preguntas de interpretación y opinión

1. ¿Hasta qué punto cree Ud. que en el futuro se podrá controlar la fuerza de la naturaleza?

2. ¿En qué lugar o lugares de los Estados Unidos no viviría Ud. a causa de los desastres naturales que allí ocurren? Explique por qué.

3. Comente el efecto que ha tenido sobre Ud. el presenciar en la televisión imágenes de un desastre natural reciente en los Estados Unidos o en otra parte del mundo?

4. ¿Cuáles, cree Ud., serán hoy las consecuencias de un fuerte y prolongado terremoto en la ciudad donde vive Ud., o en otra, como Los Ángeles, San Francisco o Seattle?

5. ¿Ha sentido Ud. en algún momento miedo o angustia debido a algún fenómeno de la naturaleza? Explique la circunstancia.

6. Comente Ud. una película u obra literaria en que aparezca alguna manifestación de la violencia de la naturaleza e indique cómo está tratado.

7. ¿Se cree Ud. preparado psicológicamente para soportar mejor un tipo de desastre natural que otro? ¿Por qué?

8. ¿Qué papel debe tener, a su juicio, el gobierno, en la protección de los ciudadanos contra los riesgos de la naturaleza? ¿Cree Ud. que nuestro gobierno cumple ese deber?

9. Indique Ud. por qué razones cree o no que los desastres naturales son una especie de castigo de la naturaleza o de Dios contra la arrogancia del ser humano.

10. Explique Ud. si teme más las consecuencias de algún desastre natural que las de un desastre causado por el hombre, en forma deliberada o accidental.

9 La destrucción del medio ambiente

Es muy común hablar de la necesidad de proteger el **medio ambiente**[1] ante los excesos° de nuestra moderna sociedad industrial. Pero en realidad, el problema de la destrucción de la naturaleza no es un fenómeno nuevo, ni es justo considerar a la industria moderna como la única entidad° responsable. Hay otros factores que también han contribuido al deterioro de nuestro medio ambiente.

excesses, abuses

entity

La existencia del hombre sobre la tierra siempre ha implicado un conflicto con la naturaleza. Es probable que este conflicto se manifestara por primera vez cuando los cazadores paleolíticos, nuestros remotos antepasados, exterminaron ciertas especies° animales para sobrevivir°. En una etapa más avanzada, la de la civilización agrícola, los agricultores cortaron y quemaron árboles para **despejar**[2] los **bosques**[5] y conseguir así más **terrenos**[3] para **sembrar**[4]. Como consecuencia de esa acción, y a través de las diferentes eras de la historia humana, los bosques y las **selvas**[5] han ido disminuyendo en cantidad y extensión. Aunque este proceso ha sido detenido en ciertos países en el siglo XX mediante una política° de repoblación forestal°, en otros, sobre todo en Asia, África y Sudamérica, esa destrucción forestal continúa. En los países pobres del mundo es donde más se observan las consecuencias de la deforestación provocada por esa necesidad de **extender**[6] el terreno para la **agricultura**[7] o por otras necesidades como la de obtener combustible° y la de conseguir madera para la exportación.

species
to survive

policy / reforestation

fuel

El ser humano ha podido así roturar° y sembrar más tierra pero ha contribuido también a la erosión creciente del suelo. Por ignorancia, tanto como por necesidad, nuestros antepasados nos han dejado un suelo empobrecido y agotado° por el peso de muchos siglos de civilización agrícola. En España, por ejemplo, el empobrecimiento de la tierra es evidente desde hace mucho tiempo. Los grandes bosques de la Edad Media se destruyeron al utilizarse la madera en la construcción de **barcos**[8] para convertir al país en una gran potencia naval. La pérdida de esos árboles, a veces centenarios° y de difícil regeneración, dejó grandes zonas del país vulnerables a la erosión del viento y del agua. Los terrenos, desprovistos° de defensas naturales, perdieron la capacidad de absorber y **conservar**[9] el agua de lluvia; muchos ríos quedaron así casi sin agua, y otros más pequeños se secaron del todo°.

to break, to plow for the first time
exhausted

hundreds of years old
deprived

completely

Las tierras de inferior calidad que sólo servían para pastar°, fueron *grazing*
devastadas por animales herbívoros. En la época medieval, cuando
España era el primer país europeo productor de lana, los enormes
rebaños[10] de ovejas dejaron inmensas extensiones sin vegetación alguna. Algo similar pasaría siglos después en el sudoeste de los Estados
Unidos donde vastas manadas de reses° dejaron la tierra sin la capa *cattle*
protectora de vegetación. En fin, la explotación ganadera° ha contri- *cattle-raising*
buido, lo mismo que la agrícola, a la destrucción de bosques, praderas
y montes, a la erosión del suelo fértil y a la pérdida de ríos y lagos.

A pesar del avance de los conocimientos humanos, el conflicto del
hombre con la naturaleza se ha agravado°. En nuestra era tecnológi- *has become more*
ca, la industria ha beneficiado al ser humano y ha fomentado enor- *serious*
memente su progreso material, pero ha creado también nuevos problemas ambientales°. A partir de la Revolución Industrial, que se pro- *environmental*
dujo primero en Inglaterra y luego en otros países europeos, aparece
ya la contaminación provocada por la industria, que hoy en día es un
problema casi universal y afecta tanto a los países ricos como a los
pobres. En muchos países pobres, donde la polución es muy fuerte,
apenas se presta atención al problema por el excesivo gasto que
requieren la limpieza y conservación del ambiente. El poco capital
disponible° se utiliza en aumentar la producción industrial y en crear *available*
más empleos, y no en tareas de mantenimiento del medio ambiente.

Con la rápida industrialización de gran parte del mundo producida
en la segunda mitad del siglo XX, la contaminación del aire, del agua
y del suelo se ha convertido en un problema internacional. Los gases
producidos por la industria pesada, mezclados con la humedad
atmosférica, forman nubes de polución que los vientos transportan
de país a país. Esta clase de contaminación del aire es frecuente también en ciertas áreas industriales de los Estados Unidos, donde afecta
no sólo a regiones vecinas, sino también al Canadá. Estas nubes de
polución se transforman en «lluvia ácida» que destroza valiosos bosques y mata los peces en los ríos y los lagos. Las pruebas de armas
nucleares contaminan la atmósfera de un modo más siniestro; aunque se realizan en **parajes**[11] remotos y desiertos, los vientos pueden
llevar la radioactividad a los extremos de la tierra.

Los que vivimos en ciudades como Los Ángéles, México, Madrid,
Tokio y Atenas sabemos que dadas ciertas condiciones atmosféricas,
los gases de los automóviles, al combinarse con la contaminación
industrial, crean «smog» y tornan al aire dañino° y casi irrespirable. *harmful*
Las personas que no tienen más remedio que° vivir cerca de refiner- *who have no*
as de petróleo o de fábricas como las de cemento o de productos quí- *other choice*
micos **padecen**[12] más enfermedades respiratorias graves que el resto *than*
de la población.

La contaminación de las aguas es también un fenómeno moderno.
Ya hemos hablado de la «lluvia ácida» que envenena aguas alejadas
de la fuente° de contaminación. Pero a menudo esa contaminación es *source*

producida por las fábricas que **arrojan**[13] sus **desperdicios**[14] industriales directamente a ríos y lagos. En muchos países existen leyes que obligan a las compañías a filtrar o purificar previamente estos desechos, pero en ocasiones las purificadoras se **estropean**[15] o funcionan mal, o las compañías hacen caso omiso de° los reglamentos°.

Pero no son las industrias las únicas culpables; a veces los agricultores mismos usan insecticidas o herbicidas de demasiada potencia o en excesiva cantidad. Esas sustancias son productos químicos, cuyos elementos muchas veces no se descomponen con facilidad y por eso no pierden su toxicidad. Acarreados° después por la lluvia, llegan a los ríos donde matan peces y otras formas de vida animal. Hay ríos, lagos, lagunas y estuarios en los que ya no existen peces, reptiles ni aves acuáticas. Los grandes **océanos**[16] tampoco están a salvo de° la contaminación industrial. Si un gran buque petrolero° se hunde cerca de la costa o, lo que es más frecuente, se rompen los caños de una explotación submarina de petróleo, el mar puede contaminarse de tal forma que la pesca de mariscos y de peces queda anulada durante años, causando un desastre económico para la región. El mar sirve también para el desagüe° de los desperdicios humanos. En muchos sitios las aguas están tan infectadas que ya nadie puede **bañarse**[17] en ellas. Ocurre esto en varias costas del mar Mediterráneo que es, irónicamente, la cuna de nuestra civilización occidental.

La tierra sufre también contaminación como el aire y el agua, pero acrecentada° por la acción que estos elementos ejercen sobre ella. En años recientes, se ha descubierto que muchos lugares usados por la minería y la industria química para depositar o enterrar los residuos, son ahora focos de amenaza para la vida humana A veces encierran sustancias que producen cáncer u otras enfermedades graves. Estas sustancias peligrosas se han ido filtrando, debido a la acción de las lluvias, hasta las capas subterráneas donde emponzoñan° la napa° de agua potable°. Las inundaciones o lluvias muy fuertes extienden o llevan, a veces, la contaminación a terrenos adyacentes donde se cultivan **jardines y huertas**[18].

Hoy, que sabemos mucho más acerca de la naturaleza y el ambiente, podemos disculpar los destrozos ambientales causados por la ignorancia de nuestros antepasados y por su explotación, excesiva aunque muchas veces necesaria, de los recursos naturales. El movimiento ecologista ha aguzado° aún más nuestra conciencia del problema. Ello nos obliga a adoptar, como ya se está haciendo en muchos sitios, una nueva política ambiental. Debemos seguir fomentando la industria, pero sin olvidarnos de la ecología. El mundo ya no puede permitirse el lujo de mantener una mentalidad egoísta y materialista en perjuicio de° todos los otros valores y aun de la vida misma.

Ya hay señales esperanzadoras° de un cambio de actitud. Crece en el mundo el interés por la ecología y por la conservación de la naturaleza. Junto a este interés existe una preocupación por restaurar en lo

ignore, disregard / regulations, rules

transported, carried along

safe from
oil tanker

outlet, drain

increased

they poison /
underground
sheet / drinkable, potable

has sharpened

to the detriment of / hopeful

posible lo que ya se ha perdido: limpiar los ríos contaminados para que vuelvan a llenarse de peces y para que sus aguas **recobren**[19] la calidad que tenían, repoblar con árboles grandes extensiones de tierra deforestada, convertir territorios desérticos en nuevas zonas de vegetación. Las futuras generaciones nos juzgarán por el éxito que tengamos en esta tarea de conservar y mejorar la tierra en que todos tenemos que vivir.

Expansión de vocabulario

I

el medio ambiente	environment
el medio	surroundings, environment
el ambiente	environment; atmosphere (fig.)
la atmósfera	atmosphere (phys.)

English *environment,* especially in the sense of our natural physical environment, is **medio ambiente,** a compound of two nouns of similar meaning. **Medio** refers to the element or place in which people (or animals) live; it sometimes has a social connotation. **Ambiente** is our surroundings in general, especially as they influence our lives. By extension, **ambiente** may be used for the psychological climate or atmosphere of a given place. **Atmósfera** refers to the air or gases surrounding the earth or any other celestial body.

Los ecologistas quieren proteger el **medio ambiente.**	*Ecologists want to protect the environment.*
Juan pasó su juventud en un **medio** rural.	*Juan spent his youth in a rural environment (setting).*
Los peces viven en un **medio** acuático.	*Fish live in an aquatic environment.*
El **ambiente** cultural y político del norte y del sur de California son muy diferentes.	*The cultural and political environments of northern and southern California are very different.*
El **ambiente** de este restaurante no me gusta nada.	*I don't like the atmosphere of this restaurant at all.*
¿Cómo es la **atmósfera** de Marte?	*What is the atmosphere of Mars like?*
La **atmósfera** en este lugar es irrespirable.	*The air (atmosphere) in this place is unbreathable.*

2

despejar	to clear [out], to clarify
aclarar	to clear, to clarify; to thin

The meanings of **despejar** and **aclarar** coincide in certain contexts. **Despejar** is preferable for most equivalents of English *to clear* or *to clear out (up, off)*, that is, when the meaning is to remove that which is occupying, obstructing, or blocking something or some place. As the root **claro** *(bright light)*, implies, **aclarar** means *to make less dark or more transparent in color* or *thinner* when referring to liquids. **Aclarar** also means *to clear up* or *to clarify* the understanding of something, a meaning sometimes shared by **despejar.** Both verbs are used reflexively and transitively, as shown in the following examples.

La policía **está despejando** la plaza de manifestantes.	*The police are clearing the square of protesters.*
Tuve que **despejar** la mesa para poder escribir.	*I had to clear the table to be able to write.*
Ella salió a tomar aire para **despejarse** la cabeza.	*She went out to get some fresh air in order to clear her head.*
Tu explicación **ha aclarado (despejado)** algunas de mis dudas.	*Your explanation has clarified (cleared up) some of my doubts.*
Debes **aclarar** un poco la sopa.	*You should thin (dilute) the soup a bit.*
Se aclaró (despejó) el cielo de nubes antes de que llegáramos.	*The sky cleared [up] before we arrived.*

3

el terreno	land, ground; plot, terrain
la tierra	earth, ground, dirt, soil
el suelo	ground, dirt, soil
el piso	ground (Sp. Am.); apartment (Sp.)

Essentially, **el terreno** implies land delimited in size and destined for a specific purpose such as farming, grazing, construction, etc. **La tierra,** in addition *to Earth,* the planet we inhabit, also means *the earth or dirt that covers part of that planet.* Its meaning can thus coincide with one of the meanings of **suelo,** which is that of *soil* or *earth* in which plants grow. More commonly, however, **suelo** is used in the context of the surface of the earth on which we walk, even when covered by lawns, sidewalks, floors, etc. In these uses it is often translated by *ground* or *floor* in English. *Ground* in this context is also often translated by **piso** in much of Spanish America, but not in Spain, where **piso** means *apartment* or *condominium*.

La casa de campo de María está construida sobre un gran **terreno.**	*Her country house is built on a large piece of land.*
Este **terreno** sólo sirve para cultivar papas.	*This [piece of] land is good only for growing potatoes.*
La geografía ofrece una descripción de la **tierra.**	*Geography provides a description of the earth.*
Nosotros buscamos **tierra** más fértil para las macetas.	*We are looking for more fertile soil for the flowerpots.*
En Iowa, la **tierra** (el **suelo**) tiende a ser negra(o).	*In Iowa, the earth (soil) tends to be black.*
El **suelo (piso)** de mi casa es de madera.	*The floor of my house is made of wood.*
Él tropezó y se cayó al **suelo (piso).**	*He tripped and fell to the ground (on the floor).*

4

sembrar	to plant, to sow
plantar	to plant
el sembrado	field, plot
el campo	field, countryside

Sembrar is *to plant seeds*. It also renders *to sow* but is used far more than this English translation equivalent. **Plantar,** too, means *to plant* and generally is used for everything but seeds. The general word for *field*, **el campo**, is usually replaced by **el sembrado** when referring to a planted field or terrain, or one which is normally planted with seeds in season.

Este año nosotros **sembraremos** rábanos, guisantes y lechugas.	*This year we will plant radishes, peas, and lettuce.*
La alfalfa recién **sembrada** ha brotado con exuberancia.	*The recently planted alfalfa has sprouted with exuberance.*

Los vecinos **plantaron** pinos delante de la casa.	*The neighbors planted pine trees in front of the house.*
Mi esposa **ha plantado** geranios en el jardín.	*My wife has planted geraniums in the garden.*
Los **sembrados** de trigo suelen ser más pequeños en Francia que en los Estados Unidos.	*The wheat fields (fields of wheat) are usually smaller in France than in the United States.*
Algún día nosotros vamos a sembrar de maíz esos **campos.**	*Someday we are going to plant (sow) those fields with corn.*

5

el bosque	forest, woods
la selva	forest, woods, jungle
la jungla	jungle

Bosque and **selva** are close synonyms in Spanish. **Bosque** has the broader meaning, for the word implies no limitations as to density or sparsity of trees, in a natural or cultivated. **Selva,** however, is used only for extensive, natural areas of thick arboreal growth. **Jungla,** *jungle,* a word originally borrowed from English, is used much less in Spanish than **selva.** It implies thick, entangled vegetation, arboreal or not, and is used mostly in reference to certain parts of India and Asia. It is, however, often used metaphorically.

En California y Oregón hay hermosos **bosques** de pino Douglas y cedro rojo.	*In California and Oregon there are beautiful forests of Douglas fir and redwood.*
La lluvia ácida ha destruido muchos pinos en la **Selva** Negra.	*Acid rain has destroyed many pines in the Black Forest.*
La acción de la novela ocurre en la **selva** ecuatorial.	*The action of the novel takes place in the equatorial forest (jungle).*
Todavía hay tigres en las **junglas** de la India.	*There are still tigers in the jungles of India.*
Estoy perdido en una **jungla** de problemas.	*I'm lost in a jungle (labyrinth) of problems.*

6

extender	to extend; to spread
cundir	to spread
esparcir	to spread, to scatter
pegar	to spread

Extender, *to extend,* also conveys the most basic meanings of English *to spread,* which are *to make or occupy more space* and *to distribute more widely over an area.* It also means *to make or to become widely known.* **Cundir** often replaces **extender** in the latter sense, especially with intangible things such as news, panic, rumors, customs, etc. **Esparcir** is *to spread* in the sense of *distributing or scattering* that which is close together. **Pegar,** literally *to hit* or *to stick,* means *to spread* when referring to contagious diseases. Except for **cundir,** these verbs are used both transitively and with the reflexive pronoun.

El gobierno **ha extendido** a 200 millas de la costa su jurisdicción territorial.	*The government has extended its territorial jurisdiction to 200 miles from the coast.*
Mi prima **extendió** sobre la mesa un mantelito muy limpio.	*My cousin spread [out] a very clean tablecloth on the table.*
Desde la cima de la montaña **se extendía** a nuestros pies un valle verde.	*From the top of the mountain, a green valley spread out at our feet.*
¡Cómo **cunde** el mal ejemplo!	*How bad examples spread!*
Cundió (se extendió) por todo el país la noticia de su muerte.	*The news of his death spread throughout the whole country.*
Ese labrador todavía **esparce** la semilla a mano.	*That farmer still sows (spreads) seed by hand.*
El sarampión **se pega** con mucha facilidad.	*Measles spreads very easily.*

7

la agricultura	farming, agriculture
el agricultor	farmer
agrícola *(adj.)*	farming, agricultural
la labranza	farming

el labrador	farmer, peasant
el campesino	peasant, farmer
el granjero	farmer
la granja	farm
cultivar (labrar) la tierra	to farm
criar animales	to farm, to raise livestock

In Spain and Spanish America, there is great dialectal variation in the terms that concern agricultural activities. Nonetheless, the most common word today for farmer, the person who works the land to produce food, is probably **agricultor.** More traditional words are **labrador,** from **labrar,** *to work, cultivate, or plow the soil,* and **campesino,** *peasant,* since country people have traditionally been farmers. These latter words are still used in some areas, but usually refer to small-scale, not highly mechanized farmers. **La granja** is probably the single best word for English *farm* in the sense of a modern working farm, in contrast to the country house or estate, on whose land certain agricultural activities may also be carried out, and the size for which vary widely from area to area. Finally, no single Spanish verb conveys the two meanings of English *to farm.* These are: to raise crops or animals or to use the land for one or both of these purposes. Instead, one must specify either **cultivar la tierra** or **criar animales,** *to raise livestock,* etc.

El **agricultor** moderno utiliza tractores y otras máquinas **agrícolas.**	*The modern farmer uses tractors and other farm machinery.*
España es todavía un país predominantemente **agrícola.**	*Spain is still a predominantly agricultural country.*
En esa época, Portugal era un pueblo de **campesinos** y pescadores.	*In that period, Portugal was a country of farmers and fishermen.*
La vida de los **labradores** es dura; trabajan de sol a sol.	*Farmers lives are hard; they work from sunrise to sunset.*
El **granjero** tenía una **granja** típica de Kansas.	*The farmer had a farm that was typical of the farms in Kansas.*
En esta región de California, la tierra **se cultiva** intensamente.	*In this region of California, the land is farmed intensively.*

8

el barco	boat, ship
la barca	small boat
el buque	ship
el bote (de remos)	(row) boat
la embarcación	vessel, boat
la nave	ship

Careful English usage distinguishes between *boat,* a smaller open vessel, and *ship,* a larger vessel for deep-sea or ocean navigation. In everyday usage, *boat* is often used for what is properly a *ship.* In Spanish, **barca** always indicates a very small boat suitable for fishing and navigating in lakes, rivers, and some coastal waters. **Barco** is the most commonly used of all words above. It is always larger than a **barca** and may be used for transporting cargo or passengers. **Barco** may translate either *boat* or *ship* in English. When, however, one refers to a large warship or ocean-going vessel, buque usually replaces **barco. Bote,** less commonly used than **barca,** is a small, flat boat propelled by oars. **Embarcación** doesn't have any particular shape or size but is a generic term referring to *water-going vessels* or *boats.* Finally, **nave** is especially common for *ship* in metaphorical language, but is used very little in everyday language.

En el puerto se ven **barcas** de pescadores.	*In the port you can see fishing boats.*
Mañana se botará en Norfolk otro **buque** de guerra.	*In Norfolk they will launch another warship tomorrow.*
Un **buque** petrolero se hundió cerca de la costa francesa.	*An oil tanker sank off the French coast.*
En el Río Amarillo nosotros vimos muchas de esas **embarcaciones** que se llaman sampanes.	*On the Yellow River we saw many of those boats (vessels) called sampans.*
Katherine Anne Porter escribió la novela **La nave** de los locos.	*Katherine Anne Porter wrote the novel* Ship of Fools.
En la *Guerra de las galaxias* aparecen muchas **naves** espaciales.	*In* Star Wars *there are many spaceships.*

9

conservar	to preserve, to keep, to conserve
preservar	to protect; to preserve
guardar	to keep, to preserve

English *to preserve* and *to conserve* overlap somewhat in meaning. However, **preserve** is the more common word; its principal meanings include *to keep something in an unchanged condition* and *to keep food from spoiling. To conserve* is *to keep something from harm or decay* or *to keep it safe for future use.* In Spanish it is **conservar** which is by far the more common word, and it translates almost all instances of English *to preserve.* Spanish **preservar** is a synonym of **proteger,** *to protect,* and indicates keeping something safe from danger or harm. **Guardar** also means *to keep* or *to conserve* something, but mostly in the sense of simply storing it or putting it aside for future use.

Todos nosotros queremos aprender cómo **conservar** nuestra salud.	*We all want to learn how to preserve (keep) our health.*
Portugal luchaba entonces por **conservar** sus colonias.	*Portugal was fighting then to keep (to preserve) its colonies.*
En las cámaras refrigeradoras **se conservan** frescas las frutas y verduras.	*In the refrigerated cases they keep the fruit and vegetables fresh.*
Las Naciones Unidas tratan de **preservar** la paz.	*The United Nations tries to protect (preserve, keep) peace.*
Nosotros tenemos que luchar por **preservar** nuestra libertad.	*We must fight to protect our liberty.*
Guarda ese dinero en la caja fuerte.	*Keep that money in the safe-deposit box.*

10

el rebaño	flock
la manada	herd
la bandada	flock
el hato	herd, flock

English *flock* is rendered by **el rebaño** when referring to sheep or goats, but by **bandada** when speaking of birds or fowl. **La manada** is the standard word for *herd* when speaking of cattle, or of wild animals that move or run together, such as zebras, buffalo, elephants, etc. **El hato,** a more formal word, can refer to either a herd or flock of domestic animals, but usually suggests that the group is smaller than a **rebaño** or that the animals are corraled or in the immediate care of shepherds, etc.

Los pastores cuidan un **rebaño** de ovejas.	*The pastors (shepherds) care for a flock of sheep.*
Carlos llevaba todos los días la **manada** de vacas al río.	*Everyday Carlos took the herd of cows to the river.*
La **bandada** de golondrinas llegó a San Juan Capistrano.	*The flock of swallows arrived at San Juan Capistrano.*
El cabrero se acercaba guiando un **hato** de cabras.	*The goat herder approached leading a flock of goats.*

I I

el paraje	place, spot, space
el lugar	place, spot, space
el sitio	place, spot, space
el local	place, premises

Paraje is a synonym of **lugar** and **sitio,** but connotes an isolated or remote location. **Sitio** and **lugar** are close synonyms, with **sitio** sometimes being preferred for smaller and more specific places. **Local** *is place* in the sense of a *closed and covered location* or *premises,* where commercial enterprise or some other activity regularly takes place.

Ellos lo dejaron abandonado en un **paraje** desierto.	*They abandoned him in a deserted place.*
Este lavaplatos no ocupa **lugar.**	*This dishwasher doesn't take up [much] space.*
Me iba a estacionar allí cuando alguien me tomó el **sitio.**	*I was going to park there when someone took my spot.*
Nosotros vamos a alquilar un pequeño **local** en la nueva galería.	*We are going to lease a small place (location) in the new shopping gallery.*

12

padecer	to suffer, to endure
sufrir	to suffer, to endure

To suffer is to be subjected to or *to endure physical pain, emotional grief, distress, or loss.* **Padecer** and **sufrir** both translate these meanings. **Sufrir,** however, is the more commonly used verb and its meanings include those of **padecer,** which may replace **sufrir** in contexts involving serious pain or chronic illness. Note that **sufrir** and **padecer** may both be followed by the preposition **de.**

Las personas que **padecen** de artritis son numerosas.	*The number of persons who suffer from arthritis is large.*
Él se suicidó debido a la enfermedad crónica que **padecía.**	*He committed suicide because of the chronic illness he suffered.*
Ella **sufre** la dura experiencia de tener que vivir en el exilio.	*She is suffering (enduring) the harsh experience of having to live in exile.*
Los soldados **sufrieron** un accidente de tránsito en Guadalajara.	*The soldiers were in (had, suffered) a trafflc accident in Guadalajara.*

13

arrojar	to throw, to hurl, to fling
tirar	to throw, to cast, to throw away
lanzar	to throw, to hurl, to fling
echar	to throw, to cast, to toss, to fling

There is no absolute difference between *to throw* and its most common synonyms in English. However, *to hurl* and *to fling* normally indicate *to throw with considerable force,* whereas *to toss* usually suggests *to throw something light in weight in a less forceful way.* Likewise, the four Spanish verbs above indicating *to throw* have meanings that overlap. **Arrojar,** which may be rendered by *to dump* in the essay example, usually suggests considerable force, precipitation, or even violence in the action. **Tirar,** the most common of the four verbs, means *to throw anything through or into the air.* This is also the basic meaning of **lanzar.** (Both verbs mean *to pitch* in Spanish America, and **tirador** and **lanzador** are both used for *baseball pitcher.*) **Tirar** is also the standard verb for *to throw away* or *to throw out* in the sense of discarding something. The English equivalent of **echar** is to *toss*. Nonetheless, both **echar** and **arrojar** translate *to throw someone out of some place* or *to dismiss* or *to fire* someone from a job.

El mar **ha arrojado** a la playa el cadáver de un francés.	*The sea has thrown the body of a Frenchman up onto the beach.*
Él **se arrojó (tiró, lanzó)** desde la azotea a la calle.	*He threw himself from the roof onto the street.*
Los niños **tiraron** piedras al forastero.	*The children threw stones at the stranger.*
La estrella de los Esquivadores **tira (lanza)** la pelota a una velocidad de 95 millas por hora.	*The Dodgers' star throws the ball at a speed of 95 miles per hour.*
Ayer **lanzaron** otro cohete al espacio.	*Yesterday they launched another rocket into space.*
Debes **tirar** ya esos zapatos viejos.	*You should throw those old shoes away.*
Los suizos **echaron** al estudiante extranjero del país.	*The Swiss expelled the foreign student from the country.*
A mi hermana la **echaron** de su trabajo.	*They dismissed (fired) my sister from her job.*

14

el desperdicio	waste, residue
el desecho	waste, residue
la basura	trash, garbage, rubbish
desperdiciar	to waste
desechar	to throw out, to reject, not to use

Desperdicio and **desecho** (used in the singular and plural) both translate *waste* in the sense of *that which is left over after something is made or produced*, and *that which is thrown away because it's not wanted*. **Desperdicio** also indicates that part of something (especially food) which either isn't usable or isn't used because of carelessness, lack of thriftiness, etc. **Desecho** is synonymous with **desperdicio** but is used little for food, and it may stress the total worthlessness of what is discarded. **Basura** may render either *trash* or *garbage*, because Spanish doesn't make an absolute distinction between organic and inorganic wastes. Notice the special meaning of **desechar** which also means *not to use something* or *to reject an idea because it seems bad or useless.*

Ellos usaban los **desperdicios** del restaurante para alimentar a los cerdos.	*They used the garbage (waste) from the restaurant to feed the hogs.*
Los niños estaban jugando con los **desechos** metálicos de la fábrica.	*The children were playing with scrap metal from the factory.*
Él es un mal cocinero y **desperdició** lo más sabroso del pescado.	*He's a bad cook and wasted the tastiest part of the fish.*
Ellos **han desechado** la ropa porque estaba muy gastada.	*They threw out the clothes because they were very worn.*
Mi abuela **desechó** la idea de comprar un condominio.	*My grandmother rejected (turned down) the idea of buying a condominium.*
Los basureros recogen la **basura** a las 5:00 A.M.	*The trash (garbage) collectors pick up the trash (garbage) at 5:00 A.M.*

15

estropear(se)	to ruin, to damage, to spoil; to break down (reflex)
averiar(se)	to ruin, to damage, to spoil; to break down (reflex.)
echar(se) a perder	to spoil, to ruin, to go bad
arruinar(se)	to ruin

In certain uses, the Spanish words for *to ruin* and *to spoil* are close synonyms. Of the verbs above, **estropear** has the highest frequency of use and the broadest range of meanings. It indicates *to damage or greatly impair the usefulness of something*. It also indicates *to spoil* in the sense of *to cause a plan or project to fail*. **Estropearse** is very commonly used to indicate that something has *broken down* or *is not working*. However, when the breakdown is in a vehicle, machine, or major appliance, **averiar(se)** tends to replace **estropear(se)**. **Echar(se) a perder** refers mostly to foods and beverages, although metaphorically it may be used for persons or things that lose their good qualities. Finally, **arruinar** means *to ruin* mostly in a financial sense, although sometimes it is applied to health or to indicate very great physical damage to things.

La lluvia **estropeó** nuestra excursión al campo.	*The rain spoiled (ruined) our excursion to the country.*
El molinillo de café **está estropeado.**	*The coffee grinder is broken.*
Se me **averió (estropeó)** el coche en la carretera.	*My car broke down on the highway.*
Si usas tanta sal, **echarás a perder** la sopa.	*If you use too much salt, you'll ruin the soup.*
Con el mucho calor, **se echó a perder** la ensalada de papas.	*Because of the very hot weather, the potato salad spoiled (went bad).*
Alexis juró que **arruinaría** a su exmarido.	*Alexis swore that she would ruin (bankrupt) her former husband.*
El beber tanto le **ha arruinado (estropeado)** la salud a él.	*Drinking too much has ruined his health.*

16

el océano	ocean
el mar	sea, ocean

El océano is used less than its cognate *ocean* in English. Unless an ocean is referred to by its specific geographic name, **el océano Índico,** *the Indian Ocean,* for example, Spanish normally uses **el mar** to render what is both *ocean* and *sea* in English. **Mar** is also used as a feminine noun in Spanish, although much less often than as a masculine noun. **La mar** normally reflects poetic or dialectal usage or is restricted to the language of fishermen, sailors, etc. However, if the name of a particular sea is mentioned, the gender of **mar** is always masculine: **el mar Negro,** *the Black Sea.*

El **mar** cubre las tres cuartas partes de la tierra.	*The ocean covers three-quarters of the earth.*
El Pácifico es el más grande de todos los **océanos.**	*The Pacific is the largest of all the oceans.*
¿Quieres pasar las vacaciones cerca del **mar** o en las montañas?	*Do you want to spend your vacation near the ocean (sea) or in the mountains?*

17

bañarse	to bathe, to swim, to go swimming
nadar	to swim
la natación	swimming

English *to bathe* means *to take a bath* or *to wash oneself in water.* *To bathe* can also mean *to go swimming* or *to swim,* although this usage is becoming increasingly more obsolete in modern English. In Spanish, however, **bañarse** often has this meaning of *to go swimming* or *to swim.* **Nadar** renders *to swim* specifically in the sense *of propelling oneself through the water by means of arm and leg movements.*

Hoy ellos han ido a **bañarse** a Malibú.	*Today they went swimming at Malibu.*
Ellos **están bañándose** en el río.	*They are swimming in the river.*
El perro **nadó** hasta la otra orilla.	*The dog swam to the other shore.*
La **natación** es mi deporte favorito.	*Swimming is my favorite sport.*

18

el jardín	garden
la huerta	garden
el huerto	orchard
el jardinero	gardener
el hortelano	gardener

Spanish distinguishes between the place where ornamental plants are grown, **el jardín,** and the place where vegetables are grown, **la huerta.** In most parts of the Spanish-speaking world, **el huerto** is an orchard, although in some areas the meaning of this word is closer to that of **huerta.** Observe, too, that the word for *gardener* varies according to the kind of garden a person works in. Finally, there are many regionally specific words to indicate a garden where food plants are grown.

Nosotros visitamos un **jardín** japonés en un parque de San Francisco.	*We visited a Japanese garden in a park in San Francisco.*
Él sembró lechugas y remolachas en su **huerta.**	*He planted lettuce and beets in his garden.*
El **hortelano** vendía verduras frescas al lado del camino.	*The gardener sold fresh vegetables at the side of the road.*

19

recobrar	to recover, to recuperate
recuperar	to recover, to recuperate

Just as in English *to recuperate* and *to recover* mean *to regain what one has lost, so* also do **recobrar** and the more formal **recuperar** share this meaning. Both verbs can also be used reflexively to mean *to recover* or *to get better after an illness,* although **recuperarse** by itsef implies a fuller recovery than does **recobrarse.**

La joven, ciega de nacimiento, ha **recobrado (recuperado)** la vista.	*The young woman, blind from birth, has regained her eyesight.*
Quiero **recuperar (recobrar)** mi antiguo empleo.	*I want to get my old job back.*
Antes del descubrimiento de los antibióticos, poca gente **se recuperaba** de la tuberculosis.	*Before the discovery of antibiotics, few people recovered from tuberculosis.*

Ejercicios

Comprensión de la lectura

De las cuatro respuestas que se indican para cada pregunta, seleccione Ud. la correcta de acuerdo con el ensayo. También indique brevemente por qué las otras opciones son incorrectas.

1. La destrucción de bosques y selvas _____.
   a. empezó con los cazadores paleolíticos
   b. ha sido causada por necesidades agrícolas
   c. no se podrá detener nunca
   d. será peor en el futuro que ahora

2. Muchos bosques en España desaparecieron _____.
   a. por la acción directa del hombre
   b. al secarse los ríos
   c. por la acción de rebaños de ovejas
   d. al erosionarse el suelo

3. Hoy en día la contaminación industrial del medio ambiente
   _____.
   a. afecta más a los países ricos
   b. afecta poco a los países pobres
   c. se puede controlar mejor en los países ricos
   d. se puede controlar mejor en los países pobres

4. Lo que tienen de común la lluvia ácida» y el «smog» es que
   _____.
   a. se extienden a zonas lejanas
   b. son fenómenos atmosféricos
   c. requieren humedad para producirse
   d. afectan principalmente a las ciudades

5. Un ejemplo de la contaminación deliberada de las aguas es el
   _____.
   a. uso de insecticidas fuertes para la agricultura
   b. mal funcionamiento de las purificadoras de residuos
      industriales
   c. hundimiento de un gran buque petrolero
   d. uso del mar como desagüe de desperdicios humanos

6. Nuestros nuevos conocimientos de la ecología deberían
   impulsarnos a _____.
   a. limitar severamente el crecimiento de la industria
   b. proteger la naturaleza sin descuidar el crecimiento eco-
      nómico
   c. racionar el uso del agua y de otros recursos naturales
   d. restaurar el medio ambiente a su estado original

La palabra adecuada

A. Para cada frase que sigue, elija Ud. la palabra o expresión que
   complete mejor el sentido.

1. Dicen que el asesino siempre vuelve al _____ del crimen.
   a. local
   b. lugar
   c. paraje

2. En esa época de terrible pobreza nadie hubiera _____ ni una corteza de pan duro.
   a. arrojado
   b. tirado
   c. echado

3. Con la llegada de la policía, la muchedumbre se _____ precipitadamente por la plaza.
   a. expandió
   b. esparció
   c. estropeó

4. Como el avión se _____, salimos de Dallas con siete horas de retraso.
   a. estropeó
   b. averió
   c. echó a perder

5. _____, que transportaba miles de soldados, se hundió en el Océano Atlántico.
   a. La barca
   b. La nave
   c. El buque

6. El pobre labrador soñaba con cultivar algún día _____ que no fuesen de otro dueño.
   a. terrenos
   b. suelos
   c. jardines

B. De acuerdo con las notas de *Expansión de vocabulario,* utilice la palabra o expresión que complete mejor el sentido de cada frase. En algunos casos puede haber más de una palabra apropiada.

1. Después del terrible accidente en la autopista, los bomberos tuvieron que _____ la carretera, retirando los automóviles y los cadáveres.

2. Aquí nosotros _____ en abril y cosechamos en septiembre.

3. Según el predicador religioso, el país estaba corrompido y la inmoralidad _____ rápidamente.

4. A pesar de su edad, ese actor ha logrado _____ su aspecto juvenil.

5. Carlos está _____ lentamente en la unidad de cuidados intensivos del hospital.

6. Una gran parte de la población del tercer mundo _____ de hambre endémica.

C. Complete las frases que siguen, escogiendo las palabras que mejor correspondan al sentido, modificándolas gramaticalmente siempre que sea necesario. No use ninguna palabra más de una vez.

disponible	jardinero	labrador	rebaño
cundir	extenderse	recuperar	deshecho
sitio	esparcir	sufrir	lugar
preservar	guardar	padecer	bandada

1. El _____ preparó el terreno y _____ las semillas de hortalizas sobre el suelo fértil.

2. Juan Carlos _____ de amnesia durante años pero luego de repente _____ la memoria.

3. En vez de utilizar todo el dinero _____, decidió _____ una parte en la Caja de Ahorros.

4. El _____ ahuyentó el (la) _____ de cabras que destrozaban las flores.

5. _____ las enfermedades si no limpiamos las aguas de los _____ industriales.

6. En este _____ de trabajo no hay _____ para los holgazanes.

Preguntas textuales

1. ¿Qué mal efecto ha tenido la agricultura sobre los bosques y las selvas del mundo y por qué?

2. ¿Cuáles son los dos factores importantes que han facilitado en España la erosión del suelo a causa del viento y del agua?

3. ¿Por qué la Revolución Industrial agravó el conflicto entre el hombre y el medio ambiente?

4. Indique tres de los peligros ambientales que amenazan especialmente a quienes tienen enfermedades respiratorias.

5. ¿Por qué en ciertos lugares la tierra contiene sustancias tóxicas que pueden causar cáncer u otras enfermedades graves?

6. ¿Cómo han llegado a contaminarse y hasta a emponzoñarse las capas subterráneas de agua potable?

7. ¿Cuál es la meta general que persiguen los ecologistas?

8. Explique dos o tres maneras específicas en que la humanidad puede restaurar en parte los daños causados a la naturaleza.

Preguntas de interpretación y opinión

1. ¿Cuál le parece a Ud. la zona más contaminada del pueblo, de la ciudad o del estado donde Ud. vive? Explique por qué cree Ud. que ha llegado a estar así.

2. Relate los efectos de la contaminación industrial del medio ambiente en algún enfermo que Ud. conozca directa o indirectamente.

3. ¿Quién es, a su juicio, el responsable por la protección del medio ambiente: las agencias del gobierno federal, las empresas industriales o los ciudadanos particulares? Explique por qué opina así.

4. Relate alguna catástrofe ambiental que haya producido víctimas humanas. Indique Ud. cuál ha sido, a su juicio, la causa de esta catástrofe.

5. Nombre algún grupo ecologista y dé su opinión sobre los medios por los que intenta preservar la naturaleza.

6. ¿Qué países cree Ud. son los que protegen mejor la naturaleza y el medio ambiente? ¿Cuáles le parecen a Ud. poco cuidadosos de los recursos ambientales? Explique su opinión.

7. ¿Qué actitud cree Ud. que tiene el norteamericano típico hacia el medio ambiente natural? ¿Cuál es su propia actitud al respecto?

8. ¿Qué sugeriría Ud. para eliminar la creciente cantidad de basuras que se acumulan en las grandes ciudades?

9. ¿Qué medidas recomendaría Ud. para reducir la contaminación industrial?

10. ¿Qué actitud adoptaría Ud. ante el riesgo constante que presentan las centrales de energía nuclear en este país?

IV La condición humana: hábitos y aspiraciones

El alcohol y las drogas

La búsqueda de la felicidad

Consideraciones sobre la amistad

IO El alcohol y las drogas

El alcohol y las **drogas**[1] generan en los seres humanos un complejo fenómeno biológico conocido como adicción o dependencia. El término adicción es demasiado genérico y se aplica a cualquier hábito vinculado con° la **ingerencia**[2] de substancias nocivas. Hablamos así de la adicción al tabaco, al café, a los dulces, a los alimentos grasos°, etc. Por eso la Organización Mundial de la Salud decidió en 1964 distinguir entre adicción y dependencia. El alcohol y las drogas crean en los consumidores una fuerte dependencia física y psicológica cuyo crecimiento requiere el aumento paulatino° de la dosis exigida. Cuando por alguna circunstancia se detiene o se elimina parcialmente la ingerencia de la substancia, ocurren alteraciones físicas que pueden producir el letargo°, la parálisis y hasta la muerte. La dependencia psicológica es de similar gravedad, ya que el usuario experimenta una constante necesidad de esos estimulantes, sin los cuales no halla placer alguno. La droga se convierte en el eje° de su vida espiritual; el paciente oscila entre la euforia y la más terrible depresión; sin la droga, sufre espasmos nerviosos y otras formas de alteración mental y psicológica.

El público americano está mejor informado sobre las características y las consecuencias del alcoholismo que sobre los problemas derivados del consumo de drogas. Sin embargo, hay quienes todavía consideran que el alcoholismo es un desorden de la **conducta**[3] individual, es decir, es más un problema psicológico que médico o social. La mayoría de los médicos se inclinan a ver el alcoholismo desde el punto de vista biológico y orgánico, como cualquier otra enfermedad del cuerpo aunque con orígenes muy distintos. Para esos médicos, el verdadero alcohólico no puede elegir entre beber y no beber porque, igual que el drogadicto, es fisiológica y psicológicamente dependiente de una substancia, en este caso del alcohol etílico o «etanol», y ha perdido, por consiguiente, la capacidad de resistir o controlar las ganas de beber.

El alcoholismo daña gravemente el cuerpo, sobre todo el hígado°, el sistema nervioso, el aparato digestivo y en casos extremos el corazón. El que es alcohólico de verdad tiene generalmente una vida que es diez o doce años más corta que la del no bebedor. Sus hijos, según

linked to

fatty

gradual, slow

lethargy

center, axis

liver

investigaciones científicas algo recientes, pueden estar genéticamente predispuestos° a caer víctimas de la misma enfermedad. Desde luego, el determinismo genético no es total, ya que el medio ambiente de una familia en que se consume excesivo alcohol puede contribuir poderosamente a establecer un modelo de conducta que lleva al alcoholismo. Pero la prueba de la predisposición hereditaria está en el hecho de que un alto porcentaje de los hijos de alcohólicos, adoptados en muy tierna edad y criados por familias abstemias°, se tornan alcohólicos si luego como adolescentes o adultos empiezan a beber.

En el caso de las drogas es aún mucho más difícil convencer a la gente de que el drogadicto es un enfermo. Existen también predisposiciones genéticas que inclinan al uso de drogas, y podemos además estar seguros de que la adicción, cualquiera sea la causa que a ella lleva, constituye en si una enfermedad. Las consecuencias físicas y psicológicas de la adicción a las drogas deben estudiarse en relación con cada tipo de droga, ya que aunque todas producen dependencia y algunos trastornos parecidos, suelen tener distintas consecuencias. En primer lugar debemos distinguir además entre esas drogas ilegales y aquellas que se usan generalmente en la práctica médica. Los narcóticos y los barbitúricos utilizados como sedantes o tranquilizantes, suelen recetarse° habitualmente, pueden crear hábitos difíciles de combatir. Hasta los antihistamínicos con que se tratan los resfríos infantiles son substancias nocivas° si se utilizan en altas dosis o en combinaciones con el alcohol u otras drogas. Los barbitúricos producen daños permanentes en el sistema respiratorio y en los riñones°, complicaciones cardíacas, profunda coma y muerte. Mucho más graves son los efectos de las denominadas «drogas fuertes» *(hard drugs)*. La cocaína, utilizada desde antiguo como narcótico, causa desórdenes digestivos, **mareos**[4], pérdida de peso, insomnio, convulsiones, alucinaciones° paranoicas (similares a las del *delirium tremens* del alcohólico), lenta y terrible muerte. La morfina, usada todavía en los hospitales como paliativo del dolor°, afecta los centros respiratorios, reduce la temperatura corporal a peligrosos límites, deprime el vigor muscular y origina mareos y trastornos mentales. Esos efectos se intensifican tres veces más con el uso de la heroína. Las consecuencias provocadas por la abstención voluntaria o involuntaria de la heroína son tan terribles que muchos usuarios se suicidan para evitarlas. Como testimonia° uno de sus adictos, la heroína proporciona todas las ventajas de la muerte sin su permanencia. Quiere así decirse, que el adicto va infligiéndose° una lenta muerte cada vez que ingiere o se inyecta la perniciosa substancia. La mariguana, según el *Informe La Guardia* (1938–1944), iniciado por el entonces alcalde de Nueva York, no provoca deterioros físicos permanentes. Pero causa, sin embargo, los mismos males psicológicos y sociales que todos los alucinógenos cuando nos proponen suplantar la realidad de nuestras vidas por nirvanas o ilusorios estados de felicidad y quietud.

predisposed

non-drinking

they are usually prescribed

harmful

kidneys

hallucination

painkiller

attests

inflicting on himself

Ese carácter alucinógeno° del alcohol y de muchas de las drogas explica en parte la importancia antropológica de su uso en las sociedades humanas primitivas. Se han consumido bebidas de contenido alcohólico desde que el hombre prehistórico descubrió que los **jugos**[5] fermentados de ciertas frutas, como la uva, producían esos efectos. Hasta hay evidencia arqueológica que indica que los orígenes del vino se remontan a° diez mil años A.C.° El vino se menciona también en relación con Noé° en el Antiguo Testamento y en las tumbas egipcias existen frescos° en los que se representan aspectos de la elaboración del vino.

hallucinogenic (adj.)

go back in time to / B.C. / Noah / frescoes, wall paintings

Es sabido que en la Mesopotamia se conocía la cerveza desde hace seis mil años aunque es posible que su descubrimiento sea más antiguo. Como el vino, la cerveza se produce por el proceso de la fermentación, no a base de zumos dulces de fruta, sino de **los granos de distintos cereales.**[6] La cerveza hoy se produce con malta, que es la cebada germinada en agua y luego fermentada.

Existen también otros tipos de bebidas alcohólicas no fermentadas. Estas bebidas «espiritosas»°, llamadas licores en español, se obtienen normalmente por destilación de granos aunque a veces se **elaboran**[7] de sustancias tan dispares° como patatas, caña de azúcar y una planta llamada maguey. La fermentación representa una etapa preliminar en ese proceso de destilación. Así se preparan los licores más conocidos como el vodka, la ginebra, el whisky escocés, el tequila y el ron. Estas bebidas destiladas tienen una **graduación**[8] alcohólica mucho más alta que las fermentadas como el vino o la cerveza.

spirituous

dissimilar

Los primeros licores se elaboraron con un aparato llamado alambique°, en el que el alcohol se separaba de la mezcla fermentada por el proceso de evaporación y condensación. Los árabes introdujeron el alambique en España en el siglo VIII y desde allí pasó a otras partes de Europa. Los licores y bebidas destiladas tienen, pues, un origen mucho más reciente que las bebidas fermentadas.

still

En los pueblos primitivos, el consumo del alcohol tenía muchas veces una significación especial ya que aumentaba la excitación de los que participaban de los festivales tribales. Todavía hoy se celebran con grandes fiestas populares la fabricación de la cerveza en Alemania y la vendimia° en Italia, España, Portugal y en países hispanoamericanos como la Argentina y Chile.

grape harvest

Las drogas se conocen también desde los tiempos prehistóricos. El opio, extraído de las semillas de cierto tipo de amapola°, fue elaborado por primera vez en Asia Menor y pasó de allí tempranamente a Egipto y a Grecia; hay constancias° de que los griegos lo conocen desde el siglo III A.C. En la *Odisea,* Homero se refiere al opio como «la droga que produce sueño y olvido°». Los Árabes difundieron° el opio a la India, China y luego a Europa; los soldados utilizan el opio o sus derivados, desde la antigüedad hasta nuestros días, para obtener coraje y

poppy

evidence

forgetfulness / spread

soportar las heridas de guerra. En el siglo XVIII, el consumo del opio en China y en los conocidos fumadores°, era tan extendido y tan popular, que el gobierno prohibió su elaboración, exportación y venta; pero las grandes potencias europeas que se aprovechaban económicamente de esa nociva práctica, se opusieron de tal modo a la medida gubernamental que hasta originaron un conflicto bélico, la llamada Guerra del Opio, de 1839 a 1842. Como consecuencia, el uso del opio quedó legalizado en China; los chinos que emigraron a Europa y a América llevaron con ellos el hábito de fumar. Sin embargo, no todo fue tan negativo: el opio, transformado por el físico suizo Paracelso (1494–1541) en una tintura° llamada «láudano», se convirtió desde el siglo XVIII en un remedio contra los dolores físicos, en especial los producidos por el reumatismo y la gota°. Los enfermos se tornaban con frecuencia adictos a la droga; muchos de ellos, como el inglés Tomás de Quincey (1785–1859), nos han dejado testimonios escritos de esa experiencia , de esos dolorosos viajes a paraísos artificiales. El hachís° generó en el Siglo XIX, en Europa, sobre todo en Francia, una moda intelectual: el Club de los Fumadores de Hachís reunía en París a Víctor Hugo, Honoré de Balzac, Gerard de Nerval, Charles Baudelaire y muchos otros afamados artistas y escritores. La cultura de las drogas, como se llama hoy a cierta producción musical y pictórica, cuenta, pues, con° famosos antecedentes.

Para evitar la adición al opio y mantener el beneficio de sus poderes curativos, la ciencia farmacológica desarrolló en nuestro siglo las drogas modernas como la morfina, cocaína, etc. Una conocida firma alemana de analgésicos es responsable por la creación de la heroína. En cada caso, la propaganda médica exaltaba el carácter no adictivo de la nueva droga; hasta que las pruebas subsiguientes demostraron lo contrario.

Los pueblos primitivos utilizaban drogas, sobre todo alucinógenos, para sus prácticas mágicas y religiosas. En la Edad Media, la brujería° y los ritos satánicos se hacían bajo el influjo de la belladona. Los antiguos mexicanos conocían el peyote que aún hoy se utiliza en poblaciones indígenas para inducir visiones sobrenaturales. Las hojas de la coca, planta que produce la cocaína, fermentadas por la saliva al mascarse°, sirven a los indígenas de los Andes, en Colombia, Perú, Bolivia y el norte de la Argentina, como un estimulante y un supresor del apetito (droga imprescindible para esos seres víctimas del duro trabajo y de la poca alimentación).

Esas prácticas primitivas tan inocentes se ha tornado en la sociedad moderna en un descomunal negocio poco sensible a las consecuencias sociales de la dependencia. La fabricación y venta de bebidas alcohólicas y de drogas de uso medicinal son hoy actividades legalmente aceptadas. La elaboración clandestina de «drogas fuertes», su distribución y su comercio, constituyen en cambio, en casi

opium dens

tincture

gout

hashish

thus has

witchcraft

when chewed

todos los países, una actividad delictuosa°. No siempre ocurrió así. La *criminal*
destilación de licores fue prohibida en muchos momentos y lugares.
En Estados Unidos, la enmienda° XVIII a la Constitución Nacional, *amendment*
denominada en español «ley seca» y en inglés *Prohibition*, castigó la
elaboración, el transporte y la venta de toda bebida de contenido
alcohólico. Pero esa ley, en vigor entre 1920 y 1933, no consiguió sus
fines, contribuyó a aumentar la **criminalidad**[9], ya que favoreció al
mercado negro de bebidas, e incrementó, irónicamente, el deseo de
consumir bebidas alcohólicas. El consumo del alcohol, tan extendido
en las clases populares de poco poder adquisitivo°, puede disminuir *purchasing*
con el aumento del precio de las bebidas; hay ejemplos estadísticos *power*
de que los índices de consumo han bajado en aquellos sitios donde se
han aumentado fuertemente los **impuestos**[10] sobre el alcohol. Pero el
ejemplo de la Prohibición ha creado cierta cautela en las autoridades;
y el caso se recuerda siempre que se trata de restringir la venta de
alcohol o se discute la posibilidad de legalizar las drogas, en especial
la mariguana.

No todos los países, mejor dicho, no todas las culturas, tienen el
mismo nivel de tolerancia social con respecto a las drogas. En China,
por ejemplo, ha sido siempre más aceptado el opio que el alcohol. En
Estados Unidos, la tendencia de la legislación es la prohibición total
del tráfico y del consumo; en España se condena la introducción y
venta de drogas, no su uso. Inglaterra intentó con poco éxito, desde
1960 a 1967, un sistema de tolerancia, conocido en la historia de las
drogas como *British System*. Los drogadictos debían registrarse en el
Servicio de la Salud para obtener en forma legal y gratuita dosis regu-
ladas de cada droga, previa° prescripción médica. El abuso de los *subject to, after*
médicos y de los usuarios , que prescribían las drogas innecesaria- *obtaining*
mente, y vendían las recetas o las dosis obtenidas, obligó a tomar de
inmediato fuertes medidas restrictivas.

Las consecuencias del tráfico ilegal de drogas afectan toda la
estructura económica, social y política de los países en él envueltos.
Basta, para dar una idea, limitarnos sólo a España. En la revista
Blanco y Negro de diciembre de 1991, un periodista llamado
Sebastián Basco firma un bien documentado informe sobre el comercio de drogas: en algunas zonas del Oriente Medio, que es mejor no
nombrar, el légamo° que dejan las aguas de los ríos montañosos al *mud*
desbordarse constituye un poso° sembrado de opio y de cannabis, el *sediment*
hachís y la mariguana. Como se trata de zonas de constante acción
bélica, las distintas facciones militares manejan el negocio particular
de cada zona y por consiguiente el negocio de la droga. La heroína y
el hachís, (llamado también kif), se refinan en el Norte de África. De
los aeropuertos respectivos sale la droga con destino a España, en
pequeños paquetes disimulados como envíos normales de mercancía.
El transporte envuelve la participación de narcotraficantes, líneas

aéreas y funcionarios de distintas nacionalidades, aún cuando los camellos° o pasajeros que transportan en sus valijas pequeñas cantidades de estupefacientes°, son generalmente españoles. Muchos gobiernos, y muchos grupos políticos armados, favorecen y facilitan de tal modo el tráfico de drogas que se torna casi imposible el rígido control de los puertos de acceso sin una colaboración internacional. Lo mismo puede decirse con respecto a la introducción de la cocaína en los Estados Unidos; aunque las nacionalidades de los traficantes cambian, ya que la droga se produce en Colombia, Perú y Bolivia, sus modos de operación se parecen a los ya descritos.

Existe una diferencia central entre el consumo del alcohol y el consumo de drogas. El uso moderado de bebidas alcohólicas constituye un rito social aceptable; no existe en cambio aceptación posible del uso moderado de drogas, ya que ésta es la puerta que lleva al descontrol y al delito. El alcohol ingerido moderadamente, según afirman médicos como G.T. Johnson y S.E. Goldfinger, de la Facultad de Medicina de Harvard, puede facilitar la circulación de la sangre en las arterias coronarias. Varios estudios médicos demuestran que los **bebedores**[11] que consumen alcohol regularmente pero con moderación, una **copa**[12] diaria de **vino tinto**[13], por ejemplo, tienen una vida algo más larga que la de las personas abstemias. No puede decirse lo mismo con respecto al consumo de drogas.

Hay también diferencias con respecto al coste social de esos dos tipos de adicciones. En nuestro país se ha estudiado a fondo° el consumo del alcohol y lo que su abuso cuesta a la nación. Cuesta desde luego° muchos miles de millones° de dólares debido al tiempo perdido en el trabajo, al cuidado sanitario de las enfermedades resultantes del alcohol, a los crímenes y a las pérdidas de propiedad personal atribuibles al alcohol. El coste humano es, claro está, incalculable, ya que se cuentan por millones las personas de ambos sexos que padecen de esa enfermedad. Muchos otros males sociales derivan del alcoholismo. En 1981, por ejemplo, 49.000 norteamericanos murieron y 150.000 quedaron inválidos en accidentes de tránsito. En más de la mitad de esos accidentes fatales y en un gran porcentaje de los otros, la **embriaguez**[14] fue un factor determinante. Otros estudios muestran que las tasas° de divorcio y de suicidio son también mucho más altas entre alcohólicos que entre la población en general. Y el alcoholismo es responsable también, en muchos casos, del **maltrato**[15] de los niños por parte de sus padres.

Por alarmante que parezcan esas cifras y esos datos, resultan sin embargo pálidos al compararse con los problemas económicos y sociales generados por la drogas. Desgraciadamente, contamos con pocos estudios generales al respecto. La adicción al alcohol, que es producto relativamente barato, requiere del enfermo un gasto considerable; mucho más se necesita para mantener la adicción a las dro-

gas, aún cuando se trate de subproductos de pésima calidad y por
consiguiente, aunque letales, mucho más fáciles de conseguir y de
más bajo precio. En un espeluznante° suelto° periodístico de *Los*   *horrifying / arti-*
Angeles Times (20 de agosto de 1993), Ron Harris descubre lo que el   *cle*
título de su artículo indica: *El precio que pagamos por la adicción a las*
drogas de Donovan. Donovan es un drogadicto que vive en las calles
de Los Ángeles: es un adicto a la heroína y cada mañana debe planear
un robo para «alimentar al monstruo que vive en sus entrañas». La
adicción de Donovan, uno sólo de los centenares de miles de drogadictos en esa sola ciudad , cuesta 45.000 dólares al año. Según el arti-
culista, costaría mucho menos tratar médicamente la adicción de
Donovan, pero sólo existen 33 camas para los adictos a la heroína en
los hospitales de Los Ángeles.

La ingenuidad° norteamericana nos ha hecho confiar demasiado   *naivete, ingenu-*
en la solución individual de estos problemas. Es cierto que institucio-   *ousness*
nes como Alcohólicos Anónimos o Synanon pueden ayudar a miles de
alcohólicos y drogadictos a dejar sus hábitos con el apoyo de otros
seres que han sufrido experiencias semejantes. También los trata-
mientos de psicoterapia individual ayudan a quienes pueden pagarlos
y obtenerlos. Pero nuestra sociedad requiere remedios más directos e
inmediatos. La guerra a la dependencia de substancias extrañas
puede ganarse si las batallas se libran° en todo ese escenario que   *are fought*
abarca desde los lugares de producción hasta la celda carcelaria o el
lecho de hospital en que yace° el enfermo. La lucha es una empresa   *lies*
ardua y penosa. Pero podemos comenzar a ayudar al individuo si
aceptamos de una vez las que son ya verdades indiscutibles. La adición a las drogas, incluido el alcohol, no es un vicio vergonzoso ni
deriva necesariamente de una debilidad moral. Es sencillamente una
enfermedad crónica que puede ser fatal, y cuyo único remedio es la
abstención total y permanente.

*E*xpansión de vocabulario

I

la droga	drug, medicine
la medicina	medicine
el medicamento	medicine, medication

Spanish **droga,** like English *drug,* may refer to any substance used
as medicine or taken illegally for its narcotic, stupefying, or stimula-
tive effects. However, the use of **droga** as a synonym of *medicine* is
less common in Spanish than is true of *drug* in English. **Medicina,** in
addition to the science and practice of medicine, also refers to the

substances used to treat illness and disease, and in this sense is synonymous with the less frequently used **medicamento.**

La legalización de la **droga** no acabaría probablemente con el problema de la **droga,** pero sí con el delito.	*The legalization of drugs probably wouldn't end the drug problem, but it would end crime (associated with it).*
Hay una nueva **droga** para la hipertensión.	*There's a new drug (medicine) for high blood pressure.*
Algunos norteamericanos acuden a las ciudades de la frontera para comprar **medicinas** a precios más bajos.	*Some Americans go to the border cities to buy medicine (drugs, medications) at lower prices.*
Este nuevo **medicamento** (nueva **medicina)** se descubrió por un científico suizo.	*This new medicine (medication) was discovered by a Swiss scientist.*

2

ingerir	to swallow, to ingest
tragar	to swallow
engullir	to swallow, to gulp down
consumir	to consume, to use, to take
el consumo	use, consumption, taking
la ingerencia	ingestion, consumption, swallowing

The first three verbs above share the common meaning of introducing something into the body through the mouth. **Tragar** most frequently translates *to swallow.* **Ingerir** (sometimes also spelled **injerir),** like English *to ingest* is more common in medical, nutritional, or technical terminology than in everyday language. **Engullir** suggests rapid swallowing or the "wolfing down" of food. **Consumir,** which sometimes renders *to eat,* also indicates the consumption of drugs or alcohol.

Si uno **ha ingerido** sustancias venenosas, hay que intentar vaciar el estómago.	*If one has swallowed poisonous substances, he/she should try to empty her/his stomach.*
El niño **tragó** (tomó) las pastillas sin quejarse.	*The child swallowed (took) the pills without complaining.*

El pelícano **engulló** una docena de relucientes sardinas.

The pelican gulped down a dozen shiny sardines.

Ha bajado el **consumo** de drogas entre los jóvenes de esta ciudad.

Drug use has gone down among the youth of this city.

3

la conducta	behavior, conduct
el comportamiento	behavior, conduct

Conducta is the standard term for a person's behavior. **Comportamiento** is a close but less frequently used synonym; it sometimes indicates evaluation of a person's actions in a narrower or more specific frame of reference.

La investigadora estudia la **conducta** humana.

The researcher is studying human behavior.

En general, tienes buena **conducta;** pero tu **comportamiento** de hoy en la mesa me disgustó.

In general your behavior has been good, but your actions today at the table displeased me.

4

el mareo	dizziness, motion sickness
la náusea	dizziness, nausea, stomach sickness
mareado	dizzy; seasick, motion sick
marearse	to become dizzy or motion sick
el vértigo	dizziness, vertigo
vertiginoso	dizzy, giddy, vertiginous

Note that **mareo,** used in both the singular and plural, and the related words **mareado** and **marearse,** have a broad range of meanings. Besides *dizzy* or *giddy,* **mareado** (from **mar,** *sea*) indicates not just *seasick,* but *airsick, carsick,* etc. **Náusea** implies an upset stomach or discomfort generally followed by vomiting. **Vértigo,** like **mareo** and **náusea,** used both in the singular and plural, is sometimes a synonym of **mareo,** in its primary sense of *dizzy.* Often, however, it suggests, as does the adjective **vertiginoso,** the psychological feeling of sudden and precipitous falling.

Siempre que mi esposo va en coche, **se marea.**	*Whenever my husband travels by car he gets carsick.*
La piel del melocotón me causa **náuseas** y vómitos.	*Peach skin makes me nauseous and makes me vomit.*
De repente una sensación de **vértigo** se apoderó de Carmen.	*A sensation of dizziness (vertigo) suddenly overcame Carmen.*
El cohete ascendió a una velocidad **vertiginosa.**	*The rocket ascended at a vertiginous speed.*

5

el jugo
el zumo

In Spain, but not in Spanish America, **zumo** is used much more than **jugo** when referring to fruit and vegetable juices, but not to other kind of juice. **Zumo** may, but doesn't always, suggest a thicker or pulpier juice than **jugo.**

Siempre bebo un vaso de **jugo** **(zumo)** de naranja antes de tomar el café.	*I always drink a glass of orange juice before I have my coffee.*
Esta carne tiene poco **jugo.**	*This meat has very little juice.*
El exceso de **jugos** gástricos puede producir úlceras.	*Excessive gastric juices can produce ulcers.*

6

los granos de **distintos cereales**	grains from different cereal grasses
el grano	grain; pimple
el cereal	grain, cereal

The nouns **grano** and **cereal,** both often used in the plural, are sometimes used interchangeably to designate the edible seeds of certain grass-like plants, such as wheat, rice, oats, etc. More specifically, **grano,** whose essential meaning is a small, round, hard particle of something (**grano** means also *pimple)* indicates the edible seeds of such plants. **Cereal** more often designates the plants themselves. Unlike Spanish, English does not commonly use *cereal* in this way, but as a breakfast food made of such grain. It may also be used with this meaning, in both singular and plural, in modern Spanish.

Este **grano** es de muy alta calidad.	*This grain is of a very high quality.*
La dermatóloga me trató los **granos** con una pomada especial.	*The dermatologist treated my pimples with a special cream.*
El **cereal** que necesita más lluvia para germinar es el maíz.	*The grain that needs the most rain to germinate is corn.*
Ellos han construido en nuestro pueblo un enorme depósito de **granos cereales.**	*They have built an enormous grain elevator in our town.*
Esos indios hacen harina moliendo **granos** de maíz en el metate.	*Those Indians make flour by grinding grains of corn on a metate.*
Los **cereales** favoritos de Marcela son el arroz inflado y los copos de maíz.	*Marcela's favorite [breakfast] cereals are puffed rice and cornflakes.*

7

elaborar	to make, to prepare, to produce
la elaboración	making, preparation, production
confeccionar	to make
la confección	making, putting together
hacer	to make, to do
preparar	to prepare

In English *to elaborate* most often means *to describe* or *to work out something with great care and detail.* In Spanish, however, **elaborar** is a common synonym of words such as **hacer** and **preparar.** It may replace these verbs to stress the idea of transforming specific raw ingredients into a product by means of a specific process. By extension, one may also take ideas and transform them into a plan or strategy, in which case **elaborar** is the appropriate verb to use. Another synonym of **hacer** is **confeccionar,** used most often with reference to clothing. It stresses the putting together or assembling of things from component pieces or parts. It is a somewhat more literary word than **elaborar** and is often employed without reference to the materials used.

¿Con qué **está elaborado** este chocolate belga?

What is this Belgian chocolate made of?

Ellos **elaboraban** la cerveza con agua de manantial.

They used to make the beer with spring water.

Estos zapatos **están elaborados (hechos)** con muy buen cuero.

This shoes are crafted (made) of very fine leather.

Alejandro trabaja en un taller donde **confeccionan** trajes para hombre.

Alejandro works in a shop where men's suits are made.

8

la graduación	alcoholic content, strength
el grado	percent [of alcohol]; degree
el porcentaje	percentage, percent
el por ciento	percentage, percent

The alcoholic content of beverages is indicated differently in Spanish then it is in English. The latter uses the term *proof,* which is always twice the actual alcoholic content. Thus, 70-proof liquor would contain 35% alcohol. In Spanish, **graduación** or **grados** would indicate the exact alcoholic content directly as a percentage. The synonyms **porcentaje** and **por ciento** may be used to render *percent* or *percentage* in most other cases.

Este vino blanco es una bebida de **graduación** alcohólica relativamente baja.

This white wine is a beverage of relatively low alcoholic content.

La ginebra tiene 47 **grados** de alcohol.

Gin is 94-proof (47 percent alcohol).

El termómetro registraba 40 **grados** centígrados a la sombra cuando llegamos a Sevilla.

The thermometer registered 40 degrees centigrade in the shade when we arrived in Seville.

¿Qué **porcentaje (por ciento)** del proyecto está ya acabado?

What percentage (percent) of the project is already finished?

9

la criminalidad	criminality, crime
el crimen	crime
el (la) criminal	criminal
el delito	crime; misdemeanor
la delincuencia	crime
el (la) delincuente	criminal, delinquent
la falta	infraction, misdemeanor; foul (in sports)

Criminalidad may refer to *criminality* or to *crime,* in a general sense. **Crimen** and **delito** are mostly used for individual criminal acts. **Delincuencia** is used more as a generic term for crime, but it implies illegal activity less serious than **criminalidad.** It is especially important to distinguish between **crimen,** a very serious crime, often murder or attempted murder, and **delito,** used for most other crimes. **Falta** is the least serious type of infraction, such as not paying a traffic ticket, etc. When used in a sports context, **falta** renders English *foul.*

Juan es incapaz de distinguir entre el **criminal** y la víctima.

John is incapable of distinguishing between the criminal and the victim.

Ellos han acusado al forastero del **delito** de negligencia que causó el accidente de tránsito.

They accused the stranger of the crime of negligence that caused the traffic accident.

La comisión está luchando contra la **delincuencia** y el vandalismo.

The commission is fighting against crime and acts of vandalism.

10

el impuesto	tax
la contribución	tax
el contribuyente	taxpayer

The two words for English *tax,* the money we pay to government agencies, are **impuesto** and **contribución.** Although there is no absolute semantic boundary between these words, **impuesto** is by far the more frequently used of the two terms. It is used for direct taxes, such as those on income, wages, sales, and services. Over time, **contribución,** the older term in Spanish, has been replaced in many contexts by **impuesto. Contribución** is, however, still used to designate certain taxes paid to municipal and local governments, such as those on real estate and personal property. **Contribuyente** is the standard word for *taxpayer* in all contexts.

Nosotros deberíamos pagar los **impuestos** según lo que ganamos.	*We should pay taxes according to what we earn.*
El año próximo, habrá reformas en el **impuesto** sobre la renta favorables a los **contribuyentes**.	*There will be changes in the income tax that will be favorable to the taxpayers next year.*
Este **impuesto** proporciona al Ministerio de Hacienda la mayor parte de sus ingresos.	*This tax provides the Treasury Department with most of its revenue.*
Todavía no he pagado la **contribución** de mi casa.	*I've still not paid the (property) tax on my house.*

I I

el bebedor	drinker
el bebedor empedernido	heavy drinker
el bebedor moderado (ocasional)	light drinker

Bebedor, *drinker,* may by itself indicate a *heavy drinker.* The adjective **empedernido** (from **piedra,** *stone),* which suggests *hardened* or *stubborn,* is often used with **bebedor** to emphasize *heavy.* The adjectives **moderado** and **ocasional** are used similarly to translate *light* or *moderate* with **bebedor.**

Víctor es muy **bebedor** y está siempre borracho.	*Víctor is a very heavy drinker and is always drunk.*
Víctor es un **bebedor empedernido.**	*Víctor is a heavy drinker.*
Teresa es una **bebedora moderada;** sólo toma un poco de vino con la cena.	*Teresa is a light drinker; she only drinks a little wine with dinner.*

I2

la copa	glass; cup
el vaso	glass; vase
la taza	cup
el jarrón	vase

Spanish distinguishes between a stemmed glass, **copa** and any regular drinking glass, **vaso. Vaso** is sometimes used to render English *vase*, but **jarrón** is the more common word. Note, too, that **copa** renders English *cup* when referring to the ornamental metal award or prize, as opposed to the standard *cup* for drinking tea or coffee, which is **taza.**

Ellos levantaron las **copas** de champaña y brindaron por el presidente.	*They raised their glasses of champagne and toasted the president.*
Él tenía mucha sed y bebió dos **vasos** de agua.	*He was very thirsty and drank two glasses of water.*
¿Tú quieres otra **taza** de café?	*Do you want another cup of coffee?*
Viviana ganó la **copa** del campeonato de tenis.	*Viviana won the tennis championship cup.*

I3

el vino tinto	red wine
el vino blanco	white wine
el vino clarete (rosado)	rosé wine

The adjective **tinto** is from the verb **teñir,** to dye or stain. Today, **tinto** is used rather than **rojo** to render *red* when referring to wine. *White wine* is, as expected, **vino blanco.** And the pink wine we designate *rosé* in English is called **clarete** in Spanish, although in Spain the adjective **rosado** is gradually replacing **clarete.**

En España, los vinos **tintos** son mejores que los **blancos.**	*In Spain the red wines are better than the white wines.*
Vamos a pedir un vino **clarete** para acompañar la comida.	*Let's order a rosé (wine) to accompany the meal.*

14

la embriaguez	intoxication
la borrachera	drunkenness
emborracharse	to get drunk
borracho	drunk, drunkard
ebrio	intoxicated, inebriated, drunk
beodo	intoxicated, drunk
bebido	(slightly) drunk, tipsy
tomado	drunk

Ebrio and **beodo** are somewhat euphemistic substitutes for **borracho** (like English *intoxicated* for *drunk*). Both **ebrio** and **beodo** indicate a high level of intoxication, and **beodo** is often used to describe someone who is habitually drunk. **Bebido** indicates *slightly drunk* or *tipsy*. **Tomado** also has this meaning in Spanish America, where **tomar** is often used for **beber.** There are numerous other expressions and slang words in Spanish for *drunk, drunkenness,* etc.

Como Alberto no tenía costumbre de beber vino, **se emborrachó** enseguida.	*Since Alberto wasn't used to drinking wine, he became drunk right away.*
El político estaba **beodo (ebrio)** y apenas podía mantenerse en pie.	*The politician was intoxicated (inebriated, drunk) and could hardly remain standing.*
Tú estás algo **bebido (tomado)** y es mejor que yo conduzca el coche.	*You're a little tipsy (drunk); it's better if I drive the car.*

15

el maltrato	abuse, mistreatment, maltreatment
el trato	treatment
el tratamiento	treatment
tratar	to treat, to deal (with)

Spanish distinguishes between **trato** and **tratamiento,** both of which are derived from the verb **tratar,** *to treat.* **Trato** is used in all contexts except when referring to illness or disease, which requires **tratamiento. Trato** is used in both singular and plural with no difference in meaning.

El **maltrato** de los niños es un terrible delito.	*The abuse (mistreatment) of children is a terrible crime.*
Detuvieron al padre por los **malos tratos** que daba a sus hijos.	*They arrested the father for physically abusing his children.*
El **trato** que yo he recibido en tu casa siempre ha sido muy cordial.	*The treatment I have received in your home has always been very cordial.*
Tú tienes que seguir con este **tratamiento** médico.	*You must continue with this medical treatment.*
Anteriormente, el uso de la metadona era el **tratamiento** recomendado para muchos drogadictos.	*Previously, the use of methadone was the recommended treatment for many drug addicts.*

Ejercicios

Comprensión de la lectura

De las cuatro respuestas que se indican para cada pregunta, seleccione Ud. la correcta de acuerdo con el ensayo. También indique brevemente por qué las otras opciones son incorrectas.

1. Según el ensayo, la adicción _____.
   a. es lo mismo que dependencia
   b. siempre supone dependencia
   c. puede convertirse en dependencia cuando se trata del alcohol o de las drogas
   d. no es peligrosa si sólo implica una dependencia psicológica

2. Según el ensayo, el público norteamericano _____.
   a. es más tolerante con los drogadictos que con los alcohólicos
   b. siempre ve el alcoholismo como problema médico
   c. está mejor informado sobre el alcoholismo que la drogadicción
   d. siempre ve el alcoholismo como un problema de conducta individual

3. De acuerdo con el texto, el ser humano _____.
   a. descubrió las bebidas destiladas antes que las fermentadas
   b. no bebía vino ni cerveza antes de los tiempos bíblicos
   c. sigue dando al vino y a la cerveza una significación especial en muchos festivales
   d. prefiere bebidas con una graduación alcohólica baja

4. El ensayo dice que el opio _____.
   a. es un descubrimiento de los chinos
   b. fue llevado a muchas partes del mundo por los árabes
   c. fue introducido en la China por las potencias europeas
   d. ha ayudado a muchos autores a escribir mejor

5. Según el ensayo, es posible justificar el uso moderado del alcohol pero no el de las drogas porque _____.
   a. el alcohol es mucho más barato que las drogas
   b. el consumo del alcohol es legal pero el de drogas, no
   c. en muchos casos puede contribuir a mejorar la salud
   d. hay más gente que bebe vino y cerveza que la que consume drogas

6. Se puede deducir de la lectura que el problema de la drogadicción en los Estados Unidos no se está resolviendo porque _____.
   a. la red internacional de narcotraficantes es muy poderosa
   b. no hay suficientes policías para detener a todos los drogadictos
   c. no se ha hecho suficiente esfuerzo para curar a los drogadictos de su enfermedad
   d. la corrupción de la sociedad y de las autoridades es demasiado grande

La palabra adecuada

A. Para cada frase que sigue, elija Ud. la palabra o expresión que complete mejor el sentido.

1. La copa de vino se me ha subido a la cabeza y me siento algo _____.
   a. ebrio
   b. beodo
   c. bebido

2. El _____ que se da a los huéspedes en este pequeño hotel ha sido siempre cortés y afectuoso.
   a. trato
   b. tratamiento
   c. comportamiento

3. Tendrás que _____ el tubo de este instrumento que usamos para ver dentro del estómago.
   a. ingerir
   b. engullir
   c. tragar

4. El presidente quiere _____ una nueva política militar en colaboración con nuestros aliados.
   a. hacer
   b. confeccionar
   c. elaborar

5. Los daños ocasionados por la tormenta de granizo han afectado a más de 65 _____ de la cosecha de tomates.
   a. grados
   b. por ciento
   c. porcentaje

6. El latrocinio es un(a) _____ castigado(a) por la ley.
   a. crimen
   b. delito
   c. criminalidad

B. De acuerdo con las notas de *Expansión de vocabulario,* utilice la palabra o expresión que complete mejor el sentido de cada frase. En algunos casos, puede haber más de una palabra apropiada.

1. Tu seguro médico cubre todos los _____ posibles, incluso el trasplante de corazón.

2. Ha bajado el número de accidentes en la medida en que ha bajado el (la) _____ de alcohol.

3. Experimentamos tanta turbulencia en el vuelo que llegué a Nueva York completamente _____.

4. El (La) _____ ha aumentado tanto en nuestro barrio que la gente tiene miedo de salir de noche.

5. En todas partes, los _____ se quejan de pagar demasiado impuesto.

6. El juez quería saber si la tasa de _____ que llevaba Guillermo en la sangre superaba los límites permitidos por la ley.

C. Complete las frases que siguen, escogiendo las palabras que mejor correspondan al sentido, modificándolas gramaticalmente siempre que sea necesario. No use ninguna palabra más de una vez.

empedernido	trato	tratamiento	moderado
taza	destilar	tinto	copa
cereal	fermentar	contribución	consumo
jarrón	criminal	impuesto	delincuente
vaso	medicamento	droga	zumo

1. Esta bebida _____ en casa es un vino _____ hecho con uvas rojas.

2. Cuando doblaron el (la) _____ sobre el alcohol, el (la) _____ de bebidas alcohólicas bajó más del 14%.

3. Yo pedí un(a) _____ de vino y Miguel, que era abstemio, pidió un(a) _____ de leche fría.

4. El _____ justificaba los robos porque su adicción lo obligaba a comprar _____ todos los días.

5. Su desayuno nunca varía: _____ de naranja, un cuenco de _____ con leche y un(a) _____ de café negro.

6. Walter padece de una infección al hígado como resultado de ser un bebedor _____; el (la) único(a) _____ que le recomienda la doctora son los antibióticos.

Preguntas textuales

1. ¿Por qué es tan perjudicial la dependencia física y psicológica creada por el alcohol y las drogas?

2. ¿Cómo suelen ver los médicos el problema del alcoholismo?

3. ¿En qué aspectos el alcoholismo afecta la salud del ser humano?

4. Nombre Ud. dos drogas diferentes e indique los efectos producidos por su ingestión.

5. ¿En qué se diferencian las bebidas alcohólicas fermentadas de las destiladas?

6. ¿Qué papel desempeñaron ciertas potencias europeas en el mercado y el consumo del opio entre los chinos?

7. ¿Qué intentó conseguir la Prohibición o Ley Seca en los Estados Unidos?

8. ¿Cuáles fueron las consecuencias verdaderas de esa enmienda a la Constitución?

9. Indique algunas de las consecuencias sociales del alcoholismo y de la adicción a las drogas.

Preguntas de interpretación y opinión

1. Está prohibido anunciar licores fuertes en la televisión nor-teamericana. Opine Ud. sobre si debe prohibirse o no la pro-paganda de la cerveza y del vino en los canales televisivos. Explique sus razones.

2. En años recientes, el consumo del alcohol en los Estados Unidos se ha reducido ligeramente. Indique Ud. si cree que esa tendencia continuará o no, y por qué.

3. ¿Qué relación encuentra Ud. entre las causas y los efectos de la adicción al alcohol y la adicción a las drogas?

4. Si un(a) amigo(a) o familiar suyo(a) fuese alcohólico(a), ¿cómo intentaría ayudarlo(a)?

5. ¿Hasta qué punto cree Ud. que existe un grave problema de drogas (y de alcohol) entre los estudiantes de escuelas secundarias y de universidades? Explique su respuesta.

6. ¿Qué le parece a Ud. personalmente la idea expresada en el texto, de que un poco de vino con la comida, ayuda a la digestión y a la circulación de la sangre?

7. ¿Qué le revela a Ud. en cuanto al costo económico de la dro-gadicción el caso comentado en el artículo de Ron Harris?

8. ¿Cree Ud. que están bien o mal enfocados los intentos norte-americanos de resolver los problemas del alcoholismo y la adicción a las drogas? Dé las razones de su respuesta.

9. ¿Qué causa más accidentes de tránsito mortales entre los jóvenes: el alcohol o las drogas? Explique su respuesta.

10. ¿Hasta qué punto son los padres responsables, si es que piensa Ud. que lo son, del gran problema de la drogadicción y el alcoholismo existente hoy día entre los jóvenes?

II La búsqueda de la felicidad

El sustantivo° «felicidad» y el adjetivo **feliz**[1] son en gran parte una abstracción y pocas personas definen del mismo modo el concepto que representan. Sin embargo, la felicidad es algo que todos buscamos, cada uno a nuestra manera. La frecuencia con que esta palabra aparece en la conversación diaria, en libros y en películas es un índice° de su importancia. Efectivamente, la mayoría de la gente cree que la felicidad es una de las **metas**[2] más importantes, si no la suprema, del ser humano. Por eso conviene considerar en qué consiste ese estado ideal de espíritu llamado felicidad y cuya posesión da sentido° y **plenitud**[3] a nuestra vida. Conviene considerar también, no a nivel teórico-filosófico, sino a nivel más práctico, por qué algunas personas son felices y otras no.

noun

index

meaning

Un punto de partida° puede ser el diccionario, cuya definición del término, aunque imprecisa, es útil. Se define allí la felicidad como «estado de ánimo° que se **complace en**[4] la posesión de un bien». La segunda acepción que se **registra**[5] es la de «satisfacción» o «contento». Estas definiciones, si las pensamos un poco, nos ayudarán a comprender la relatividad de la felicidad. Nos ayudarán a comprender también cómo ciertas cosas nos producen este estado subjetivo de complacencia o satisfacción que todos, consciente o inconscientemente, anhelamos°. En general, podemos hacer las siguientes afirmaciones sobre la felicidad:

starting point

mind, spirit

desire, crave

(1) Existen diferentes grados de felicidad aunque éstos no pueden medirse° con precisión. Sabemos, por ejemplo, que algunas personas son más felices que otras y que nosotros mismos hemos sido más felices en ciertas épocas de la vida que en otras. La felicidad puede por eso tener un sentido temporal limitado y cambiar a otro grado de felicidad o de infelicidad.

be measured

(2) En un nivel más profundo y permanente de la experiencia humana, podemos considerar como persona feliz a la que está contenta con su vida en conjunto°. Sin embargo, esto no implica la satisfacción de todos los deseos, sino de aquellos que la persona considera esenciales.

as a whole

(3) La valoración de todo aquello que contribuye a la felicidad es subjetiva ya que varía según la persona y su actitud hacia la vida. Por ejemplo, si para un individuo el trabajo constituye una actividad vital

importante, pero no encuentra satisfactorio su empleo, ese individuo no será feliz aunque gane mucho dinero y tenga una vida familiar muy positiva. Otra persona, en cambio, puede estar satisfecha con su trabajo, pero no con su matrimonio. Sin embargo, puede considerarse feliz si para ella el matrimonio no constituye un aspecto esencial de la vida en conjunto.

La felicidad no se puede medir con exactitud aunque todos sabemos intuitivamente si somos felices o no en la totalidad de nuestra vida. Por eso podemos decir que una persona es más feliz que otra en la medida en que° se siente más profundamente satisfecha con aquellos aspectos de la vida que considera importantes. *to the extent that*

Pero en un sentido más temporal y restringido, usamos «felicidad» y «feliz» para indicar también un **sentimiento**[6] menos duradero, que muchas veces es sólo el resultado de un cambio de circunstancias. Por ejemplo, aunque uno no sea fundamentalmente feliz, puede sentirse feliz o estar feliz porque va de vacaciones, ha comprado un coche nuevo o ha aprobado° un examen. Es decir, puede sentirse feliz momentáneamente porque ha satisfecho uno de estos deseos menores y no los deseos verdaderamente importantes. *has passed*

Si preguntamos a cualquier hombre o mujer qué le falta para ser feliz, lo más probable es que nos responda que la **obtención**[7] de tal o cual cosa. En ese caso, la persona identifica o equipara° la felicidad con la posesión o el logro de algo en particular, tal vez el casarse, el ser más **hermosa**[8], el conseguir un trabajo diferente o el poder vivir en un lugar distinto. Es decir, muchas personas no distinguen claramente entre las cosas que producen una felicidad más permanente y las que sólo proporcionan felicidad momentánea. *compares, equates*

El gran filósofo del pesimismo, Arthur Schopenhauer (1788–1860), afirmó que la imperiosa voluntad humana es lo que mueve e impulsa la vida. Dice Schopenhauer que los deseos del hombre son innumerables y por eso la posibilidad de su cumplimiento° es limitado. Según Schopenhauer, siempre que se **realiza**[9] un deseo, **aparece**[10] en seguida uno nuevo que lo reemplaza. No cabe duda de que acierta° el filósofo al señalar que la pasión satisfecha conduce más a la infelicidad que a la felicidad. Intuía lo que todos sabemos ahora **con respecto a**[11] los deseos: la felicidad consiste más en la **lucha**[12] por conseguir las metas importantes que en el logro efectivo de esas metas. Para ser felices, necesitamos la lucha entre nuestra voluntad o deseo y los obstáculos que nos ofrecen resistencia. En un reino utópico, donde se realizaran los deseos de todos, no habría total felicidad por la falta de esta lucha. Tampoco sabemos hasta qué punto la felicidad de un pueblo coincide con su bienestar material y político porque conocemos casos de naciones que **se han enriquecido**[13] mucho sin ninguna evidencia de que haya aumentado la felicidad o satisfacción en la vida personal de sus ciudadanos. *fulfillment*

is right, is correct

El filósofo José Ortega y Gasset (188–1955) discute una «teoría de la felicidad» al analizar algunos personajes del novelista español Pio Baroja. Dice Ortega que se suele creer, erróneamente, que la felicidad depende de la satisfacción de nuestros deseos. Pero no es verdad porque la felicidad consiste en un tipo de satisfacción más profunda: «Cuando pedimos a la existencia cuentas claras° de su sentido, no hacemos sino exigirle que nos presente alguna cosa capaz de *absorber* nuestra actividad». En otras palabras, el vivir fuera de nosotros mismos, el encontrar algo capaz de absorber nuestro potencial humano, es la clave de la felicidad. Cuando estamos «absorbidos» en algo no advertimos «el desequilibrio entre nuestro ser potencial y nuestro ser **actual**»[14]. Acaba Ortega su ensayo diciendo que en los momentos de infelicidad, que son, según él, los momentos de ocio°, «envidiamos a los seres ingenuos cuya conciencia nos parece verterse íntegra° en lo que están haciendo, en el trabajo de su oficio, en el goce de su juego o su pasión. La felicidad es estar fuera de si— pensamos». Según Ortega, es la vida activa, pues, y no la contemplativa, la fuente de nuestro bienestar profundo.

a clear account

leisure
to pour (itself)
completely

Para muchas personas, esta actividad externa mencionada por Ortega, puede encontrarse en la profesión, el oficio, la **investigación**[15] científica, las artes, los deportes, la religión, el servicio a los demás, etc. La **búsqueda**[16] de un sentido filosófico de la vida, es decir, la actitud contemplativa y no activa, puede restringir el goce de esta felicidad. Sin embargo, una profunda felicidad implica a lo menos una cierta comprensión del mundo y del lugar que a cada uno le corresponde en ese mundo.

Aquí no hemos sino bosquejado° algunas ideas filosóficas sobre la felicidad. Los dos pensadores citados han logrado identificar el tipo de vida que creen más idóneo° para la obtención de la felicidad, a lo menos en cierta clase muy extensa de hombres: una vida **recta**[17], sin excesos de ninguna clase y sin énfasis en los bienes materiales.

sketched, out-
lined
suitable

Más recientemente algunos psicólogos han señalado que para ser felices debemos tener interés en las demás personas, es decir, no ser demasiado egoístas ni introvertidos. Debemos poseer, además, una imagen° objetiva de nosotros mismos y aceptarnos tales como somos, con todas nuestras imperfecciones y defectos. Otros psicólogos han visto que algunas personas pueden aceptar numerosos elementos de insatisfacción en la vida con tal de tener al mismo tiempo otros goces positivos, como los producidos por las buenas amistades y por los frecuentes entretenimientos.

picture

Desde luego, quedan por explorar cuáles son las condiciones psicológicas precisas para la felicidad. Conviene averiguar también cómo esas condiciones cambian según el siglo y el país en que uno vive. Pero es necesario también plantear la necesidad inmediata de encontrar una «filosofía de la vida» que nos oriente en la búsqueda de nuestra propia felicidad. Tiene que ser una filosofía afirmativa y en cierto modo optimista. Nada puede hacer feliz, por ejemplo, a quien por naturaleza o por educación ha sido siempre pesimista, a no ser que cambie su actitud frente a la vida. ¿Puede ser uno verdaderamente feliz, por ejemplo, si cree que la vida no tiene sentido o si vive convencido de que el mundo será destruido en una catástrofe nuclear? Todos somos seres sociales que necesitamos de otros seres humanos. ¿Podemos ser felices si los seres a quienes amamos no lo son también? ¿Si uno no cree en otra vida después de ésta que estamos viviendo ahora, puede ser totalmente feliz? ¿Y hasta qué punto el ser religioso y el creer en Dios son indispensables para la felicidad y para sobrellevar° las tragedias de toda vida humana? Estas **preguntas**[18], y otras de esta índole°, abarcan **cuestiones**[18] de mucha importancia y son las que tenemos que confrontar en nuestra búsqueda diaria de la felicidad, que es, al fin de cuentas, la fuerza o impulso fundamental de nuestra vida.

to bear with
courage / type

Expansión de vocabulario

I

feliz	happy
infeliz	unhappy, wretched, unfortunate

Care should be used in translating English *unhappy* into Spanish, for **infeliz** has acquired connotations that in certain cases make it inappropriate. **Infeliz** has come to mean **desgraciado,** *wretched, unfortunate,* when used as a noun or predicate noun. To translate *unhappy,* the expression **no** + **feliz** is often used. The adjective **infeliz** also describes an extremely ingenuous person, who is easily deceived or taken advantage of. However, the adjective **infeliz** may be used to render *unhappy* when it does not directly modify a person.

El **infeliz** Don Quijote terminó la aventura con el cuerpo dolorido.	*Poor (unfortunate) Don Quijote ended the adventure with all his body aching.*
Creo que María no es **feliz.**	*I believe María is unhappy (is not happy).*
A pesar de sus pretensiones, Nicolás es en el fondo un **infeliz.**	*In spite of his pretensions, Nicolás is just a poor devil.*
Vicente lleva una vida muy **infeliz.**	*Vicente leads a very unhappy life.*

2

la meta   goal, objective

el objeto,   goal, objective, end
  (objetivo, fin)

As does the word *goal,* Spanish **meta** indicates the purpose or end towards which any physical or intellectual activity is directed. Some Spanish synonyms of **meta** are also cognates of the English synonyms of goal: **objeto, objetivo, fin.**

Después de muchos obstáculos, los corredores llegaron a la **meta.**	*After many obstacles, the runners reached their goal.*
Ella vino a casa con el **objeto** de hablar con mi padre.	*She came to the house with the objective of speaking with my father.*
Mi **objetivo** es ahorrar para comprar una casa nueva.	*My objective is to save in order to buy a new house.*
La película no tiene otro **fin** que hacer reír al público.	*The film has no other end than to make the public laugh.*

3

la plenitud   fullness, completeness

pleno   full

lleno   full

Lleno indicates *full* in a physical, material sense, whereas **pleno** is reserved for figurative or abstract uses of the word. The expression **en** + **pleno** + *noun* indicates *right in the middle or heart of something.* Its English translation equivalents vary considerably, according to context, as seen in the examples below.

La piscina está completamente **llena.**	*The pool is completely full.*
Tengo **plena** confianza en su capacidad.	*I have full confidence in her capacity.*
Carlos lleva una vida **plena** y feliz.	*Carlos leads a full and happy life.*

El actor vive **en pleno centro** de Nueva York.

The actor lives in the very heart of New York.

El caballo le dio una patada en **plena cara.**

The horse kicked him right in the face.

4 ▮▯▮▯▮▯▮▯▮▯▮▯▮▯▮

complacerse en to take pleasure in, to delight in

complaciente pleasing

complacer, to please
   gustar, agradar

The expression **complacerse en** includes the verb **complacer,** which, like its synonyms **gustar** and **agradar,** means *to please.* All three verbs are used with an indirect object, as illustrated below. Unlike the other two more common verbs, however, **complacer** can connote a special effort to please another person or to satisfy that person's whims or desires.

El buen comer **gusta (agrada, complace)** a todos.

Everyone likes to eat well (good eating pleases everyone).

Él siempre está dispuesto a **complacer** a su hija.

He's always ready to please (indulge) his daughter.

Él es un hombre **complaciente.**

He's a man who tries to please everyone.

5 ▮▯▮▯▮▯▮▯▮▯▮▯▮▯▮

registrar to record; to register;
               to examine; to search.

In the essay illustration, **registrar** has the meaning of *to record,* in the sense of *to register,* or *to write down* . The more common meaning of **registrar,** however, is *to examine a person or thing* in search of something.

Tú debes **registrarte** ahora para votar en noviembre.

You should register now to vote in November.

El sismógrafo **registró** la intensidad del terremoto.

The seismograph registered (recorded) the intensity of the earthquake.

| La policía lo **registró** en busca de drogas. | *The police searched him looking for drugs.* |
| La aduanera **registró** todo nuestro equipaje. | *The customs agent searched (examined) all of our luggage.* |

6

el sentimiento	feeling
la sensación	sensation
el sentido	sense, meaning; feeling

Notice that **sentimiento** means *feeling*, a state of consciousness resulting from emotions or desires. **Sensación,** as in English, most often reflects an impression received via the physical senses. **Sentido,** as its English translation equivalents of *sense* and *meaning* suggest, applies to mental understanding or perception, either through the intellect or the senses.

Él vive atormentado por un **sentimiento** de culpabilidad.	*He lives tormented by a feeling (sense) of guilt.*
La niña sufre a causa de un **sentimiento** de inferioridad.	*The girl suffers from a sense of inferiority.*
Cuando ella subió a la torre, se apoderó de ella una **sensación** de vértigo.	*When she went up in the tower, a sensation of vertigo seized her.*
Lo que tú dices no tiene **sentido.**	*What you say doesn't make sense.*
Carlos tiene un gran **sentido** de deber.	*Carlos has a strong sense of duty.*

7

la obtención	obtaining, getting
la consecución	obtaining, getting
el logro	achievement
obtener	to obtain, to get
conseguir	to obtain, to get
lograr	to achieve, to get

La obtención and **la consecución** are derivatives of **obtener** and **conseguir,** the two most common words for *to get* or *to obtain* in Spanish. **Obtener** is the more semantically neutral and suggests little about how a person comes to possess something. It is akin to the verb **recibir.** In contrast to **obtener,** which is the less frequently used word, the more common **conseguir** suggests the idea of effort, achievement, or process involved in the getting of something one seeks or desires. **Conseguir** can also be used with the infinitive to stress the idea of being successful in doing something. In this usage, it is a synonym of **lograr,** to *achieve,* whose corresponding noun is **el logro.**

Dorotea compró el auto con el dinero **obtenido** en la lotería.	*Dorotea bought the car with the money she got (won) from the lottery.*
El antiguo gobernador no **obtuvo** suficientes votos para ser reelegido.	*The former governor didn't get enough votes to be reelected.*
Borges nunca **obtuvo** el premio Nobel.	*Borges never received (won) the Nobel Prize.*
Ella al fin **consiguió (logró)** aprender a tocar el piano.	*She finally succeeded in learning how to play the piano.*
El logro de su ambición lo llenó de alegría.	*The achieving of his ambition filled him with happiness.*

8

hermoso	beautiful, lovely, handsome
lindo	pretty, beautiful
bello	beautiful
bonito	pretty, nice
guapo	good-looking, handsome

Hermoso, *beautiful, lovely, is* widely used in Spain to describe people, animals, things, and even moral qualities. It indicates a beauty that provides aesthetic or emotional pleasure. In Spanish America, **hermoso** is a more literary or formal word and is often replaced in the spoken language by **lindo.** In Spain, **lindo** is not only used far less than in Spanish America, but it tends to indicate a lower degree of physical beauty. It is, when used, most often a synonym of **bonito,** *pretty,* an adjective used mostly for that which pleases us because of its smallness, delicacy, etc. Also, in Spain, unlike Spanish America, **lindo,** if used to describe a man, suggests effeminacy.

Hermoso is replaced in Spanish America not only by **lindo,** but also by **bello,** whereas in Spain, **bello** is more typical of literary or written than of colloquial Spanish, and is used mostly for things which produce spiritual or moral, rather than sensuous or physical, pleasure or delight. The adjective **guapo** originally meant *brave* or *spirited*. It still retains that meaning in parts of Spanish America. In Spain, however, it now means only *good-looking* or *handsome* and may be used for persons of either sex.

Rebeca ha comprado un **hermoso** caballo árabe.	*Rebeca has bought a beautiful (handsome) Arabian horse.*
La actriz edificó una **hermosa** casa en Bel Air.	*The actress built a beautiful home in Bel Air.*
¡Qué ojos más **lindos** tienen los ciervos!	*What lovely (beautiful) eyes deer have!*
La hija de Eugenia tiene una cara muy **linda.**	*Eugenia's daughter has a beautiful face.*
Nosotros le regalamos una **linda** cartera.	*We gave him a beautiful wallet as a gift.*
Mary Cassatt pintó **bellos (hermosos)** cuadros impresionistas.	*Mary Cassatt painted beautiful impressionist paintings.*
La muerte del mártir fue un **bello** acto de sacrificio.	*The death of the martyr was a beautiful act of sacrifice.*
Cary Grant es un hombre muy **guapo.**	*Cary Grant is a very handsome man.*
Los hombres **guapos** no se asustan ante el peligro.	*Brave men aren't afraid in the face of danger.*

9

realizar   to realize; to accomplish
darse cuenta de   to realize

Realizar means *to realize* in the sense of *to make something desired or planned become a reality*. It also means *to do* or *to make*. However, English *realize* when it refers to a mental process, the becoming aware of something, is rendered by **darse cuenta** in Spanish.

El joven soldado nunca vio **realizados** sus sueños de paz.	*The young soldier never saw his dreams of peace realized.*

El próximo año el Papa **reali-zará** un viaje por África.

Next year, the Pope will take a trip to Africa.

Los revolucionarios quieren **realizar** la reforma de la sociedad.

The revolutionaries want to carry out (realize) the reform of society.

No **me di cuenta** antes **de** las verdaderas intenciones de Sergio.

I didn't realize Sergio's true intentions before.

IO ▪▪▪▪▪▪▪▪▪▪▪▪

aparecer	to appear
comparecer	to appear
aparecerse	to appear

Spanish distinguishes between **aparecer,** *to appear,* in the standard sense, and **comparecer,** *to appear,* in the sense of presenting oneself before a judge, jury, or board, in order to provide information, to answer questions, or to give testimony. In its more restricted meaning of psychic or spiritual manifestation, *to appear* is **aparecerse** in Spanish.

Las setas **aparecieron** después de las lluvias.

The mushrooms appeared after the rains.

Los testigos **comparecieron** ante el jurado afirmando la inocencia del coronel.

The witnesses appeared before the jury affirming the colonel's innocence.

La Virgen se le **apareció** en un sueño.

The Virgin Mary appeared to her in a dream.

II ▪▪▪▪▪▪▪▪▪▪▪▪

(con) respecto a	with respect to, in regard to
el respeto	respect
respetar	to respect

Observe that only in the prepositional expression **(con) respecto a** does Spanish retain the **-ct-** of the word's Latin origin. **Respeto** and the corresponding verb **respetar,** referring to the esteem one person holds for another, therefore, both lack the -c- of their English cognate.

Él sentía mucho **respeto** por aquel hombre.	*He felt great respect for that man.*
La maestra nos dio información **(con) respecto a** cada uno de los temas.	*The teacher gave us information regarding (with respect to) each of the themes.*
Él causa muchos accidentes porque no **respeta** las reglas del tránsito.	*He causes many accidents because he doesn't respect the traffic regulations.*

I2 ▪▫▪▫▪▫▪▫▪▫▪▫

la lucha	struggle, fight; wrestling
la pelea	fight
la riña	fight, quarrel
luchar	to struggle, to fight, to wrestle
pelear	to fight
reñir	to fight, to quarrel, to scuffle

There is no absolute difference among the synonyms above. **Lucha,** however, has the broadest semantic range, which includes any kind of struggle involving considerable or sustained effort, whether physical or mental. It can, like the other words, be used in a literal or figurative sense. **Lucha,** sometimes used with the adjective **libre,** has the specific meaning of *wrestling* in a sporting context.

Of the three sets of nouns and verbs, **pelea(r)** is by far the most common. **Pelea** and **pelear** are standard to indicate a physical or verbal fight or struggle. **Pelear** is often used colloquially with the reflexive pronoun, but without any reflexive meaning.

Reñir, when used with the preposition **con,** means *to fight* but usually in the sense of *quarreling,* the kind of verbal fighting or strife resulting in broken or strained relationships. However, when **reñir** is used with a direct object, it is a synonym of **regañar,** *to scold.*

El fiscal ha emprendido una **lucha** contra la corrupción.	*The public prosecutor has undertaken a fight (struggle) against corruption.*
A él le gusta ver más el boxeo que la **lucha libre.**	*He likes to watch boxing more than wrestling.*
Nosotros siempre debemos **luchar** por la justicia y la igualdad.	*We should always fight (struggle) for justice and equality.*
Se produjo una violenta **pelea** entre los dos hermanos.	*A violent fight occurred between the two brothers.*

Los hermanos siempre están **peleándose.**	*The brothers are always fighting.*
He reñido con mi amiga porque no me ha devuelto el dinero.	*I quarrelled with my friend because she hasn't returned the money to me.*
Muchas veces **el reñir (regañar)** a los niños da mal resultado.	*Scolding children often yields bad results.*

13

| enriquecerse | to become rich, to get rich |
| **hacerse (volverse) rico** | to become rich, to get rich |

In general, expressions consisting of **hacerse, volverse,** or **ponerse** + *adjective* are the standard ways of rendering in spoken Spanish the English *to become* or *to get + adjective*. Reflexive verb equivalents, such as **enriquecerse,** used in this essay, that have the semantic root of the adjective imbedded in the verb itself, replace the forms with **hacerse,** etc., most often in written Spanish or more formal speech.

There often are, of course, different connotations in the selection of one form over another. **Hacerse rico,** for instance, could imply *to become rich through one's own efforts* and thus be a close equivalent to the semantically neutral **enriquecerse. Volverse rico** refers to the suddenness with which the wealth was acquired.

Gerardo **se enriqueció** vendiendo propiedades.	*Gerardo became (got) rich selling property.*
Gerardo **se hizo (volvió)** rico inesperadamente.	*Gerardo became rich unexpecedly.*
La niña **se entristeció** con el cuento.	*The little girl became (turned) sad on account of the story.*
La niña **se puso (volvió)** triste sin motivo.	*The little girl became sad for no reason.*
El cielo **se ennegreció** con la tormenta.	*The sky turned black with the storm.*
El cielo **se puso** (volvió) negro de repente.	*The sky suddenly turned black.*

14

actual	present, present-day
en la actualidad	at present, at the present time
actualmente	at present, presently
real, verdadero, legítimo, auténtico	real, actual
efectivo	real, actual

Observe that Spanish **actual** is not a synonym of English *actual* in its common meaning of *true, real, authentic,* etc. Instead, **actual** is a very common synonym of the adjective **presente.** To translate English *actual* or *real,* Spanish uses **real, verdadero, legítimo, auténtico,** etc. When it is necessary to contrast the real thing with what is supposed to be real but isn't, Spanish prefers the adjective **efectivo.**

¿Tú sabes quién es el senador **actual** de Nueva York?	*Do you know who is the present senator from New York?*
La generación **actual** se rebela contra sus padres.	*The present generation rebels against its parents.*
Lo que él dijo no son cuentos, sino historias **verdaderas (reales).**	*What he told aren't tales, but true (real, actual) stories.*
Estos zapatos tienen suelas de cuero **legítimo.**	*These shoes have real (genuine) leather soles.*
El dueño **efectivo** de esta tienda vive en Nueva York.	*The actual (real) owner of this store lives in New York.*

15

la investigación	research, investigation
investigar	to research, to investigate

Spanish lacks separate words for English *research* and *investigation.* **Investigación** does double duty in translating these English words.

El médico ganó el premio por sus **investigaciones** sobre el cáncer.	*The doctor won the prize for his research on cancer.*
La policía sigue **investigando** el crimen.	*The police are still investigating the crime.*

16

la búsqueda	search, pursuit
la busca	search, pursuit, hunt
en busca de	in search of
buscar	to look for, to search for

Búsqueda has replaced the formerly popular word **busca** in conversation and writing, and **busca** today is found only in the set phrase **en busca de,** in *search of.* Remember, too, that the verb **buscar** requires no preposition to translate English *for.* As does any other transitive verb, it requires the preposition **a** when followed by a personal direct object. The noun **búsqueda,** however, is followed by the preposition **de** when it has an object of its own.

Ellos abandonaron la **búsqueda** de la niña secuestrada.	*They gave up (abandoned) the search for the kidnapped girl.*
La Marina de Guerra realizó una **búsqueda** intensiva del barco pesquero.	*The Navy carried out an intensive search for the fishing boat.*
Los desocupados han recorrido la ciudad **en busca de** trabajo.	*The unemployed have gone all over the city in search of work.*
Nosotros vamos a **buscar** un nuevo departamento.	*We are going to look for a new apartment.*

17

recto	righteous, straight
curvo	curved
torcido	twisted

Recto, the basic meaning of which is *straight,* is also used figuratively, as in the essay illustration, to describe persons who act in a morally straight or righteous way. **Recto** is the opposite of **curvo,** *curved,* and, to a lesser extent, **torcido,** *twisted.*

La niña dibujó la ciudad con líneas **rectas y curvas.**	*The girl drew the city with straight and curved lines.*
Él es uno de los hombres más **rectos** que he conocido.	*He is one of the most righteous men I have ever known.*

18

la pregunta	question
la cuestión	question

Spanish distinguishes formally between English *question,* in the sense of an *interrogative expression* that elicits a specific response and *a matter or issue,* often of difficult solution, that is frequently subject to consideration or discussion by a group of people.

La **pregunta** que le hicieron tenía que ver con su vida privada.	*The question they asked her had to do with her private life.*
Una **cuestión** que preocupa a muchos es la supervivencia de la humanidad.	*A question that concerns many people is the survival of humanity.*
En unos minutos resolveremos la **cuestión.**	*In a few minutes we'll resolve this matter (question).*

*E*jercicios

Comprensión de la lectura

De las cuatro respuestas que se indican para cada pregunta, seleccione Ud. la correcta, de acuerdo con el ensayo. También indique brevemente por qué las otras opciones son incorrectas.

1. Para la mayor parte de las personas la felicidad es _____.
    a. un concepto que prefieren no definir
    b. una de las muchísimas metas en la vida
    c. un estado que da sentido a la vida
    d. una obsesión que les atormenta mucho

2. Para ser verdaderamente feliz uno debe _____.
    a. gozar de una situación familiar muy satisfactoria
    b. estar satisfecho con su vida en conjunto
    c. encontrar un trabajo que le satisfaga profundamente
    d. poder definir qué es la felicidad

3. La filosofía de Schopenhauer implica que la felicidad _____.
    a. es el impulso principal de nuestras vidas
    b. sólo se encuentra en el reino de la utopía
    c. se logra a través del deseo cumplido
    d. consiste en la lucha por conseguir una meta

4. La filosofía de Ortega y Gasset mantiene que la felicidad depende de _____.
   a. comprender el sentido profundo de la vida
   b. hallarse totalmente absorto en alguna actividad
   c. tener momentos de ocio para meditar sobre la vida
   d. ser ingenuo y dedicarse al trabajo

5. La psicología moderna ha descubierto que el hombre suele ser más feliz si es _____.
   a. solitario
   b. perfeccionista
   c. objetivo
   d. filantrópico

6. Para orientar la búsqueda de la felicidad, cada uno de nosotros debe _____.
   a. ser religioso y creer en Dios
   b. querer a otros seres humanos
   c. encontrar una filosofía de vida
   d. creer que el mundo no será destruido

La palabra adecuada

A. Para cada frase que sigue, elija Ud. la palabra o expresión que complete mejor el sentido.

1. Todavía no han _____ los hechos ocurridos en el mitin político de anoche.
   a. registrado
   b. investigado
   c. conseguido

2. Es una vista tan _____ que al poeta le faltan palabras para describirla.
   a. bonita
   b. bella
   c. guapa

3. Quisiéramos _____ nuestra meta en seguida.
   a. registrar
   b. buscar
   c. conseguir

4. El juez es un hombre muy _____ y justo.
   a. actual
   b. recto
   c. complaciente

5. Investigó la _____ entre Alemania y Francia que empezó en 1939.
   a. riña
   b. cuestión
   c. lucha

6. El donante _____ del dinero fue Carlos y no Roberto.
   a. actual
   b. legítimo
   c. efectivo

B. De acuerdo con las notas de ***Expansión de vocabulario,*** utilice la palabra o expresión que complete mejor el sentido de cada frase. En algunos casos puede haber más de una palabra apropiada.

1. Por esta infracción debe _____ ante el tribunal con su abogado.

2. Han mimado terriblemente a su hijo _____ (gerundio + le) en todo lo que quiere.

3. El niño hablaba tanto durante la clase que la maestra tuvo que _____ (infinitivo + lo).

4. El pobre hombre pasó años muy _____ en la última parte de su vida.

5. Después de la guerra, el país tuvo un período de _____ expansión económica.

6. Su _____ de responsabilidad es tan grande que nunca falta a su trabajo.

C. Complete las frases que siguen, escogiendo las palabras que mejor correspondan al sentido, modificándolas gramaticalmente siempre que sea necesario. No use ninguna palabra más de una vez.

felicidad	bello	regañar	obtención
sentimental	con respecto a	comparecer	aparecerse
guapo	meta	búsqueda	realizar
registrar	hacerse rico	plenitud	complacerse

1. Ese toro es un animal muy _____ pero no es nada _____; se asusta de su propia sombra.

2. El maestro habló con los padres _____ la conducta de los niños; luego cada padre _____ a sus hijos.

3. El escritor nació pobre pero _____ después de la _____ del Premio Nobel.

4. El explorador organizó la _____ del tesoro submarino y al encontrarlo _____ su sueño.

5. La _____ humana es a veces un estado de _____.

6. La persona _____ suele _____ con la tristeza.

Preguntas textuales

1. Explique las dos acepciones de la palabra «felicidad» que registra el diccionario.

2. Explique cómo puede uno sentirse temporariamente feliz sin ser fundamentalmente feliz.

3. ¿Con qué identifican erróneamente la felicidad algunas personas?

4. ¿Por qué dice Schopenhauer que la posibilidad de la felicidad es limitada?

5. Explique Ud. por qué se puede ser feliz aunque su trabajo diario no sea satisfactorio.

6. ¿Por qué es, para Ortega, la vida activa y no la contemplativa, la fuente del bienestar profundo?

7. ¿Qué relación establecen los psicólogos modernos entre el egoísmo, la falta de conocimiento de nosotros mismos y la felicidad?

8. Como seres sociales, ¿qué condiciones relacionadas con otros seres humanos pueden afectar nuestra felicidad?

Preguntas de interpretación y opinión

1. ¿Hasta qué punto se considera Ud. una persona verdaderamente feliz? ¿En qué se basa esta evaluación de su felicidad?

2. ¿Hasta qué punto cree Ud. que la felicidad consiste más en una actitud frente a la vida que en los acontecimientos de la vida misma?

3. Indique de acuerdo con su experiencia los dos elementos que considere fundamentales para su felicidad personal. Explique por qué son tan importantes.

4. Indique cuál ha sido el momento de mayor felicidad o infelicidad en su vida y explique por qué.

5. ¿Piensa Ud. que la gente en los Estados Unidos es, en general, más feliz o más infeliz que hace 25 años? ¿Por qué?

6. ¿Por qué, en su opinión, mucha gente cree que el dinero puede comprar la felicidad?

7. ¿Qué cambio en su propia vida podría aumentar el nivel de su felicidad personal y por qué?

8. ¿Cree Ud. que la creencia religiosa contribuye o no a la felicidad del hombre? Indique por qué.

9. ¿Hasta qué punto la constante amenaza de un conflicto nuclear afecta o no su felicidad personal y la de las personas que conoce?

10. Si Ud. no tuviera la mayor parte de los bienes materiales de que ahora dispone, ¿sería menos feliz que ahora? Explique por qué.

I2 **Considium... Consideraciones sobre la amistad**

La amistad ha sido desde la antigüedad una preocupación° de los filósofos y
constituye, además, un **tema**[1] importante
para muchos ensayistas, novelistas y poe-
tas. Antes de examinar algunos juicios
sobre la amistad, conviene intentar defi-
nir esta palabra y distinguir entre algunas de sus acepciones° más comunes.

concern

meanings

La amistad es uno de los **afectos**[2] o sentimientos personales que
nos unen a otros seres humanos. En su mejor y más estricto sentido,
ese afecto es **íntimo**[3] , puro y desinteresado°. Es decir, la amistad no
se basa en el **interés**[4], en la idea de sacar ventaja o provecho° de
nuestra relación con otra persona. Es obvio, sin embargo, que el
tener buenas amistades° nos proporciona° beneficios espirituales,
psíquicos y a veces aun materiales, pero éstos deben ser consecuencia y no causa de la amistad. Aunque no lleguen al nivel del ideal
puro, la mayoría de las amistades son valiosas porque nos enrique-
cen la vida.

unselfish
benefit

good friends /
provides

Un amigo es la persona a quien estamos unidos en una relación de
mutua benevolencia. Es costumbre, sin embargo, no aplicar la palabra «amigo» a parientes, a esposos o a amantes, personas todas con
quienes nos unen relaciones especiales. Hay quienes afirman que
podemos ser amigos de nuestros padres, parientes, esposos y amantes. Pero la mayoría de las personas no lo creen así. Como lo demuestran varias encuestas hechas por psicólogos, esas personas distinguen
claramente entre la amistad y cualquier otra relación afectuosa que
implica lazos impuestos por la sociedad (familia, **matrimonio**[5]) o
basados en el amor sexual (matrimonio, amantes). Por eso, al hablar
aquí de la amistad, nos referimos exclusivamente a ese complejo de
sentimientos más allá de° las instituciones sociales y del amor sexual
y que nos une a personas que no son **familiares**[6] nuestros. En fin, la
amistad constituye una relación afectuosa, voluntaria, abierta, sujeta
a cambios y libre de trabas° sociales.

beyond

bonds, obstacles

Sin embargo, la palabra «amigo» se emplea muchas veces en un
sentido más amplio y general. Con ella indicamos a todas aquellas
personas que conocemos y saludamos por sus nombres pero con las
cuales no nos liga° ninguna confianza°. Para mayor precisión, podemos referirnos a esta clase de amigos como **conocidos**[7]. También se

joins, ties / trust,
familiarity

usa «amigo» como adjetivo para referirnos a personas, grupos y países que no nos son hostiles o que nos apoyan o colaboran con nosotros contra un enemigo común.

Desde luego, la palabra es imprecisa porque no se puede medir objetivamente el afecto que sentimos por nuestros diferentes amigos. Toda amistad, como cualquier otra relación humana y viva, fluctúa constantemente dependiendo del nivel de contacto íntimo y del grado de su intensidad.

El filósofo griego Aristóteles (383–322 A.C.) afirma que la felicidad es una meta° principal de la vida y que la amistad es un auxilio noble para la consecución° de esa meta. Dice también Aristóteles que «el que tiene muchos amigos no tiene ninguno», lo cual demuestra que tiende a concebir idealmente esta relación afectiva. *goal / attainment*

Muchas otras ideas de Aristóteles aparecen luego reflejadas en escritores importantes: uno no puede ser amigo de quien ocupa un estado social más alto, ya que la amistad debe sostenerse en la igualdad, no en la desigualdad; la amistad se da° sólo entre personas buenas, no entre **malvados**[8]; los hombres malos no son verdaderamente amigos, ya que se unen no por afecto, sino por otras razones; nunca puede existir entre ellos la confianza y franqueza imprescindibles° para la amistad. *occurs, is found / indispensable*

Agrega Aristóteles que los amigos nos consuelan en momentos de **desgracia**[9] pero son aun más necesarios en tiempos de felicidad. Los seres humanos necesitamos amigos con quienes compartir nuestra felicidad, una de las pocas cosas que se incrementan° cuando se comparten°. Aristóteles también insiste en que la amistad requiere, para desarrollarse bien, no intensidad esporádica, sino mucha continuidad, estabilidad y tranquilidad, lo cual implica a su vez un carácter estable por parte de los amigos. Es obvio que Aristóteles veía la amistad en su forma perfecta, como lo demuestra esta aseveración suya: «Un amigo es un alma en dos cuerpos». *increase / are shared*

Entre los autores romanos o latinos más conocidos que **trataron**[10] el tema de la amistad hay que citar a Cicerón (106–43 A.C.) y a Séneca (5 A.C.–65 D.C). Cicerón, gran orador y patriota de la República Romana, escribió *De amicitia*°, un tratado° en forma de diálogo sobre la amistad. La obra tuvo gran influencia sobre Dante e importantes autores renacentistas como Montaigne y Donne. Al hablar de su amigo muerto Escipión, el dolor que Cicerón siente por su ausencia se atenúa° con el recuerdo de su amistad. «Mi vida ha sido feliz porque la pasé con Escipión, con quien compartí mis penas públicas y privadas, porque he vivido bajo el mismo techo que él y he servido en las mismas campañas en el extranjero». Es decir, para él las experiencias compartidas son el crisol° de la amistad. *On Friendship / treatise / attenuates, lessens / crucible*

Cicerón sigue en general las ideas de Aristóteles, pero las humaniza con experiencias personales. Otras veces las matiza° como, por ejemplo, al afirmar que la amistad **supera**[11] a otras relaciones como *he varies or modifies* el **parentesco**[12] y el matrimonio. Según Cicerón, la amistad requiere constancia y buena voluntad. Si se prescinde de° la buena voluntad en las otras relaciones, éstas siguen manteniendo idénticos nombres. Pero en la amistad la buena voluntad es esencial, y si ésta se pierde, desaparece la relación y desaparece el nombre también. *one does without, dispenses with*

De Séneca, filósofo y dramaturgo romano, mencionaremos sólo una carta en la que contesta a su amigo Lucilio, dándole consejos sobre la amistad. Lo notable de la carta es la acepción estrechísima que da al concepto de amigo: «Si piensas que un hombre del que no **te fías**[13] tan completamente como de ti mismo pueda ser tu amigo, no comprendes el sentido de la verdadera amistad».

Séneca recomienda a Lucilio que reflexione mucho antes de aceptar a nadie como amigo, pero que una vez aceptado, no tema revelarle todo lo suyo, por secreto que sea: «¿Por qué he de **vigilar**[14] mis palabras ante un amigo? ¿Por qué no debo considerarme como si estuviese solo cuando estoy en su presencia?»

Lo mismo que para Cicerón y para Séneca, la amistad tenía un valor primordial° para Michel de Montaigne (1533–92), moralista francés y creador del ensayo moderno. Montaigne se sintió profundamente afectado por la muerte de su amigo Etienne de la Boétie, a quien recuerda en un famoso ensayo° sobre la amistad. Montaigne recoge allí ideas de Cicerón, pero es el tono personal íntimo lo que más distingue sus palabras. «Esta amistad de que hablo es indivisible: cada uno se entrega tan por entero a su amigo que no queda nada para dar a otros... Las amistades comunes por el contrario pueden dividirse; uno puede querer la belleza en un amigo, el buen humor en otro, la generosidad en éste, el afecto fraternal en aquél... pero esta amistad que se apodera del alma y la rige con total soberanía, no puede ser doble». *fundamental, basic* *essay*

Para acabar nuestra consideración sobre Montaigne, conviene citar la frase más célebre del ensayo. Afirma Montaigne que si se le obligara a precisar por qué **quería**[15] tanto a la Boétie, sólo podría contestar: «Parce que c'était lui, parce que c'était moi»°. Con estas palabras reconoce Montaigne que en última instancia la causa del afecto que sentimos por algún amigo es algo inefable°, un misterio, un enigma basado en los valores de cada individuo y su consecuencia, la integración de dos personalidades distintas. *Because it (he) was he, because it (I) was I / inefable, indescribable / disparate, different*

Podríamos citar a otros autores tan dispares° como San Agustín, Cervantes, Shakespeare, Rousseau, Dickens y a muchos más que dicen algo interesante sobre la amistad directamente o por boca de sus personajes. Pero conviene ahora examinar este tema desde una perspectiva no literaria sino científica.

Según un artículo de John Nicholson en la revista *New Society*, ciertos estudiosos de la conducta humana afirman que el deseo de hacer amigos se remonta a° una urgencia ancestral de afiliarnos con otros en busca de protección común. Pero Nicholson prefiere otra *goes back (in time) to* interpretación que se basa en el deseo humano de explorar lo que está a nuestro alrededor. Según él, los amigos satisfacen nuestra curiosidad, estimulándonos y proporcionándonos un equilibrio entre lo que esperamos y no esperamos de ellos.

Piensa Nicholson que la amistad ejerce además otra función importante. Los amigos reflejan la imagen que tenemos de nosotros mismos y nos confirman así el valor de nuestras creencias y actitudes. Otras investigaciones indican que nos proyectamos tanto en nuestros amigos que solemos creerlos más parecidos a nosotros de lo que objetivamente son. El análisis de la **semejanza**[16] de actitudes hacia la política, la religión, la ética y las preferencias culturales y deportivas ha permitido a otros estudiosos predecir en ciertos grupos de estudiantes cuáles serían amigos y cuáles no. Estas predicciones han resultado bastante acertadas aunque no siempre con precisión matemática, porque cada personalidad es compleja y tiene muchas facetas diferentes. Por eso cada uno de nosotros necesita un grupo dispar de amigos que complementen diversos aspectos de nuestra personalidad. Si no fuera así ¿cómo se podría explicar que podamos tener dos amigos íntimos y queridos que no tienen nada en común y que a veces se odian entre ellos?

Los filósofos y escritores citados hasta ahora se refieren a la amistad exclusivamente en términos masculinos, como si esta relación de afecto personal no existiera también entre mujeres. Responden, sin quererlo, a un prejuicio bastante común cuando se trata de ese tema. Como lo explica el psicólogo Joel D. Block en su libro *Friendship* (Nueva York, 1981), uno de los mitos o tópicos que ha prevalecido en la cultura occidental hasta años recientes es que las mujeres, por temperamento y carácter, son incapaces de **experimentar**[17] un sentimiento tan elevado como el de la verdadera amistad. La imagen estereotipada de la mujer la presentaba muchas veces como poco fiel y **celosa**[18] de otras mujeres. Por eso, la literatura, escrita casi siempre por hombres, está repleta de ejemplos de rivalidades femeninas debidas a los celos y al supuesto temperamento volátil° de la mujer, y excluye la descripción de grandes amistades femeninas auténticas. Sin embargo, hay algunos ejemplos en la literatura femenina de finas relaciones amistosas entre mujeres. Esto ocurre sobre todo en el siglo XX, cuando la mujer adquiere más libertad no sólo para escribir en general, sino también para contar desde la perspectiva de su sexo sus propias experiencias humanas.

volatile, change- able

Hoy en día ciertos estudios demuestran que las mujeres entablan° amistad profunda con otras mujeres, pero de un carácter diferente a la amistad entre los hombres. Joel D. Block indica en el ya citado libro que en general las comunicaciones amistosas entre mujeres casadas, por ejemplo, son mucho más abiertas, sinceras y reveladoras que las existentes entre hombres casados. Afirma que los hombres en la sociedad norteamericana, debido a la envidia profesional y al senti-

form, establish

do de competencia°, tienden a confiar mucho menos en sus amigos   *competition*
que las mujeres en sus amigas. Según Block, el miedo de aparecer
débil o poco varonil es otro factor que impide que el hombre norteamericano típico se entregue fácilmente a las relaciones amistosas.

Quizá sea más difícil hoy, dada la complejidad de nuestro mundo
moderno, entablar y mantener relaciones amistosas auténticas. Si es
así, el ser humano se ha empobrecido espiritualmente, porque tanto
hombres como mujeres, necesitan beneficiarse plenamente con esa
afectuosa y rica unión espiritual que Cicerón y Montaigne señalaban
como uno de los ideales y fines de la existencia humana.

*E*xpansión de vocabulario

I

el tema	subject, topic, theme
el asunto	subject, subject matter
el sujeto	individual; subject
el tópico	commonplace, trite remark, platitude; topic

English *subject, topic,* in the sense of *thing or person discussed or
written about* is most often **tema** in Spanish. **Asunto** also translates
subject in this sense, but sometimes indicates more the *detailed subject matter* than the single idea, theme, or topic that informs it. One
should avoid the natural temptation to translate *subject* or *topic* in
the thematic sense as **sujeto** or **tópico. Sujeto** means *individual, person* in the sense of an unnamed person towards whom one does not
feel friendly. It means *subject* only in the sense of *grammatical subject*
or *person under another's rule.* In Spain and some parts of Spanish
America, **tópico** doesn't mean *topic* or *subject,* but *commonplace,* a
much overused and imprecise idea. In other parts of Spanish
America, however, **tópico** may be used to mean *topic,* although **tema**
is the better word in this context.

El **tema** de la primera confe- rencia me interesa mucho.	*The subject (topic) of the first lecture interests me very much.*
Yo podría decir mucho más sobre este **tema (tópico).**	*I could say a lot more about this subject (topic).*
El **asunto** del segundo capítu- lo es más complicado.	*The subject matter of the second chapter is more complicated.*
Por sus palabras él me pare- cía un **sujeto** poco agradable.	*From his words he seemed to me like an unpleasant individual.*

¿Tú conoces a ese **sujeto?**	*Do you know that guy?*
En la frase «Pepa dice la verdad», Pepa es el **sujeto.**	*In the sentence "Pepa is telling the truth," Pepa is the subject.*
La conferencia de él estaba llena de **tópicos.**	*His lecture was full of platitudes.*
Es un **tópico** decir que todos los norteamericanos mascan chicle.	*It is a commonplace (platitude) to say that all Americans chew gum.*

2 ▪▫▪▫▪▫▪▫▪▫▪▫▪▫▪▫

el afecto	tender feeling, affection, regard, fondness
afectuoso, afectivo	affectionate
el cariño	affection, love
cariñoso	affectionate, loving

Afecto (not **afección**) renders English *affection.* As do its English equivalents, **afecto** indicates feelings ranging from moderate regard for someone to great tenderness or love. In Spanish, for example, **amor** can be defined as «un afecto muy fuerte». **Afecto** and its corresponding adjectives **afectuoso** and **afectivo** tend to be used with more frequency than their English equivalents. Although **cariño** (adj. **cariñoso**) is a synonym of **afecto** (adj. **afectuoso),** it is used most in situations involving family and close friends.

Lolita siente gran **afecto** por su maestra de piano.	*Lolita feels great affection for her piano teacher.*
Mi abuela es muy **cariñosa** con todos los nietos.	*My grandmother is very affectionate with all her grandchildren.*

3 ▪▫▪▫▪▫▪▫▪▫▪▫▪▫

íntimo	close, intimate, private
la intimidad	closeness, intimacy, privacy

Íntimo is used to indicate an especially close and trusting relationship. The word carries no necessary sexual connotation and is less suggestive in this regard than its English cognate *intimate.* Notice that **intimidad,** in addition to *intimacy,* also renders English *privacy,* but stresses more the idea of having a place to be alone and undisturbed than the negative concept of keeping others out, which is usually rendered with words such as **privado.** With regard to friends, one may also use the expression **muy amigos** to indicate a lesser degree of closeness than **íntimo.**

Julia es la amiga más íntima de Clara.	*Julia is Clara's closest friend.*
Roberto y yo somos **muy amigos.**	*Roberto and I are very good friends.*
El muchacho se encerró en la **intimidad** de su cuarto.	*The boy shut himself up in the privacy of his room.*

4

el interés	self-interest, interest
el desinterés	disinterest, lack of interest
interesado	interested; affected, concerned
interesar	to interest; to affect

Interés has a very common meaning not shared by its English cognate *interest.* It refers to strong *self-interest, self-seeking, or selfishness,* such as for financial gain or personal advancement; in this context the word always has unfavorable connotations in Spanish. Context, of course, serves also to indicate whether **interés** and **estar interesado** are being used with this particular meaning or not. The verb **interesar** and adjective **interesado** are also used to indicate the person(s) or thing(s) *affected* or *concerned* in some matter, as illustrated by the fourth example below.

Él no lo hace por caridad sino por **interés.**	*He's not doing it out of charity but for money (out of self-interest).*
No te fíes de él; es un hombre **interesado.**	*Don't trust him; he's a man who does things for his own advantage.*
Me molesta el **desinterés** de él por algo que considero importante.	*Her disinterest in something I consider important bothers me.*
Leyó el anuncio en voz alta y luego pidió que levantaran la mano los **interesados.**	*She read the announcement aloud and then asked those affected (interested) to raise their hands.*

5

el matrimonio   marriage, matrimony; (married) couple
la pareja   couple
el par   pair, couple

Matrimonio signifies both *marriage* and the *institution of matrimony.* Spanish indicates a couple's marital status by using different words, and **matrimonio** also means *married couple* as distinct from **pareja,** an *unmarried couple* or one whose marital status is unknown, irrelevant, or not indicated. **Un par de** means *a couple of* persons, animals, or things. But unlike the English equivalent, which may indicate more than two, **un par de** almost always means precisely *two.*

Antes, Pedro no creía en el **matrimonio,** pero ahora sí.	*Before Pedro didn't believe in marriage, but now he does.*
Ellos son un **matrimonio** muy feliz.	*They are a very happy (married) couple.*
Qué bien baila esa **pareja.**	*How well that couple dances.*
Para hacer esta tortilla necesito un **par** de huevos más.	*To make this omelet I need a couple (two) more eggs.*

6

el familiar   family member, relative
familiar *adj.*   family; familiar, common
conocer   to be familiar with

The noun **familiar** is a synonym of **pariente,** *relative,* but is used mostly for members of one's immediate family and relatives with whom one has a fairly close relationship. **Familiar** is also an adjective meaning *family,* as **in lazos familiares,** *family ties.* **Familiar** is sometimes also used as is English *familiar,* to indicate that which has become *well-known* to us. In this sense it is a synonym of the much more common **conocido.** To translate the expression to *be familiar with,* **conocer** is the most appropriate verb.

El dueño de la farmacia es un **familiar** de mi esposa.	*The owner of the pharmacy is my wife's relative.*
¿Él es un **familiar** de Carlos?	*He is a member of Carlos's family?*
Conozco bien esa revista.	*I'm familiar with that magazine.*

7

el conocido   acquaintance

In English, *acquaintance* can refer both to familiarity with persons we don't know well and to our friends. In Spanish, **conocido** is used only in this first sense of persons with whom we speak and deal, but with whom we are not really close friends.

Los nuevos vecinos son **conocidos** de Andrea.	*The new neighbors are acquaintances of Andrea.*
Asistieron al banquete familiares, amigos y **conocidos** del invitado de honor.	*Relatives, friends, and acquaintances of the guest of honor attended the banquet.*

8

malvado	evil, wicked
malo	bad, evil, wicked
el mal	evil

Normally, **malo** suffices to translate English *bad, evil* or *wicked*, since its range of meanings includes those of the English terms. However, to emphasize a person's villainous nature, his perverse, calculating will to do evil, **malvado** is substituted for **malo.**

Germán no es un hombre **malo.**	*Germán isn't a bad (evil) man.*
Don Juan fue un hombre verdaderamente **malvado.**	*Don Juan was a truly evil (wicked) man.*
Los niños muy pequeños no pueden distinguir entre el bien y el **mal.**	*Very small children can't tell the difference between good and evil.*

9

la desgracia	misfortune, bad luck
por desgracia, **desgraciadamente**	unfortunately

la vergüenza	disgrace, shame
la deshonra	disgrace, dishonor
avergonzar, deshonrar	to disgrace

Desgracia is a false cognate, for it means *misfortune* rather than *disgrace* in English. The idea of *disgrace,* or loss of good name or respect, is conveyed by Spanish **vergüenza** (literally *shame*) and less frequently by **deshonra.**

Las desgracias ajenas siempre son más fáciles de soportar.	*Other people's misfortunes are always easier to endure.*
Por desgracia, no podré ir a la fiesta.	*Unfortunately, I'll not be able to go to the party.*
La conducta de él **deshonró** a toda la familia.	*His conduct disgraced the entire family.*

I0

tratar	to treat
tratar de (sobre)	to be about, to deal with
tratarse de	to be about, to be a question of
tratar de + *infinitivo*	to try + infinitive
procurar + *infinitivo*	to try/endeavor + infinitive
intentar + *infinitivo*	to try/attempt + infinitive

Tratar followed by a noun means *to treat* or *to address a particular subject* by expounding on it in speech or writing. However, **tratar** is used this way with only a few simple nouns such as **tema, materia,** and **asunto.** Much more often, the preposition **sobre** or **de** precedes the noun or noun phrase that follows **tratar. Tratar de,** in the third person, means *to be about* or *to deal with.* The impersonal expression **tratarse de,** also used in the third person singular only, is often confused by English-speaking students with **tratar de** without **se. Tratarse de** is never used with a specific subject and means simply to *be a question of* or to *be about.*

Tratar de + *infinitivo* means *to try* + infinitive. A very common synonym of **tratar de** is **procurar,** also followed by the infinitive; it stresses slightly more than **tratar** the special effort made to do something. **Intentar** + *infinitivo* is another synonym of **tratar de** + *infinitivo,* and as one of its English translation equivalents, *to attempt,* suggests, it indicates that the task implies certain difficulties as to its accomplishment.

Mañana **trataré** ese tema con más detalle.	*Tomorrow, I'll treat that subject in more detail.*
En su clase, Miguel **trató sobre (de)** la Guerra Civil norteamericana.	*In his class, Miguel treated (expounded on, discussed) the American Civil War.*
La película **trata del** divorcio.	*The film deals with (is about) divorce.*
Se **trata del** patriotismo del presidente, no de su inteligencia.	*It's a question (matter) of the president's patriotism, not his intelligence.*
Trate Ud. de ser puntual.	*Try to be on time.*
Procura hacerlo esta tarde, si es posible.	*Try to do it this afternoon, if possible.*
Intenté abrir la puerta, pero no pude.	*I tried (attempted) to open the door but couldn't.*

I I

superar	to surpass, to do (be) better than, to overcome
vencer	to defeat, to conquer, to overcome

Superar has two principal meanings. As the essay illustration shows, it can mean *to surpass, to be superior to,* or *to be better than.* **Superar** is also a very common synonym of **vencer** in its meaning of *to overcome* obstacles, difficulties, problems, etc. But it is not a common synonym of **vencer** in its military meaning of *to physically defeat or conquer an enemy.*

En este campo, él **supera** a todos los otros economistas.	*In this field he surpasses (is better than) all other economists.*
Para entonces él **habrá superado** la crisis de la adolescencia.	*By then, he will have overcome the crisis of adolescence.*
Después de **vencer (superar)** nosotros las dificultades de la primera semana, el trabajo se nos hizo fácil.	*After we overcame the difficulties of the first week, the work became easy.*

12

el parentesco	relation, relationship
emparentado	related
la relación	relation, relationship
relacionado	related

Parentesco rather than **relación** renders English *relation* when the context is a relation by blood or through marriage. **Emparentado** likewise replaces **relacionado** in such contexts.

¿Cuál es tu **parentesco** con Jorge?	*What is your relationship to Jorge? (How are you related to Jorge?)*
Él está **emparentado** con el gobernador.	*He is related to the governor.*
Eso está **relacionado** con lo que dije antes.	*That's related to what I said before.*

13

fiarse de	to trust
confiar (en)	to confide in, to trust; to tell in confidence
la confianza	trust, confidence

Notice that **fiar** is always used reflexively and with **de** when it means *to trust*. **Confiar** is never used reflexively and is followed by **en.**

No **me fío de** ti, Ángel.	*I don't trust you, Ángel.*
Yo siempre **he confiado en** ellos.	*I have always confided (trusted) in them.*
Nunca **confíes** tus secretos a un chismoso.	*Never confide (trust) your secrets to a gossiper.*
El criado es una persona de **confianza.**	*The servant is a trustworthy person.*
El atleta ha perdido la **confianza** en si mismo.	*The athlete has lost his self-confidence.*

I4

vigilar — to watch, to watch over

mirar, observar — to watch

To watch in the sense of *to look at* or *to observe carefully is* **mirar** or **observar** in Spanish. However, to *watch* in the context of *to be careful, alert or vigilant,* lest harm come to someone or something or lest someone do something he shouldn't, is **vigilar** in Spanish. **Vigilar** is sometimes also rendered in English as *to watch over, to keep watch over,* or *to keep an eye on.*

Nosotros **mirábamos (observábamos)** las golondrinas que volvían a la misión.	*We watched the swallows returning to the mission.*
¿Quién **vigila** las ovejas?	*Who is watching [over] the sheep?*
El médico le mandó **vigilar** la dieta (la línea).	*The doctor ordered him to watch his diet (waistline).*
Él nunca **vigila** la conducta de su hijo.	*He never watches (keeps an eye on) his son's behavior.*

I5

querer — to love; to want

amar — to love

enamorarse de — to fall in love with

estar enamorado de — to be in love with

Spanish has two verbs, **querer** and **amar,** to render what English normally renders with one, *to love.* **Amar,** however, is used much less frequently than **querer** and is normally not used in contexts where sensual or sexual love could be implied. **Amar** is preferred in more abstract and sometimes impersonal contexts. It can be used to emphasize the purity, selflessness, and at times almost worshipful nature of the feeling.

Querer, the primary meaning of which is *to want* or *to desire,* also means *to love.* **Querer** is used in almost all of the other meanings of *to love.* Unlike English-speaking cultures, where there exists considerable reluctance to refer to the strong, nonsexual affection that persons of the same sex often feel for each other as *love,* Spanish-speaking cultures generally express little inhibition in this regard. As a consequence, **querer** is very frequently used to indicate such a feeling, although the translation of the verb *to love* may seem unusual in English. Also, *to love* in the sense of *to enjoy* or *to take pleasure in some activity or thing is* usually rendered in Spanish with a verb such as **gustar, apasionar,** or **encantar** in the third person, as illustrated by several of the examples below.

Finally, **enamorarse de,** *to fall in love with,* is very often assigned the incorrect preposition **con,** because of interference from English *with.* It may help to recall that the synonymous expression of **estar enamorado de** can also be translated as "to be enamored of" in English.

Él no sabe si **ama** más a Dios o a la patria.	*He doesn't know if he loves God or his native land more.*
Toda madre **ama** a sus hijos.	*Every mother loves her children.*
Mi madre me **quiere** mucho.	*My mother loves me very much.*
Carlos **quiere** mucho a Juan.	*Carlos loves Juan (as a friend).*
El jazz me **apasiona (encanta).**	*I love jazz.*
Me **gustan** mucho los batidos de chocolate.	*I love chocolate milk shakes.*
¿De quién **estará enamorado** mi ex novio?	*Who could my ex-boyfriend be in love with?*

16

la semejanza	similarity, resemblance
el parecido	similarity, resemblance, likeness
asemejarse a	to be like, to resemble
parecerse a	to be like, to look like, to resemble

The nouns **semejanza** and **parecido** are both widely used in spoken and written Spanish. **Semejanza** may indicate a somewhat closer degree of identity or likeness between what is being compared than **parecido.** But for all intents and purposes, these synonyms can be used interchangeably. Of the corresponding verbs, however, only **parecerse a** is common in everyday spoken Spanish. **Asemejarse a,** which has the same meaning, is, however, a common synonym of **parecerse a** in most varieties of written Spanish.

La **semejanza** (el **parecido**) de él con su abuelo es sorprendente.

The similarity (resemblance, likeness) with his grandfather is surprising.

¿A quién te **pareces?** ¿A tu madre o a tu padre?

Whom do you look like (resemble)? Your mother or your father?

Por su uniforme, **se asemejaba** bastante a un soldado de hace veinte años.

Because of his uniform, he looked like (resembled) a soldier of twenty years ago.

17

experimentar   to experience; to experiment

Although **experimentar** can mean *to experiment,* its far more common meaning is *to experience, to take part, to participate, or to share in some activity, event, etc.*

El enfermo no **ha experimentado** ninguna mejoría.

The patient hasn't experienced any improvement.

El turista **experimentó** una alegría muy fuerte al recibir la carta.

The tourist experienced great pleasure when he received the letter.

En el laboratorio de la Facultad de Medicina están **experimentando** con ratones.

In the laboratory of the Medical School they are experimenting with mice.

18

celoso	jealous
envidioso	envious
tener celos	to be jealous
envidiar	to envy

In the singular, **celo** translates English *zeal* or *fervor,* but its plural, **celos,** renders *jealousy,* the feeling of resentfulness or envy of a rival or another person, often for sentimental reasons. Either **estar (ser) celoso or tener celos** may render *to be jealous.* As with English *jealous,* one is jealous of persons, not things. Spanish **envidioso** and **envidia,** like their English counterparts, express suffering or discontent because someone else has something we want and can't have. Thus, one can be *envious* of things as well as persons.

El niño estaba **celoso** de su hermanita.	*The boy was jealous of his little sister.*
Pablo tenía **envidia (era envidioso)** de la gran riqueza de su rival.	*Pablo was envious of the great wealth of his rival.*

Ejercicios

Comprensión de la lectura

De las cuatro respuestas que se indican para cada pregunta, seleccione Ud. la correcta, de acuerdo con el ensayo. También indique brevemente por qué las otras opciones son incorrectas.

1. La amistad es una relación que _____.
   a. siempre excluye todo beneficio material
   b. incluye a nuestros padres y parientes
   c. depende del afecto y de la confianza
   d. se mantiene estable a través del tiempo

2. Aristóteles creía que _____.
   a. un rico y un pobre pueden ser amigos
   b. los amigos son necesarios cuando nos sentimos felices
   c. la amistad entre los malos no suele durar mucho
   d. los amigos nos ayudan más en momentos de desgracia

3. Séneca en su carta recomendaba _____.
   a. no tener absolutamente ningún secreto con los amigos
   b. revelar a nuestros amigos todo menos algunos secretos íntimos
   c. procurar entablar amistad con muchas personas
   d. confiar mucho, aunque no totalmente, en nuestros amigos

4. Michel de Montaigne _____.
   a. creía que cada amigo debía personificar una cualidad distinta
   b. comprendía el motivo por el que quería a La Boétie
   c. creía que la verdadera amistad no se puede compartir entre varias personas
   d. aceptaba la muerte de su amigo como algo perfectamente natural

5. Según Nicholson, los seres humanos modernos se hacen amigos de otros _____.
   a. porque éstos les ofrecen una gran protección
   b. debido a su evolución biológica y social
   c. por satisfacer su propio egoísmo
   d. porque buscan diversificar la personalidad

6. Los escritores tradicionales se referían poco a la amistad entre mujeres porque _____.
   a. en épocas anteriores apenas existía
   b. la mujer siempre ha sido celosa de otras mujeres
   c. respondían a prejuicios con respecto a la mujer
   d. se excluía a la mujer de profesiones masculinas

La palabra adecuada

A. Para cada frase que sigue, elija Ud. la palabra o expresión que complete mejor el sentido.

1. Después de su derrota, el famoso político se refugió en el (la) _____ de su pequeño pueblo natal.
   a. afecto
   b. intimidad
   c. confianza

2. No debes pelearte con Alberto; te _____ en fuerza física.
   a. vence
   b. supera
   c. conoce

3. Elisa ha comprado muchos discos de Bruce Springsteen; _____ su música.
   a. ama
   b. quiere
   c. le entusiasma

4. El profesor va a tratar ese novedoso _____ en clase.
   a. tópico
   b. asunto
   c. parentesco

5. A juzgar por su foto, Carlos se _____ George Washington.
   a. asemeja a
   b. fía de
   c. enamora de

6. El único que recordaba el suceso era el _____
   a. envidioso
   b. interesado
   c. experimentado

B. De acuerdo con las notas de ***Expansión de vocabulario*** utilice la palabra o expresión que complete mejor el sentido de cada frase. En algunos casos puede haber más de una palabra apropiada.

1. El carcelero _____ al prisionero para que no se escapara.

2. El pobre niño tiene la _____ de ser ciego.

3. El _____ la libertad más que la propia vida.

4. Pedro ha hecho daño deliberadamente a muchas personas; es un _____.

5. Lo que José _____ secretamente era la buena suerte de David.

6. _____ un gran alivio al saber que su hermana no había muerto en el accidente.

C. Complete las frases que siguen, escogiendo las palabras que mejor correspondan al sentido, modificándolas gramaticalmente siempre que sea necesario. No use ninguna palabra más de una vez.

enamorarse de	afecto	asemejarse	par de
tratar de	familiar	pareja	malvado
tópico	conocido	sujeto	desgracia
interesar	matrimonio	íntimo	intentar

1. Es la tercera vez que ese _____ ha _____ venderme un reloj que no funciona.

2. Cuando _____ María Elena no pensaba yo en el _____.

3. Gustavo piensa erróneamente que es mi amigo _____ pero no nos une ningún gran _____.

4. Si quieres ser un buen orador debes _____ no repetir _____ comunes.

5. El _____ criminal es un _____ de mi familia.

6. El dueño de la funeraria es un individuo tan _____ que saca provecho de la _____ ajena.

Preguntas textuales

1. ¿Qué es lo que debería estar excluido de la verdadera amistad y por qué?

2. ¿Por qué, según algunos, no se debe aplicar la palabra «amigo» o «amiga» a personas con quienes estamos emparentados?

3. ¿A qué fin importante contribuye la amistad, según Aristóteles?

4. ¿Por qué razones tuvo Cicerón una vida feliz?

5. ¿Qué importancia concedía Séneca a la confianza en la relación entre amigos?

6. ¿Cómo es posible que una persona tenga dos amigos que no se quieren nada?

7. Según el psicólogo Joel D. Block, ¿en qué aspectos suele ser superior la amistad entre mujeres casadas que entre hombres casados?

8. ¿Qué miedos y actitudes inculcados por la sociedad perjudican la amistad entre muchos hombres norteamericanos?

Preguntas de interpretación y opinión

1. Se han vendido millones de ejemplares del libro de Dale Carnegie *Cómo ganar amigos e influir en la gente*. ¿Qué concepto de la amistad puede presuponerse en este título?

2. Indique Ud. por qué acepta o rechaza la idea de que las palabras «amiga» y «amigo» no deben aplicarse a los padres o a los parientes.

3. ¿Cree Ud. que la necesidad de tener amigos aumenta o disminuye con la edad? Explique su opinión.

4. ¿Cuál cree Ud. es preferible: conservar los buenos amigos durante toda la vida o cambiar de amigos según cambian las circunstancias de la vida? ¿Por qué?

5. ¿Cree Ud. que en general la sociedad norteamericana es propicia para la formación de amistades íntimas? Explique por qué piensa así.

6. Las amistades del hombre moderno se desarrollan alrededor del trabajo y de las diversiones. ¿Alrededor de qué ejes cree Ud. que se desarrollan las amistades femeninas?

7. ¿Por qué cree o no cree Ud. que las amistades florecen mejor en los pueblos pequeños que en las grandes ciudades?

8. ¿Cree Ud. que uno puede ser feliz si no tiene a lo menos un buen amigo o amiga? Explique su respuesta.

9. ¿Cree Ud. en la posibilidad de una profunda amistad entre hombre y mujer que no se base en parte en el interés sexual? Explique por qué opina así.

10. Piense Ud. en una persona de la que nunca podría ser amigo o amiga e indique las características de esa persona que determinan su actitud. ¿Es su actitud objetiva o puramente emocional?

Índice de palabras comentadas

The following abbreviations are used:

adj. adjective
adv. adverb
conj. conjunction
f. feminine
m. masculine
n. noun
n. ph. nominal phrase

p. preposition
pp. past participle
ph. phrase
v. verb
v. ph. verb phrase
p. ph. prepositional phrase